Volker Elis Pilgrim
ADIEU MARX

Gewalt und Ausbeutung
im Hause des Wortführers

Rowohlt

1. Auflage Oktober 1990
Copyright © 1990 by Rowohlt Verlag GmbH,
Reinbek bei Hamburg
Alle Rechte vorbehalten
Umschlaggestaltung Walter Hellmann
(Foto: Engels, Marx und die Töchter Laura, Eleanor und
Jenny in London, Mai 1864 / Internationaal Instituut
voor Sociale Geschiedenis, Amsterdam)
Satz aus der Sabon (Linotronic 500)
Gesamtherstellung Clausen & Bosse, Leck
Printed in Germany
ISBN 3 498 05277 2

Inhalt

Für Ulfa von den Steinen Mend

«Mein Verhältnis zu meiner Umgebung ist mein Bewußtsein»

Die drei Liebesgefährtinnen des «Begründers des wissenschaftlichen Kommunismus», seine sieben ehelichen Kinder, fünf seiner neun Enkel, sein engster Freund und Lebensgenosse und dessen zwei Partnerinnen starben eines qualvollen, gewaltsamen oder zu frühen Todes. Diese Menschen gehörten nicht nur zum familiären und persönlichen Umkreis des berühmtesten Mannes nach Jesus Christus, sie bildeten seinen unmittelbaren Lebenszusammenhang. Neunmaliges Kindersterben vor dem 10. Lebensjahr, fünfmal qualvolles Sterben an Krebs, zwei Selbstmorde, ein Herzschlag im Alter von 40 Jahren und der rätselhafte Tod einer jungen Frau im 27. Lebensjahr – achtzehn Todeskatastrophen um Karl Marx, der im Alter von 64 Jahren «ruhig und schmerzlos entschlummert»[1].

Die Frage drängt sich auf: Wie hielt dieser Mann es mit dem «Kommunismus», den er für die Menschheit erdachte, propagierte und erkämpfte? Was hatte er für ein Verhältnis zu seiner Umgebung? Denn – so bekannte er – «mein Verhältnis zu meiner Umgebung ist mein Bewußtsein».

Dieser Satz aus der von Karl Marx und Friedrich Engels gemeinsam verfaßten Streitschrift «Die deutsche Ideologie», wurde von den Autoren im Manuskript wieder gestrichen, von den Herausgebern der Marx-Engels-Werke als bedeutende Notiz vor dem Verschwinden gerettet und in einer Fußnote dem Text angefügt.[2] Die bekenntnishafte Sentenz befindet sich drei Seiten nach dem Marxschen Kernsatz: «Nicht das Bewußtsein bestimmt das Leben, sondern das Leben bestimmt das Bewußtsein.»[3] — Eine materialistische Betrachtung, die Marx und Engels mit englischer Krämerweisheit zu präzisieren wissen: «Während im gewöhnlichen Leben jeder Shopkeeper sehr wohl zwischen Dem zu unterscheiden weiß, was Jemand zu sein vorgibt, und dem, was er wirklich ist, so ist unsre Geschichtschreibung noch nicht zu dieser trivialen Erkenntnis gekommen. Sie glaubt jeder Epoche aufs Wort, was sie von sich selbst sagt und sich einbildet.»[4]

In der gegenwärtigen Sozialismusdebatte, die für Millionen Menschen praktische Auswirkungen haben wird, kommt ein immer deutlicheres Mißtrauen gegenüber den Führergestalten und Leitfiguren auf, gegenüber dem, was sie sagen und schreiben.

Der Zusammenbruch der Menschen innerhalb des Marxschen Beziehungsgeflechts, die Entkräftung der Kinder, das lebenslange Selbstopfer der Erwachsenen, die sich auf ihn als Person und als Denker vollständig einließen, steht in einem Widerspruch zum Miteinander, dem Ur-Sinn von «Kommunismus».

Beim Bonzensturz 1989 ist offensichtlich geworden: Alle abgesetzten Führer ähneln einander. Die Vermutung liegt nahe, daß es nicht nur Ähnlichkeiten zwischen den Führenden untereinander gibt, sondern auch zwischen dem Urvater und den sich auf ihn berufenden Adepten.

Karl Marx betrachtete sich als «Haupt» — konkret der Internationalen Arbeiterassoziation.[5] Aus den Zeugnissen seiner Selbsteinschätzung wird deutlich, daß er sich als geistigen Führer der «kommunistischen» Bewegung verstand, als Zentralstelle und Ursprung, als einen Mann, dessen Gedanken verwirklicht und dessen Anweisungen befolgt werden sollten.

Er sah sich nicht nur so, er baute auch an dieser Position, die er nach seinem Tode ein Jahrhundert lang unangefochten einnahm und noch heute innehat. Er ist Bezugspunkt aller kommunistischen Parteien, war Kreator eines Weltglaubens, ein Moses, wurde zeitweilig sogar wahrgenommen als eine Art Gottvater.

Es wäre allen entthronten «Nachfolgern» gegenüber unfair, den Urvorsitzenden weiter unbescholten wie bisher sitzen zu lassen. Schon beim ersten Blick auf die Extreme – Spitzenposition und Umfelddesaster – entsteht der Verdacht: der «General(rat)sekretär» hatte ein ausgeprägt zentralistisches und ein unterentwickelt kooperatives Verhältnis zu seiner Umgebung.

Am Beispiel seines Verhaltens gegenüber seinen drei Frauen soll Karl Marx' Verhältnis zu seiner Umgebung untersucht werden.

Jennys
Entkräftung

Jenny, sechzehnjährig,
als Ballkönigin

Ungleiche Verhältnisse

Karl Marx stellt eine der «gewaltigsten» Männlichkeiten dar, mit der sich fast die gesamte Männergesellschaft beschäftigt hat, gleichgültig ob sie nach seinen Doktrinen zu leben versuchte, wie die eine Hälfte der Welt, oder ob sie ihm voluminöse kritische Bücher widmete, wie die andere Hälfte.

Jenny von Westphalen ist eine der gequältesten Weiblichkeiten, im Vergleich zu Karl Marx nahezu unbekannt geblieben. Hunderte von Büchern sind über sein Werk erschienen, Dutzende über sein Leben – über Jenny bis in die dreißiger Jahre des 20. Jahrhunderts hingegen kein einziges![1] Dabei wäre Karl ohne sie nicht denkbar. Sie war nicht nur fast vierzig Jahre lang seine Partnerin, sondern bereits von Jugend auf mit ihm verbunden. Er machte an ihrer Seite Phasen seiner Entwicklung durch, verlobte sich mit ihr, als er achtzehn war, heiratete sie in seinem fünfundzwanzigsten Lebensjahr, starb fünfzehn Monate nach ihrem Tod. Sie war sein «Sekretär»[2], half ihm bei den Korrespondenzen. Sie schrieb seine Werke ab, ‹übersetzte› seine kaum lesbare Handschrift für den Drucker. Mit Ausnahme einer russischen Biographie gab es über sie jahrzehntelang nur die in der DDR verbreitete Gartenlaubengeschichte ihres Lebens, verfaßt von Luise Dornemann, seit den fünfziger Jahren veröffentlicht in mehr als zehn Auflagen. Erst Mitte der siebziger Jahre brachte Graf Schwerin von Krosigk, Enkel von Jennys Halbschwester Lisette, eine Biographie mit neuen Familieninformationen her-

13

Gertrud Oppenheim
(Phantom-Jenny 1: «Jenny von
Westphalen als Braut»)

Gertrud Kugelmann
geb. Oppenheim (Phantom-Jenny 2:
«Jenny Marx als junge Frau»)

Gertrud Kugelmann
mit ihrer Tochter Franziska
(Phantom-Jenny 3:
«Jenny Marx mit ihrer
ältesten Tochter Jenny»)

aus. Mitte der achtziger Jahre folgte eine weitere von Heinz Frederick Peters.

Gegenstand feministischer Arbeiten konnte Jenny nicht werden, weil sie zu wenig Eigenständigkeit erkennen ließ, zu nah «an der Seite ihres Mannes» lebte, von frauenrechtlerischen Gedanken weit entfernt war.

Erst 1989 erschien ein Buch mit ihren Erinnerungen und einigen ihrer Briefe. Jenny führte einen umfangreichen Briefwechsel, der immer noch nicht in einer eigenen Ausgabe gesammelt vorliegt.

Ein Teil von Jennys Briefen wurde als «Beilage» in Bänden der voluminösen Ausgabe der Marx-Engels-Werke (MEW) veröffentlicht. Diese Zeugnisse halten sich jedoch fast ausschließlich im Tenor ihrer Sekretärsschreiben «Mein Mann hat gesagt».

Die in der umfassenden Marx-Engels-Gesamtausgabe (MEGA) chronologisch mitveröffentlichten Briefe Jennys sind nur mühevoll zusammenzusuchen.

Desinteresse und Unachtsamkeit im Umgang mit Jenny allenthalben: jahrzehntelang liefen drei Bilder einer anderen Frau, die für Jenny gehalten wurde, um die Welt. Noch heute spuken diese Fotos, die nicht Jenny darstellen, durch die Veröffentlichungen. Es ist Gertrud Oppenheim, die Frau des Arztes und Marx-Freundes Ludwig Kugelmann.

Der russische Forscher Boris Rudjak entdeckte 1988 die Verwechslung. Die Familien Marx und Kugelmann waren miteinander befreundet. Karl sah die Kugelmanns zum ersten Mal im April 1867 in ihrem Hannoveraner Haus, traf sie später des öfteren, besuchte sie und verbrachte mit ihnen 1874 einen Kuraufenthalt in Karlsbad, scherzte mit Gertrud und ließ sie als «Frau Gräfin» in seinen Briefen an Ludwig Kugelmann grüßen. Fotografien wurden ausgetauscht.

Der Urenkel Jennys, Frédéric Longuet, schenkte 1863 dem Institut für Marxismus-Leninismus beim ZK der KPdSU ein Album seiner Großmutter, Jenny Longuet, das über 100 Fotos von Familienangehörigen und Freunden enthält. Longuet

15

bezeichnete irrtümlicherweise drei Fotos von Gertrud Kugelmann als Porträts seiner Urgroßmutter Jenny von Westphalen Marx.

Nachdem das Versehen aufgedeckt wurde, bleibt unverständlich, wie es entstehen konnte, denn die echte Jenny hatte ein schmaleres Gesicht als die vermeintliche. Auch Nasenform, Mund, Augenstellung und Haaransatz unterscheiden Jenny und Gertrud deutlich voneinander.

Vergleichbares Umgehen mit Karl – undenkbar: Jemand kommt mit einigen Fotos und sagt: «Das ist Karl!» Die Beschenkten freuen sich, verteilen die neuen Bilder und schreiben: «Das ist Karl!» Nach 20 Jahren stellt sich heraus, es war doch nicht Karl, sondern Ferdinand Lassalle. Ehe es zu solch einem Eklat gekommen wäre, hätten hochkarätige Sachverständige die Objekte um- und umwälzen und auf den neuen Fotos die Identität des Abgebildeten mit Karl als sicher bestätigen müssen. Boris Rudjak hat die genaue Analyse nun durchgeführt, die Rückseiten der Fotos untersucht, die dort angegebenen Ortsbezeichnungen und Jahreszahlen mit den biographischen Daten Jennys verglichen und Ungereimtheiten von der Spanne eines Jahrzehnts festgestellt. Darüber hinaus entzifferte er Namen von hannoveranischen Fotoateliers, die Jenny zu der Zeit der Aufnahme nicht hätten ablichten können, weil sie nachweislich in London war.

Jenny führte mit Karl eine schiefe Ehe, wie sie im Männerland üblich und beispielhaft ist.

Bevor Aspekte von Karls Verhältnis zu Jenny näher betrachtet werden können, muß die grobe Struktur ihrer beider Biographie dastehen.

Karls Werk kennen (in trivialisierter Form) alle, Karls Leben in großen Zügen viele, Jenny kennt kaum jemand. Um diesem Ungleichgewicht etwas entgegenzusetzen, wird gezeigt, wie die Geschichte des Paares vom ausgebeuteten Teil, von Jennys Seite her, ablief.

Jenny, Mitte Zwanzig

Jenny wird am 12. Februar 1814 in Salzwedel geboren. Sie ist das erste Kind der Caroline Heubel, verheiratet seit dem 30. April 1812 mit dem Witwer und Vater von vier Kindern aus seiner ersten Ehe, Ludwig von Westphalen.

Die Familie zieht 1816 nach Trier, weil Ludwig in der westlichsten Provinz Preußens ein Regierungsamt übernehmen soll.

1817 bekommt Caroline ihr zweites Kind, die Tochter Laura, die 1821 stirbt. 1819 wird der Sohn Edgar geboren (gestorben 1890).

Ludwig von Westphalen und Heinrich Marx – Rechtsanwalt und «Königlich preußischer Justizrat», der Vater von Karl – sind miteinander befreundet. In ihren Jungmädchenjahren unternimmt Jenny mit Karl und ihrem Vater Spaziergänge, die für Karl zu seinen schönsten Erlebnissen gehören, weil er in Ludwig einen geistigen Förderer und Anreger seiner dichterischen und politischen Neigungen findet. Jennys Bruder Edgar und Karl sind Freunde und besuchen bis zum Abitur dieselbe Klasse des Gymnasiums.

Schon früh erblüht Jenny zu einer männerumschwärmten Schönheit. Das bekannteste Bild von ihr – das erste, das erhalten geblieben ist – zeigt sie auf einem Gemälde als Ballkönigin. Nach einem der vielen durchtanzten Feste verlobt sie sich 1831 siebzehnjährig mit dem Leutnant Karl von Pannwitz. Die Verlobung wird nach kaum einem halben Jahr aufgelöst.

1836 verlobt Jenny sich heimlich mit ihrem Jugendfreund Karl, dem Sohn des von ihr geliebten und verehrten Vaterfreundes Heinrich Marx. Sie ist zweiundzwanzig, der Bräutigam achtzehn – Student der Rechtswissenschaft. Von der Verlobung wissen zunächst nur Karls Vater und seine Schwester Sophie. 1837 wird die Verlobung öffentlich bekannt gemacht. 1838 stirbt Heinrich Marx, 1842 Ludwig von Westphalen.

Nach dem Tod ihres Mannes zieht Caroline von Westphalen mit ihren Kindern Jenny und Edgar für eine kurze Zeit nach Bad Kreuznach. Im Beisein der Mutter heiraten dort

Jenny und Karl am 19. Juni 1843, nachdem Karl sein Studium in Berlin mit einer philosophischen Doktorarbeit abgeschlossen und ein halbes Jahr die Redaktion der *Rheinischen Zeitung* in Köln geleitet hat. Im März 1843 hatte Karl versucht, die *Rheinische Zeitung* vor dem Verbot durch die preußische Regierung zu bewahren, indem er seinen Posten als Chefredakteur aufgab. Vergebens.

Im Oktober 1843 übersiedeln Jenny und Karl nach Paris, weil Karl gemeinsam mit Arnold Ruge die Zeitschrift *Deutsch-Französische Jahrbücher* herausgeben will, von der im Februar 1844 nur eine einzige Nummer erscheint.

Am 1. Mai 1844 bringt Jenny in Paris ihr erstes Kind, ihre Tochter Jenny, zur Welt.

Mit dem «todkranken Kinde» [3] reist Jenny im Juni 1844 zu ihrer Mutter, die wieder nach Trier gezogen ist, und kehrt im September mit der gesunden Tochter und der Amme Gretchen nach Paris zurück.

Im Januar 1845 werden Karl und Jenny aus Paris ausgewiesen. Die preußische Regierung hatte beim französischen Außen- und Innenminister, François Guizot, einen Ausweisungsbefehl gegen Karl erwirkt. Karl war ein (sporadischer) Mitarbeiter der Exilzeitschrift *Vorwärts*, die ein Attentat auf den preußischen König begrüßt hatte. Grund genug für die preußische Regierung, gegen Mitglieder der Zeitschrift vorzugehen.

Am 3. Februar 1845 verläßt Karl Paris und geht nach Brüssel.

Um die Reise bezahlen zu können, muß Jenny ihre Möbel und einen Teil ihrer Wäsche verschleudern. Sie folgt Karl mit der Tochter Jenny Anfang Februar 1845 nach Brüssel.

Im April 1845 schickt Caroline ihr Hausmädchen, Helene Demuth, nach Brüssel. Von diesem Zeitpunkt an bis zum Tode von Jenny und Karl lebt Helene mit ihnen zusammen.

Jenny reist im Juni 1845 mit Helene und ihrem einjährigen Baby in ihre Heimatstadt Trier zu ihrer Mutter, kehrt Mitte September nach Brüssel zurück, um am 26. September 1845 ihre zweite Tochter Laura zur Welt zu bringen, die den Namen ihrer im Alter von vier Jahren gestorbenen Schwester Laura erhält.

Caroline erkrankt im Februar 1846. Jenny fährt zu ihrer Mutter nach Trier und pflegt sie gesund, bleibt bei ihr bis etwa April 1846, während Helene den Haushalt in Brüssel versorgt.

Am 3. Februar 1847[4] bringt Jenny in Brüssel ihr drittes Kind, ihren ersten Sohn, zur Welt, dem sie den Namen ihres Bruders Edgar gibt.

Am 2. März 1848 erläßt der belgische König den Befehl, daß Marx Brüssel und das Land binnen 24 Stunden zu verlassen habe. Ihm werden Verbindungen zu Aufständischen in Deutschland und zur französischen Februarrevolution vorgeworfen. In der Nacht vom 3. zum 4. März 1848 dringt Polizei in die Wohnung der Marxens ein und verhaftet Karl. Jenny ersucht Persönlichkeiten des öffentlichen Lebens um Hilfe, wird von einer Wache ergriffen, eine Nacht ins Gefängnis geworfen, am nächsten Tage einem zweistündigen Verhör unterzogen und danach ebenfalls ausgewiesen.

Wieder verkauft sie den größten Teil ihrer Habe und folgt Karl. Die nächste Station ist Paris, wo die Marxens seit der Februarrevolution offiziell wohnen dürfen, dann ziehen sie mit Helene und ihren Kindern nach Köln. Im Frühjahr 1848 haben Aufstände in Deutschland für Marx günstige Bedingungen geschaffen. Er übernimmt in Köln die Position des Chefredakteurs der *Neuen Rheinischen Zeitung*. Die erste Ausgabe erscheint am 31. Mai / 1. Juni 1848. Im September des gleichen Jahres wird die *Neue Rheinische Zeitung* verboten, im Oktober von Marx doch wieder herausgebracht. Er ist eine Weile Vorsitzender des Kölner Arbeitervereins.

Im Frühjahr 1849 gewinnt er den Prozeß, der von den Behörden gegen die *Neue Rheinische Zeitung* angestrengt wurde. «Aufreizung zur Rebellion» lautete der Vorwurf. Marx muß jedoch das Blatt im Mai 1849 einstellen. Er hatte für den Anlauf der Zeitung Schulden machen müssen, die er ohne Einnahmen nicht tilgen kann. Jenny verkauft abermals ihre Möbel, diesmal um die gerichtliche Pfändung aller ihrer Habe und der Bibliothek Karls abzuwenden.

Marx wird im Mai 1849 als Staatenloser aus Deutschland ausgewiesen. Jenny wohnt mit ihren Kindern und Helene vorübergehend in Trier bei ihrer Mutter, hält sich zwischenzeitlich bei Freunden in Bingen und Frankfurt am Main auf. Dort versetzt sie ihre Silbersachen im Pfandhaus, um sich, Helene und ihre drei Kinder ernähren zu können. Karl geht im Juni 1849 von Köln nach Paris. Jenny folgt ihm mit Helene und den Kindern im Juli. Die Familie lebt von einer Spende über 400 Franc. Ferdinand Lassalle hatte unter rheinischen Freunden eine Sammlung veranstaltet.

Im August 1849 wird Marx von der französischen Regierung in die Bretagne verbannt. Daraufhin emigriert er nach London. Im September 1849 folgen ihm Jenny, Helene und die drei Kinder Jenny, Laura und Edgar.

Am 5. November 1849 bringt Jenny in London ihr viertes Kind, den Sohn Heinrich Guido, zur Welt.

Im März 1850 werden Karl und Jenny aus ihrer Wohnung geworfen, weil sie die Miete nicht bezahlen können, ihr gesamter Haushalt wird gepfändet. Sie kommen in der billigen Pension «Deutsches Hotel» unter. Jennys Mutter schickt etwas Geld. Die junge Familie findet Zuflucht in zwei Zimmern, die ein Bekannter ihnen zur Verfügung stellt.

Im August 1850 reist Jenny nach Holland zu Lion Philips, einem reichen Onkel von Karl, und bittet ihn um Hilfe. Der Onkel verweigert jede finanzielle Unterstützung. Jenny kehrt mit leeren Händen nach London zurück.

Der einjährige Sohn, Heinrich Guido, stirbt im November 1850. Er ist das erste der vier Kinder, die in den nächsten sieben Jahren sterben werden.

Im Dezember 1850 ziehen die Marxens mit Helene und den übriggebliebenen Kindern Jenny, Laura und Edgar in eine möblierte Zwei-Zimmer-Wohnung ohne Klosett, Bad und fließendes Wasser, in der sie bis Ende 1856 bleiben.

Jenny bringt am 28. März 1851 ihr fünftes Kind zur Welt, eine Tochter, der sie den Namen ihrer Halbschwester Franziska gibt.

Im «Frühsommer des Jahres 1851» wird Jennys Stiefsohn, Frederick Demuth, geboren, die Mutter ist Helene. Sie bleibt im Haushalt der Marxens. Ihr und Karls Sohn muß jedoch bei Pflegeeltern aufwachsen.

Helene weigert sich, über den Vater ihres Kindes zu sprechen. Als ihre Schwangerschaft offensichtlich wird, reist Karl Mitte bis Ende April 1851 nach Manchester zu seinem Freund Friedrich Engels, um ihn zu bitten, die Vaterschaft zu übernehmen. Friedrich willigt ein. Sein angeblicher Sohn bekommt ihm zu Ehren den Namen «Frederick».

Ob Jenny jemals – und wenn ja, wann – von Karls Vaterschaft etwas erfuhr, kann nicht mit Sicherheit rekonstruiert werden. In ihren «Kurzen Umrissen eines bewegten Lebens», geschrieben 1865, macht sie eine Andeutung, die sich auf Fredericks Geburt beziehen kann: «In den Frühsommer des Jahres 1851 fällt noch ein Ereignis, welches ich nicht näher berühren will, das aber sehr zur Vermehrung unsrer äußren und innren Sorgen beitrug.» [5]

Im April 1852 stirbt Jennys Tochter Franziska. Sie war erst zwölf Monate alt. Jenny und Karl durchleben während der folgenden zwei Jahre in ihrer Londoner «Asylanten»-Wohnung die Zeit ihrer größten Not.

Im Juli und August 1854 reist Jenny zu ihrer Mutter nach Trier.

Am 16. Januar 1855 bringt Jenny in London ihr sechstes Kind zur Welt, ihre Tochter Eleanor.

Ihr achtjährigr Sohn Edgar stirbt am 6. April 1855.

Ende 1855 macht Jenny zwei Erbschaften – vom Bruder und von einer englischen Verwandten ihres Vaters.

Im Mai 1856 reist Jenny mit ihren Töchtern Jenny, Laura und Eleanor nach Trier zu ihrer Mutter, um deren Geburtstag im Juni mit ihr zu feiern. Nach kurzer Krankheit stirbt Caroline im Beisein der Tocher am 23. Juli 1856.

Eine weitere Erbschaft, die Jenny von ihrer Mutter zufällt, ermöglicht es der Familie Marx im Oktober 1856, ein Haus am nördlichen Stadtrand von London zu beziehen.

Jenny erkrankt Ende 1856 an einem Nervenleiden und muß monatelang das Bett hüten. Sie ist wieder schwanger.

Im Frühjahr 1857 wird Marianne Creutz, die zweiundzwanzigjährige Halbschwester von Helene – das letzte Dienstmädchen von Jennys Mutter –, in den Marxschen Haushalt aufgenommen. Sie lebt bis zu ihrem plötzlichen Tod Ende 1862 fünf Jahre lang mit der Familie zusammen.

Am 6. Juli 1857 bringt die dreiundvierzigjährige Jenny ihr siebtes und letztes Kind zur Welt, das nach zwei Tagen stirbt. Sie ist gebrochen, bleibt weiter krank.

Jenny kommt nicht wieder zu sich. Wochenlang ist sie bettlägerig, ist «außerordentlich verstimmt, was ich ihr au fond de cœur, under present auspices nicht verdenke, obgleich es mich ennuyiert»[6], schreibt Karl am 16. Juli 1857 an Friedrich.

Die «gegenwärtigen Umstände» («present auspices») können nur Probleme im Innenverhältnis der Eheleute Marx sein, denn die äußeren Umstände sind seit ihrem vierzehnjährigen Zusammenleben erstmals zufriedenstellend. Karl und Jenny hätten Dank der drei Erbschaften genug Geld zum Leben gehabt. Sie bewohnen mit ihren Töchtern ein großzügiges Haus in bester Lage, werden versorgt von zwei Hausangestellten.

Jenny kränkelt in den folgenden Jahren immer häufiger, leidet an Depressionen, bleibt wochenlang im Bett.

Im November 1860 – Jenny hatte gerade Korrekturen zum Manuskript «Herr Vogt» abgeschrieben und dem Drucker geschickt – erkrankt sie an den schwarzen Pocken. Sie fiebert, liegt im Todeskampf, kommt wieder zu sich, wird gesund, ist aber für ihr weiteres Leben durch Narben entstellt.

Im Jahre 1861 reist Karl nach Berlin, um seine Rückkehr nach Deutschland vorzubereiten. Er erhält jedoch keine Aufenthaltserlaubnis auf Dauer. Die Familie bleibt in London.

Jenny reist im Dezember 1862 nach Paris zu einem Freund,

den sie um Geld bitten möchte. Kurz vor ihrer Ankunft hat ihn der Schlag getroffen. Jenny kehrt zurück nach London. Einige Stunden vor ihrem Eintreffen stirbt ihr Hausmädchen Marianne.

Bei Karl brechen im November 1863 zum ersten Mal gefährliche eitrige Geschwüre aus, die operiert werden müssen, «und von da schwebte er noch längere Zeit in Lebensgefahr»[7].

Ende November 1863 stirbt in Trier Karls Mutter Henriette. Er reist im Dezember nach Deutschland und regelt die Erbschaftsangelegenheiten.

Der neue Wohlstand macht es möglich: Karl, Jenny, Helene und die Töchter residieren seit März 1864 in einem herrschaftlichen Haus.

Im Mai 1864 stirbt Karls Freund Wilhelm Wolff, der ihm und Jenny ein großes Vermögen hinterläßt.

Friedrich hat Erfolg mit seiner Firma in Manchester und finanziert das Leben der Familie Marx nun regelmäßig mit größeren Geldbeträgen.

Im Frühjahr 1865 trifft Jennys Bruder Edgar aus den USA in London ein. Er ist abgerissen und heruntergekommen und bleibt bei Schwester und Schwager, bis er sich gekräftigt hat und Anfang November nach Berlin weiterzieht. Dort wird er von seinem Halbbruder Ferdinand unterstützt und endet nach dessen Tod als Sozialfall.

1867 erscheint das Hauptwerk von Karl Marx, «Das Kapital», Band 1.

In den siebziger Jahren festigt Marx seine Position als «Begründer des wissenschaftlichen Kommunismus», als einer «der größten Denker der Neuzeit»[8].

Im April 1868 heiratet die Marx-Tochter Laura den französischen Arzt und Sozialisten Paul Lafargue.

Ab November 1868 finanziert Friedrich den gesamten Haushalt der Marxens. Er zahlt 35 Pfund monatlich, darüber hinaus kommt er für alle ihre Schulden auf.

Im September 1872 reist Jenny zusammen mit Karl und

Eleanor nach Den Haag zum 5. Kongreß der Ersten Internationale.

Die älteste Tochter Jenny heiratet im Oktober 1872 den französischen Publizisten und Kommunarden Charles Longuet. Im selben Jahr verlobt sich Eleanor gegen den Willen des Vaters mit dem französisch-baskischen Kommunisten und Revolutionskämpfer Prosper Olivier Lissagaray.

In den Jahren 1874 bis 1876 fährt Karl nach Karlsbad zur Kur, wird 1874 und 76 von seiner jüngsten Tochter Eleanor begleitet, die zu Magersucht neigt und an Depressionen leidet.

1877 nehmen Vater und Tochter die Mutter mit zur Kur, diesmal nach Bad Neuenahr. Jenny ist zum ersten Mal seit 21 Jahren wieder in Deutschland. Nach dem Tod ihrer Mutter hatte sie ihr Heimatland nicht mehr gesehen.

Jenny vereinsamt zusehends. Ihre Töchter fühlen sich mehr dem Vater verbunden, der von Spannungen zwischen ihnen und Jenny schon 1868 berichtet.

Ab 1875 eskalieren Jennys Schwächen und Leiden zu einer ernsten Krankheit. Die Verdauungsstörungen, die Karl von dieser Zeit an erwähnt, präzisieren sich als Leberkrebs.

1880 verläßt die Tochter Jenny mit Mann und drei Söhnen England und zieht nach Argenteuil bei Paris. Vorausgegangen war eine Amnestie für die Kommunekämpfer, zu denen Charles Longuet gehört hat.

Jenny reist im Sommer 1881 mit Karl und Helene nach Frankreich, um ihre Tochter Jenny und ihre Enkelkinder noch einmal zu sehen, kehrt zurück nach London und stirbt dort am 2. Dezember 1881. Ihre letzten Worte: «Karl, meine Kräfte sind gebrochen!» [9]

Karl irrt umher, reist, geschwächt von Krankheiten, nach Nordafrika, Frankreich und in die Schweiz, zeitweilig begleitet von seinen Töchtern Laura und Eleanor.

Anfang Januar 1883 stirbt Tochter Jenny in Frankreich an Blasenkrebs.

Von diesem Schlag erholt Karl sich nicht mehr. Er verliert

den Lebensmut, erleidet am 14. März 1883 einen Kreislauf-kollaps und entschläft friedlich am Nachmittag des gleichen Tages.

Karl schreibt am 13. August 1866 an Paul Lafargue: «Wenn ich mein Leben noch einmal beginnen müßte, ...würde ich nicht heiraten. Soweit es in meiner Macht steht, will ich meine Tochter vor den Klippen bewahren, an denen das Leben ihrer Mutter zerschellt ist.» [10]

Ein in jeder Hinsicht ungewöhnlicher Satz für einen Mann, der in der sozialistischen Ikonographie eine Bilderbuchehe führte und noch weitere fünfzehn Jahre führen wird.

Jahrzehntelang protokolliert Karl akribisch den Niedergang seiner Ehefrau, ihren Kräfteschwund, ihr Zerbrechen.

Seit Karl und Friedrich Ende 1850 ihre oft tägliche Korrespondenz aufnehmen, berichtet Karl dem Freund auch über Jennys Leiden. Im Unterschied zu Karls Schilderungen seiner körperlichen Bedingungen, die im Teil «Mariannes Wahrheit» eine Rolle spielen werden, bleiben die Notate zu Jennys Wohl und Weh konturlos. Pflichtschuldig leiert Karl die Ereignisse herunter, zeigt sich mißmutig, verärgert, gelangweilt: Schon wieder...! Immer noch...! Nicht zum Aushalten!

In diesem Klageritual finden sich nur zwei medizinische Anhaltspunkte: Verdauungsstörungen und Husten.

Was hat Jenny wirklich? Sie ist «leidend», «schwach», «krank», «körperlich herunter», «bettlägerig», «unwohl», «nervös zerrüttet», «nutzlos irritabel», «sehr herunter». Ihr «Nervensystem» ist «angegriffen», ihr «Zustand» «gefährlich», sie «magert ab», «liegt im Bett», hat «Zustände». Oft benutzt Karl die Steigerungsform: Jenny sei «noch leidender» und «schwächer» als zuvor.

Auch wenn Jenny ein Kind erwartet, ist sie nicht etwa guter Hoffnung, sondern «geht», wie Karl lamentiert, «der Katastrophe entgegen». Im Unpräzisen schafft es Karl, präzise zu sein. Jenny ist nur schwach und wird immer schwächer. Wochen-, monate- ja manchmal jahrelang keine Auffälligkeit und dann plötzlich wochen- und monatelang anhaltend die ominösen Entkräftungssignale.

Die Zeugnisse vor November 1850 erwähnen pauschal: Frau und Kinder krank. Das passiert mitunter, kommt überall vor. Nichts Besonderes:

9. Dezember 1847: «Nicht nur, daß meine Frau samt den Kindern krank ist.» [11]

17. August 1849: «...wenn nicht meine ganze hier anwesende Familie krank und ich so behindert gewesen wäre.» [12]

17. Juli 1850: «Eine Krankheit meiner Frau machte meine Abreise immer un[möglich].» [13]

Zu Beginn der Chronik Ende 1850 wird es anders. Die Litanei offenbart etwas Grundsätzliches, das nicht spezifizierbar ist:

23. November 1850: «Sie befindet sich in einer wirklich gefährlichen Aufgeregtheit und Angegriffenheit. Sie hatte das Kind selbst gestillt und unter den schwierigsten Verhältnissen mit den größten Opfern sich seine Existenz erkauft.» [14]

31. März 1851: «Gleichzeitig ist meine Frau niedergekommen am 28. März. Die Entbindung war leicht, dagegen liegt sie jetzt sehr krank da, mehr aus bürgerlichen als physischen Gründen.» [15]

2. April 1851: «Meine Frau... ist sehr angegriffen.» [16]

31. Juli 1851: «Ich wäre längst auf der Bibliothek fertig. Aber die Unterbrechungen und Störungen sind zu groß, und zu Haus, wo alles immer im Belagerungszustand sitzt und Tränenbäche mich ganze Nächte durch ennuyieren und wütend machen, kann ich natürlich nicht viel tun. Meine Frau tut mir leid. Auf sie fällt der Hauptdruck, und au fond hat sie recht.» [17]

2. August 1851 (an Joseph Weydemeyer): «Meine Frau geht unter, wenn es lange so fortdauert. Die beständigen Sorgen, der allerkleinlichste bürgerliche Kampf reibt sie

auf...» – «...daß meine Frau, die leidend ist und in dem unerfreulichsten bürgerlichen Elend vom Morgen bis abends sitzt und deren Nervensystem angegriffen ist...»[18]

24. November 1851: «Du begreifst, daß ich bei sehr brouilliertem Familywesen erst jetzt einige Zeilen an Dich richte.»[19]

13. Juli 1852: «Meine Frau ist sehr leidend, magert ab und hustet.»[20]

8. September 1852: «Meine Frau ist krank, Jennychen ist krank, Lenchen hat eine Art Nervenfieber. Den Doktor kann und konnte ich nicht rufen, weil ich kein Geld für Medizin habe.» «Mein Haus ist ein Lazarett, und die K[rise] wird so störend, daß sie mich zwingt, ihr meine allerhöchste Aufmerksamkeit zu schenken.»[21]

18. September 1852: «Meine Frau ist körperlich mehr herunter als je, d. h. reine Schwäche.»[22]

28. September 1852: «Ich denke übrigens, daß er [Georg Weerth], abgesehn den leidenden Zustand meiner Frau, mir nicht tiefer in die Karten gesehn hat.»[23]

25. Oktober 1852: «Ich versichre Dir, wenn ich die Leiden meiner Frau und meine eigne Ohnmacht ansehe, so möchte ich dem Teufel in den Rachen laufen.»[24]

3. Juni 1854: «Jetzt, wo ich wieder auf dem Damme und die Kinder wieder alle aus dem Bette sind, wenn auch noch nicht aus dem Hause, ist meine Frau, wahrscheinlich infolge der Nachtwachen und Krankheitspflege, sehr herunter...»[25]

13. Juni 1854: «*Meine Frau liegt zu Bette.*»[26]

21. Juni 1854: «Während die Krankheit meiner Frau mitten in einer Krise...» – «Da der Zustand meiner Frau gefährlich war – und noch bedenklich ist –...»[27]

10. November 1854: «... da meine Frau seit 3 Tagen bettlägerig ist...»[28]

13. Februar 1855: «...meine usual secretary hat sich infolge des kalten Wetters nicht so rasch vom Bette wieder erhoben, wie das sonst der Fall zu sein pflegte.»[29]

28

30. März 1855: «Meine Frau war seit einer Woche so krank wie nie vorher von geistiger Erregung.» [30]

16. Mai 1855: «Meine Frau ist sehr leidend.» [31]

18. Mai 1855: «Seit gestern abend ist meine Frau *bettlägerig*.» [32]

3. Juli 1855: «Meine Frau noch sehr leidend.» [33]

30. Oktober 1856: «...meine Frau krank seit den letzten Monaten.» [34]

2. Dezember 1856: «Meine Frau mediziniert noch fortwährend, und so ist stets noch große Störung im Haus, so daß ich schwer zum Schreiben komme.» [35]

18. März 1857: «Meine Frau ist sehr unwohl, und die sämtlichen Verhältnisse des Hauses in solcher Krisis, daß der Kopf mir zu sehr schwirrt zum Schreiben!» [36]

9. April 1857: «Meine Frau war während der letzten Wochen noch leidender, als sie es seit Monaten ist, und der trouble im Haus war groß.» [37]

23. April 1857: «Für meine Frau brauche ich jetzt schon seit sechs Monaten fortwährend den Arzt. Sie ist in der Tat sehr herunter.» [38]

8. Mai 1857: «Meine Frau geht mehr und mehr der Katastrophe entgegen, und da wird ihr der Schreiberdienst immer schwieriger.» [39]

15. Juni 1857: «Meine Frau sehr leidend.» [40]

29. Juni 1857: «Meine Frau noch im status quo... dazu... Haussorgen, schwere.» [41]

24. Juli 1857: «...meiner Frau, deren recovery sehr langsam, und die eher täglich schwächer wird...» [42]

2. Juli 1858: «...meine Frau ist auch sehr unwohl.» [43]

15. Juli 1858: «...Hausjammer. Meine Frau ist nervös zerrüttet durch den Dreck...» – «...der tägliche Druck und das Gespenst einer unvermeidbaren Schlußkatastrophe sie verfolgt.» [44]

21. November 1860: «Meine Frau liegt seit Montag nieder an einem sehr bösartigen Nervenfieber.» [45]

23. November 1860: «Meine Frau befand sich seit vie-

len Wochen in einem außerordentlich nervösen Zustand...» [46]

26. November 1860: «... daß die Ansteckung einzig zu erklären aus der übertriebnen Nervenaufregung, worin sie sich seit vielen Monaten befand.» [47]

28. November 1860: «...indem meine Frau schon vor ihrer Krankheit allerlei nervous complaints hatte...» – «...ihr Nervenzustand sei so gewesen, daß er» – der Arzt – «diese Krankheit einem Nervenfieber oder ähnlichem, wozu es gekommen sein würde, vorziehe.» [48]

30. Oktober 1861: «... meine Frau ist ernsthaft unwohl.» [49]

20. November 1861: «Meine Frau ist [...] sehr angegriffen, und ich fürchte, die Sache nimmt schlimmen Ausgang, wenn der struggle noch lange.» [50]

9. Dezember 1861: «Meine Frau hatte gefährliche Nervenzustände, und Dr. Allen war sehr erschrocken während einiger Tage. Er weiß oder ahnt vielmehr, wo der Schuh drückt, ist aber zu delikat, um Ungehöriges zu sagen. Die arme Frau ist noch sehr leidend.» [51]

18. Juni 1862: «Meine Frau sagt mir jeden Tag, sie wünschte, sie läge mit den Kindern im Grab...» [52]

9. April 1863: «Meine Frau ist seit zwei Wochen bettlägerig und fast ganz taub, der Teufel weiß, woher.» [53]

31. August 1864: «Meine Frau hatte letzte Woche starken Anfall von Cholerine, der einen Augenblick gefährlich zu werden schien.» [54]

11. Juli 1868: «Das hier im Haus herrschende temper ist nicht grade für Rekonvaleszenten gemacht. Meine Frau ist dabei auch nicht auf dem Strumpf und daher nutzlos irritabel.» [55]

30. November 1868: «Wie unangenehm die Zustände hier im Haus seit den letzten Monaten wurden, siehst Du daraus, daß Jennychen [Tochter] – hinter meinem Rücken – sich als *Stundengeberin* bei einer englischen Familie engagiert hat... So sehr fatal mir die Sache... war..., gab ich sie unter... Vorbehalt zu, weil ich vor allem gut fand, daß Jennychen durch

irgend eine Beschäftigung zerstreut und namentlich aus den 4 Wänden hier geschafft werde. Meine Frau hat seit Jahren – aus den Umständen erklärlich, aber deswegen nicht angenehmer – ihr temper durchaus verloren und quält mit ihrem Jammer und Reizbarkeit und bad humour die Kinder zu Tode, obgleich keine Kinder in a more jolly way alles ertragen.»[56]

1. Mai 1869: «Meine Frau ist noch sehr unwohl...»[57]

8. Mai 1869: «...war meine Frau sehr unwohl.» – «...ganz taub...»[58]

1870 endet Karls Berichterstattung über Jennys Krankheiten. Friedrich ist von Manchester nach London gezogen, regelmäßiges Briefeschreiben erübrigt sich. Es gibt nur noch vereinzelte Mitteilungen in Karls sporadischen Briefen an Friedrich und andere Personen.

Seit 1875 treten die ersten Anzeichen einer «gefährlichen» Krankheit auf. Karl ist nicht mehr ärgerlich, sondern beunruhigt. Seine Schilderungen bleiben aber auch in dieser Zeit undeutlich. Die Krebskrankheit wird noch nicht angesprochen:

10. Mai 1875: «Dein [Jennys] Unwohlsein hat uns alle sehr geängstigt; doch hoffe ich, daß es jetzt nach dem Castor-oil [Rizinusöl] und mit dem schönen Wetter sich verzogen hat.»[59]

26. Juli 1876: «...meine Frau schrieb, daß sie sehr unwohl... Meine Frau war noch sehr leidend, als wir ankamen; etwas besser, als wir sie verließen.»[60]

23. Juli 1877: «Du weißt, daß meine Frau ernsthaft an Verdauungsstörungen leidet...»[61]

8. August 1877: «Meine Frau ist keineswegs in befriedigenden Gesundheitsverhältnissen.»[62]

15. Juli 1878: «Meine Frau ist ernsthaft krank, muß wahrscheinlich nach Karlsbad...»[63]

4. September 1878: «Meine Frau ist schon mehrere Wochen da [im Seebad Malvern], sie ist arg unwohl...»[64]

10. April 1879: «...war meine Frau so krank, daß die Ärzte bezweifelten, ob sie den Anfall übersteht...»[65]

3. September 1879: «In der Tat ist meine Frau nur sehr langsam improving...»[66]

10. September 1879: «Meine Frau noch immer sehr langsam voran ...» [67]

14. November 1879: «Meine Frau ist immer noch gefährlich krank ...» [68]

27. Juni 1880: «...ich hätte London auch bereits verlassen ... wenn eine sehr bedenkliche Krankheit meiner Frau mich nicht verhindert.» [69]

30. August 1880: «...war vorher mit ihr in Manchester zur Konsultation bei meinem Freund Dr. Gumpert. Sie leidet an *gefährlicher* Leberkrankheit.» [70]

12. September 1880: «Eine Krankheit meiner Frau, unter der sie schon seit langem litt, verschlimmerte sich plötzlich so, daß ein verhängnisvolles Ende drohte.» [71]

5. November 1880: «... nun schon über Jahre dauernden lebensgefährlichen Krankheit meiner Frau.» [72]

13. November 1880: «Familiäre Sorgen, hervorgerufen durch eine sehr gefährliche Krankheit meiner Frau...» [73]

8. Dezember 1880: «Meine Frau wird, wie die meisten kranken Menschen, deren Leiden chronischen Charakter angenommen hat, zuweilen plötzlich unfähig, das Bett zu verlassen ...» [74]

19. Februar 1881: «Aber das Schlimmste ist, daß der Zustand meiner Frau täglich gefährlicher wird, obwohl ich mich an die berühmtesten Ärzte Londons gewandt habe ...» [75]

2. Juni 1881: «Leider nimmt ihre Krankheit mehr und mehr einen verhängnisvollen Charakter an.» [76]

6. Juni 1881: «... daß es für die Krankheit, an der sie leidet, keine Heilung gibt, und sie wird in der Tat schwächer.» [77]

2. Juli 1881: «Der Gesundheitszustand meiner Frau, der täglich kritischer wird, erfordert, daß ich ständig bei ihr bin...» [78]

Als ob erst seine letzte Reise mit Jenny nach Frankreich Karl in eine Balance von Distanz und Nähe bringt, wird er überraschend fähig, Jennys Krankheit eindrucksvoll zu beschreiben:

27. Juli 1881: «Die Reise von London nach Dover verlief

so gut, als zu hoffen war; d. h. meine Frau, die sehr unwohl war, als wir von Maitland Park aufbrachen, merkte keine unvorteilhafte Veränderung infolge der Fahrt... Sie landete in Calais in besserem Zustand, als sie London verlassen hatte, und beschloß weiterzureisen... Zwischen Amiens und Creil fühlte sie Herannahn der Diarrhöe, und das Eingeweideumwühlen ward auch stärker. In Creil hält der Zug nur 3 Minuten, doch hatte sie knapp die Zeit, das Nötige zu verrichten... Sie war sehr leidend, findet sich aber heute morgen (wenigstens jetzt, about 10 o'clock) besser, als es in London zu selber Zeit der Fall zu sein pflegt.»[79]

3. August 1881: «Wir erleben hier von Tag zu Tag dieselben Wechselfälle wie in Eastbourne, nur mit dem Unterschied, daß plötzlich entsetzliche Schmerzen eintreten, wie namentlich gestern: Unser Doktor Dourlen, der ein ausgezeichneter Arzt ist und glücklicherweise ganz nah bei uns wohnt, griff sofort ein und wandte eins der heroischen Opiummittel an, die Donkin mit vollem Bewußtsein in Reserve hielt.» — «Die temporären ‹Besserungen› hindern natürlich nicht den natürlichen Fortschritt des Übels, aber sie täuschen meine Frau und befestigen Jenny — trotz meiner Einsprache — in dem Glauben, daß der Aufenthalt in Argenteuil möglichst lange währen müsse. Ich weiß die Sache besser und stehe um so mehr Angst aus.»[80]

9. August 1881: «Der Zustand wie gewöhnlich, bald unerträglich, bald stundenlang besser. Bei fortdauernder Abmagerung Zunahme der Schwäche. Gestern kleine Blutung an Hautstelle, was Doktor als Symptom von Schwäche betrachtet. Ich sagte ihm, wir müßten ernsthaft an Rückfahrt denken; er sagt, man könne noch einige Tage zusehn vor definitivem Entschluß. Sie selbst hat mir den Streich gespielt, da ich ihr von Rückfahrt Ende dieser Woche sprach, Masse Wäsche fortzugeben, die *vor Anfang nächster Woche nicht returniert wird*.»[81]

1. Oktober 1881: «Die jeden Tag der *Katastrophe näherrückende, fatale Krankheit meiner Frau* verhindert's.»[82]

Es wäre Karl zuzutrauen, daß er Jennys Leiden all die Jahre in stereotypen Wiederholungen herausgestrichen hat, um Friedrich wie am Fließband um Geld bitten zu können. Aus dem Briefwechsel Marx/Engels geht hervor, daß Karl geübt ist im Schnorren. Doch Karl bittet Friedrich auch unabhängig von Jennys Krankheiten um Geld – in jedem dritten Brief tut er das. Und er berichtet genauso regelmäßig von Jennys Erholungen. Friedrich kann sich also zumeist ein recht gutes Bild von Jennys jeweiliger Verfassung machen, zumal Karl seine Berichterstattung mit zitierten Arztkommentaren stützt.

Es gibt auch genug schriftliche Äußerungen von Jenny selbst, die Verzweiflung und Hoffnungslosigkeit offenbaren:

Jenny an Karl, der sich in Manchester bei Friedrich aufhält, 19. Juni 1852: «Und unterdessen sitze ich hier und gehe zugrunde... Ich bin so angegriffen, daß ich kaum schreiben kann... Ich kann mich nicht mehr 8 Tage durchhalten, sonst sitz' ich obdach- und brotlos hier. Die Sache ist jetzt auf den höchsten Punkt gestiegen... Ich sitze hier und weine mir fast die Augen aus und weiß keine Hilfe... Mein Kopf hält nicht mehr zusammen. 8 Tage hab' ich wieder meine Kräfte gesammelt, nun kann ich nicht mehr...»[83]

Jenny an Ernestine Liebknecht, 19. Januar 1863: «...wenn man so lange, lange Jahre fast nur Sorgen, Qualen u. Angst kennt, wenn Tod, Krankheit u. Elend miteinander abwechseln, um das Herz bis ins Innerste zu erschüttern, die Stimmung zu verdüstern u. den frischen Lebensmuth zu lähmen...»[84]

Jenny an Ernestine Liebknecht, 13. Oktober 1863: «...ich war aber während der Zeit [ab März 1863] u. noch lange nachher so leidend u. körperlich herunter, daß mir jede geistige Anstrengung, selbst das Schreiben eines kleinen Briefes, lästig und anstrengend war. Neben starken nervösen Kopfschmerzen litt ich auch an fast totaler Taubheit, ein Leiden, dessen Schrecklichkeit ich Ihnen... leider nicht zu schildern brauche.»[85]

34

Jenny an Ernestine Liebknecht, Ende Januar 1866: «...ich bin in dem Jahre ganz schreibscheu geworden, und alle die Sorgen und Mühen und Quälereien, die ich in der Zeit wieder durchgemacht, haben mich oft so melancholisch und trübselig gemacht, daß ich alle Lust zum Schreiben und Aussprechen verlor.» «Im vorgerückteren Alter wird das Anschließen stets schwerer und schwerer, und man zieht sich zuletzt am liebsten mit all seinen Schmerzen und Sorgen, seinen getäuschten Hoffnungen in sein stilles Selbst zurück.» [86]

Jenny an Ernestine Liebknecht, 14. Oktober 1866: «...ich habe selbst so viel in frühern Lebensjahren durch politische Verfolgungen gelitten, daß ich recht gut weiß, was das alles heißt; aber ganz offen gesagt, gibt es im täglichen Leben viel schreckliche[re] Kämpfe und Leiden als die selbst so eklatanter politischer Natur.» [87]

Jenny an Ludwig Kugelmann, 24. Dezember 1867: «Ich war in dem letzten Jahr viel leidend und habe auch leider in der letzten Zeit viel von meinem ‹Glauben›, meinem Lebensmut eingebüßt. Es war mir oft schwer, mich aufrechtzuhalten.» [88]

Jenny an Wilhelm Liebknecht, 26. Mai 1872: «Uns Frauen fällt in allen diesen Kämpfen der schwerere, weil kleinlichere Teil zu. Der Mann, er kräftigt sich im Kampf mit der Außenwelt, erstarkt im Angesicht der Feinde, und sei ihre Zahl Legion, wir sitzen daheim und stopfen Strümpfe. Das bannt die Sorge nicht, und die tagtägliche kleine Not nagt langsam aber sicher den Lebensmut hinweg. Ich spreche aus mehr als 30jähriger Erfahrung, und ich kann wohl sagen, daß ich den Mut nicht leicht sinken ließ. Jetzt bin ich zu alt geworden, um noch viel zu hoffen.» [89]

Jenny an Johann Philipp Becker, 16. und 20. August 1876: «Ist's doch schon gottsjämmerlich miserabel, nicht mehr jung und frisch und ‹gut› zu sein, das fühlt man besonders, wenn zum Alter nun auch noch Krankheit hinzukommt, und das war in der letzten Zeit bei mir der Fall... Ich habe seit Monaten so sehr am Kopf etc. etc. gelitten, daß ich oft ganz duselig und verdattert war...» [90]

Jenny an Friedrich Adolph Sorge, 20. oder 21. Januar 1877: «... und so lebt man weiter und weiter mit dem wunden und doch stets hoffenden Herzen, bis es zuletzt ganz stillesteht und ewiger Friede da ist.» [91]

Jenny an Eleanor und Karl Marx, November 1877: «Kopf und Füße sind all right, nur ist das Zentrum der Maschine, der Kessel, wo gebraut wird, noch immer nicht in full working order... da kam am Montag, ohne alle äußre Veranlassung, wieder ein bedeutender Rückfall, der mich sehr ängstigte... Der Doktor hatte bei den ersten Untersuchungen auch daran gedacht [an Wassersucht]. Es ist mehr Wind als Wasser.» [92]

Jenny an Ferdinand Fleckles, 29. September 1880: «... ich begreife oft nicht, wie ich mich nach oft 6stündigem Schlaf morgens so elend fühlen kann... Obgleich ich mich seit einigen Wochen unwohler fühle und es mir vorkommt, als ob die Leber mehr drücke und die Stiche häufiger sind...» [93]

Karl quälte sich jahrzehntelang mit einem Leberleiden. Jenny starb daran. Jennys Leberkrebs kommt zu eben jener Zeit zum Ausbruch, da Karl nicht mehr über Leberbeschwerden klagt:

23. Juli 1877 – Karl an Friedrich: «Du weißt, daß meine Frau ernsthaft an Verdauungsstörungen leidet...» – «Zudem ist mein Übel jetzt viel weniger lever...» [94]

Die Fotos aus den letzten Jahren zeigen Jenny mit wächsernem Gesicht, glasigem oder bitterem Blick. Ihre Hände sind verkrampft und geschwollen.

Jenny

Jenny
(Foto beschädigt)

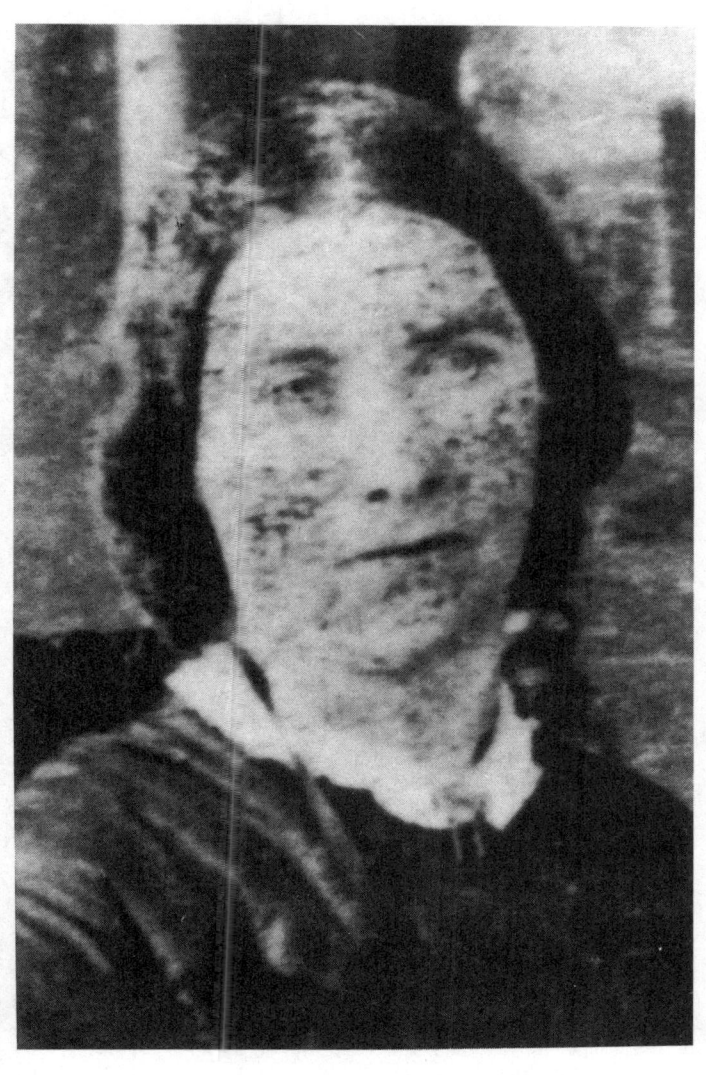

Jenny im Ballkleid
(Foto beschädigt)

Jenny

Karl – Parasit, Sadist

K arl sieht Jennys Elend in der «bürgerlichen Misere» begründet, in dem engen gemeinsamen Familienleben, das von ständigen Geldsorgen überschattet war.

Die Marxisten führen Jennys Untergang zurück auf die objektiven Verhältnisse der verheerenden ökonomischen Bedingungen des Kapitalismus – auf Flucht, Verfolgung, Armut –, unter denen die Familie Marx zu leiden hatte.

Für die Feministinnen repräsentiert Jenny die Unterdrükkung ihres ganzen Geschlechts. Eingezwängt in die Rolle der Mutter und Ehefrau, unfähig, sich außerhalb ihres Daseins für und durch den Mann zu verwirklichen, treibt sie ihrer Zerstörung entgegen.

Doch erweisen sich bei Betrachtung der sozialen und psychischen Konstellationen in Jennys Leben keine der beiden Ursachen für ihre Entkräftung als hauptverantwortlich, so belastend die objektiven Gegebenheiten sich auf ihre Existenz ausgewirkt haben.

Jennys Zerfall beginnt 1850, nach siebenjähriger Ehe, als die Zeiten der direkten Verfolgung, des gehetzten Exillebens zwischen Köln, Paris und Brüssel vorüber sind und in London – zumindest in den politischen Bedingungen – Sicherheit eintritt. Die Schwächung schreitet zu einer Zeit dramatisch voran, da durch Erbschaften und Vermächtnisse seit 1856 und 1864 ein Wohlstand hätte beginnen können. Überdies war die Hauswirtschaft der Familie Marx seit Ende der sechziger Jahre durch regelmäßige Zuwendungen aus Friedrichs Schatulle gesichert.

Jenny scheitert an «subjektiven Faktoren». Sie ist zusätzlich zur allgemeinen, kapitalistisch-männergesellschaftlichen Unterdrückung, die ihr widerfährt, ihrem eigenen Mann ausgeliefert.

Mit Recht erkennt Jenny Karls überragenden Geist, unterstützt seine revolutionären Bemühungen, solidarisiert sich mit seinem tabulosen Denken, teilt seine «Schicksale... Arbeiten... Kämpfe... hat daran mit dem höchsten Verständnis, mit der glühendsten Leidenschaft Anteil genommen.» [1]

Friedrich erweckt bei seiner Grabrede auf Jenny den Eindruck, als sei diese Anteilnahme «mit solch einer leidenschaftlichen Energie, solch großer Kraft der Hingabe» [2] der Grund ihrer Auszehrung, ja ihr Todesurteil gewesen. Hingabe allein zerrüttet nicht. Was Jenny zermürbt, hat nichts mit der Zusammenarbeit zwischen ihr und Karl zu tun. Die Ursachen ihrer Katastrophe liegen in den Gefahren des Intimverhältnisses der Eheleute Marx. Jenny zerschellt an der Klippe Karl, wird entnervt von seinem jahrzehntelangen parasitär-sadistischen Verhalten.

Karl hat die Programme der Selbstverwirklichung des patriarchalischen Mannes «voll drauf»! Allein *seine* sexuelle und sachliche Durchsetzung auf Kosten anderer steht an: Kinder zeugen, wie hoffnungslos seine wirtschaftlichen Verhältnisse auch im argen liegen, wie geschwächt, belastet und krank die Partnerin auch ist. Karl will protzen. Er zeigt brutal der Welt seine angeblich mannbeweisenden Fähigkeiten, gockelt vor Friedrich daher, wenn er sich am 3. Februar 1851 als «einen lendenstarken Familienvater» [3] beschreibt, während seine Frau Jenny (mit ihrem fünften) und seine Haushälterin Helene (mit ihrem ersten Kind) von ihm schwanger sind.

Daneben zieht er nicht minder brutal seine Arbeit durch, lebt ungebrochen nach dem 19. Jahrhundert-«Stiebel» der bürgerlichen Klasse: identischer Mann – nutzlose Frau. Karl = Werk, doch was ist Jenny? Er sieht die Ungleichheit, schreibt am 28. Januar 1858 an Friedrich: «Ich, persönlich, arbeite mir die Misère weg durch starke Beschäftigung mit allgemeinen Dingen. Meine Frau, of course, hat nicht dieselben Ressourcen usw. etc.» [4]

Gebärerin vieler Kinder und Mannstärkerin, Energielieferantin für *seine* Selbstverwirklichung – das war das «Schicksal» der meisten bürgerlichen Ehefrauen.

So sehr die Ursachen der Zermürbung schon in dieser gesellschaftlichen Ungleichheit von Mann und Frau gelegen haben, bei Jenny kamen noch spezielle Faktoren hinzu.

Die (groß)bürgerliche Rollenaufteilung, identischer Mann – nutzlose Frau, war eine von der bürgerlichen Klasse angestrebte Kopie der Lebensgebräuche des Adels, der seine Frauen in Trutz- und Prachtbauten einschloß, ihnen zuerst physische, dann psychische Keuschheitsgürtel umlegte, sie bis in das 20. Jahrhundert hinein für politische Zwecke (ver)heiratete, zu Ausstellungsstücken und Nachwuchsproduzentinnen degradierte. Ausnahmen im aristokratischen Frauenleben gab es nur bei den in die Männerrolle eingestiegenen Erbinnen und Nachfolgerinnen von Thronen und Herrschaftssitzen: Elisabeth I., Katharina die Große, Maria Theresia, Liselotte von der Pfalz...

Seit dem 18. Jahrhundert begannen bürgerliche Männer, ihre Frauen ebenso zu «verschließen», als Prestigeobjekte zu handeln, wie Kostümständer auszustaffieren und zu Repräsentationsfunktionärinnen abzurichten. Die Bäuerin, die Handwerkerin, die Leibeigene, erst recht die Proletarierin, sie alle arbeiteten und waren dabei auch – zum Teil – identisch, soweit sie einen selbständig zu verantwortenden Bereich zur Verfügung hatten.

Das bürgerlich-aristokratische Prinzip (identischer Mann – nutzlose Frau) funktioniert nur, wenn der Mann für den Unterhalt der Frau einsteht. Karl lebt nach Schema Bourgeois, erfüllt jedoch seine Verpflichtung, für das Auskommen der Familie zu sorgen, nicht. Bis auf die Episode seiner Leitung der *Rheinischen Zeitung* und – später – der *Neuen Rheinischen Zeitung* in Köln enthält er sich jeder geregelten Erwerbstätigkeit. Er macht einmal – 1862 – einen halbherzigen Versuch, sich um die Anstellung eines Schreibers bei einem Eisenbahnbüro zu bewerben, schreibt aber seinen Antrag so unleserlich, daß er wegen seiner schlechten Handschrift nicht genommen wird.[5]

Sein Geld soll durch allerlei Aufsätze hereinkommen – Artikel für die amerikanische *New York Daily Tribune* und für Zeitungen in der Schweiz, in England, Deutschland und Österreich. Darüber hinaus sollen gelegentliche Buchveröffentlichungen den Zustrom von Finanzmitteln garantieren. Das funktioniert nicht. Und doch: Karl weigert sich hartnäckkig, sowohl einen «ordentlichen» Beruf auszuüben als auch zeitweiligen Nebenbeschäftigungen nachzugehen. Er wälzt die Geldbeschaffung auf seinen Freund Friedrich ab.

Friedrich steigt in Manchester, nachdem er mit Emigrantenjobs in London nicht weitergekommen ist, in eine englische Zweigstelle der Firma seines Vaters ein. Zwanzig Jahre wird er die Baumwollspinnerei «Ermen und Engels» managen und hinter dem Rücken seines Vaters alle paar Wochen Gelder für den Lebensunterhalt von Karls Familie abzweigen.

Die sich wiederholenden Zusammenbrüche der Marxschen Privatökonomie sind ebenfalls nicht der Grund von Jennys Zerfall. Jenny darbt, versetzt ihre Habe im Pfandhaus, borgt Geld von überall her, schreibt Bettelbriefe. Doch zermürbend ist für sie Karls Geldzerstörungsmanie.

Willy Haas hat Karls finanzielle Verhältnisse in London überprüft. Es kam heraus, daß Karl schon in dem Zeitraum zwischen 1854 und 1867 vermögend gewesen ist: «Ich habe versucht, aus den unzähligen Pumpbriefen Marxens an Engels mit ihren genauen Abrechnungen – diese Briefe füllen fast die Hälfte der zwei Briefbände – eine, wenn auch nur ganz beiläufige Aufstellung darüber zu machen, was etwa Marx in London so in einem Monat für seine kleine Hauswirtschaft verbraucht haben mag. Es dürfte kaum weniger als 35 Pfund im Durchschnitt gewesen sein, das ist, nach dem heutigen Realwert des Geldes berechnet, wohl etwa 1000 RM.»⁶

«Den Betrag von 1000 RM, den Willy Haas im Jahre 1932 errechnet hat, müßte man auf der Basis der Preisindices für die Lebenshaltung 1975 mit rund 3000 DM veranschlagen.»⁷ 3000 DM 1975 sind 1990 etwa 4500 DM.

Jeder, der rechnet, nachdem er Urkunden und Briefe über Zahlungen an Karl durchgesehen hat, stößt auf reichliche Einnahmen im Hause Marx. Fritz J. Raddatz faßt es despektierlich zusammen: «Marx' Einkünfte und Finanzgebaren sind vollkommen undurchsichtig, keineswegs war Engels die einzige ‹Quelle›, ab November 1855 zum Beispiel erhielt er wöchentlich 20 US-Dollar, im selben Jahr spricht Engels von einer Summe von 200 Pfund. Im Zeitraum zwischen April 1860 und Mai 1861 lassen sich allein 369 Pfund zusammenrechnen, die von verschiedenen Spendern – Engels, Lassalle, dem Onkel aus Amsterdam – eingingen.»⁸

Für das Jahr 1845 steht Marx eine große Summe zur Verfügung. Im Februar erhält er nach seiner Ausweisung aus Paris durch eine von Engels in Barmen veranstaltete Spendeninitiative 50 Taler, im März 122 Francs. Der ehemalige Mitherausgeber der *Rheinischen Zeitung*, Georg Jung, verschafft Marx im April 750 Francs, die bei einer Sammlung in Bielefeld und Köln zusammenkamen. Im Juli zahlt der Darmstädter Verleger Carl Friedrich Leske an Marx für die Verfassung eines neuen ökonomischen Werks einen Vorschuß von 1500 Francs. Den Vertrag hat Engels angebahnt. Dazu kamen Anfang des Jahres 1845 noch einmal 1000 Francs Honorar für das mit Engels gemeinsam verfaßte Buch «Die Heilige Familie». Engels trat seinen Honoraranteil an Marx ab.

Das sind zusammen 3372 Francs und 50 Taler. 1800 Francs waren von Marx und Arnold Ruge als sein Jahreseinkommen für die Herausgabe der *Deutsch-Französischen Jahrbücher* angesetzt worden. 3372 Francs hätten also für fast zwei Jahre reichen können.

Die 6000 Francs, die Karl im Februar 1848 von seiner Mutter aus dem Erbe seines Vaters bekommt, sind nach einem Jahr weg. Jenny muß im Sommer 1849 ihr Silber veräußern.

Ökonomische Fülle herrscht schon beim Studenten Karl. Der Vater Heinrich schickt Geld, Geld und nochmals Geld, das Karl umgehend in nichts aufzulösen scheint. Karl bekommt im Jahre 1837 200 Taler mehr als die reichsten Söhne der Oberschicht, ja, im Winter 1837/38 innerhalb von vier Monaten mehr, als der Vater zur selben Zeit verdient. «Als wären wir Goldmännchen», maßregelt der Vater den Studioso im Dezember 1837, «verfügt der Herr Sohn in einem Jahre für beynahe 700 Taler gegen alle Abrede, gegen alle Gebräuche, während die Reichsten keine 500 ausgeben.»[9] Und zwei Monate später: «So sind wir jetzt im 4 ten Monat des Justizjahrs, und schon hast Du 280 Taler gezogen. So viel hab' ich diesen Winter noch nicht verdient.»[10]

Daß Marx sein ganzes Leben hindurch immer wieder in Geldschwierigkeiten gerät, liegt nicht daran, daß er kein Geld bekommt, sondern daran, daß er das reichlich Zugeflossene nicht halten kann.

Zwei besonders prägnante Beispiele gibt es für das Geldverschwinden im Hause Marx. Das Erbe von Jennys Mutter, Onkel und Tante hätte seit 1856 ein jahrelanges Auskommen ermöglicht. Nahezu hunderttausend Mark standen zur Verfügung.

Seit 1864 wäre der Lebensunterhalt durch das Henriette-Marx- und das Wilhelm-Wolff-Erbe gesichert gewesen. Auf heutige Verhältnisse umgerechnet beliefen sich diese Erbschaften auf fast zweihunderttausend Mark.

Die Mittel aus dem Erbe von Jennys deutschem Onkel, englischer Tante und ihrer Mutter sind nach einem halben Jahr verbraucht. Karl klagt schon am 2. Dezember 1856 wieder über Geldmangel[11] und schreibt am 20. Januar 1857 an Friedrich: «Ich sitze also vollständig auf dem Sand, in einer Wohnung, worin ich mein wenig Bares gesteckt und worin es unmöglich ist, sich von Tag zu Tag durchzupissen wie in Dean Street, ohne Aussicht und mit wachsenden Familienausgaben. Ich weiß absolut nicht, was ich anfangen soll, und bin in der Tat in einer verzweifelteren Situation als vor 5 Jahren. Ich glaubte die Quintessenz des Drecks verschluckt zu haben. Mais non. Dabei ist das schlimmste, daß diese Krise nicht temporär ist. Ich sehe nicht, wie ich mich herausarbeiten soll.» [12]

Selbst der ständig angepumpte Friedrich ist von dieser Nachricht überrascht und schreibt in seinem Brief vom 22. Januar 1857 an Karl: «Dein Brief traf mich wie ein Donnerschlag aus heitrem Himmel. Ich dachte jetzt endlich alles im schönsten Zuge, Dich in einer ordentlichen Wohnung und das business geregelt; und jetzt stellt sich heraus, daß alles in Frage steht.» [13]

Karl generalisiert seinen Zustand in seinem Brief an Friedrich vom 24. März 1857: «Es ist mir sehr leid, daß ich einstweilen noch auf Dir pressen muß, da der Rückstand, in den ich geraten, es dahin gebracht, daß alles Versetzbare versetzt ist und der Ausfall in der Einnahme erst gedeckt werden kann, sobald ich mir neue Quellen aufgetan.» [14]

Das Thema Geld nimmt kein Ende. Karls Brief vom 21. Januar 1859 liest sich wie die Bestätigung der Adlerschen Theorie von der Kompensation einer «Minderwertigkeit»: «Ich glaube nicht, daß unter solchem Geldmangel je über ‹das Geld› geschrieben worden ist. Die meisten autores über dies subject waren in tiefem Frieden mit the subject of their researches.» [15]

Nach kaum mehr als einem Jahr, da ihm die Erbschaften seiner Mutter und seines Freundes Wilhelm Wolff zugute gekommen sind – Finanzmittel, die mindestens drei Jahre lang die Familie hätten ernähren können –, schreibt Karl an Friedrich am 31. Juli 1865: «Ich bin schon seit zwei Monaten rein auf das Pfandhaus lebend und also mit gehäuften und täglich unerträglicher werdenden Sturmforderungen auf mich. Dies fact kann Dich nicht Wunder nehmen, wenn Du erwägst: 1. daß ich während der ganzen Zeit keinen farthing verdienen konnte, 2. daß das bloße Abzahlen *der Schulden* und d[ie] Einrichtung des Hauses mich an 500 Pfund kostete. Ich habe darüber pence für pence (as to this item) Buch geführt, weil es mir selbst fabelhaft war, wie das Geld verschwand.» [16]

Karl garniert seine Bettelbriefe hier und da mit Peinlichkeitsfloskeln. Am 28. Januar 1858: «Die große Kälte, die hier hereingebrochen ist, und der *reelle Kohlenmangel in unsrer Behausung* zwingt mich – obgleich von allen Dingen in der Welt es mir das fatalste ist –, wieder zu pressen auf Dir. Ich habe mich nur dazu entschlossen infolge von heavy pressure from without. Meine Frau hat mir vordemonstriert, daß infolge einer Sendung von Jersey, die früher als gewöhnlich eintraf, Du in einen Rechnungsfehler geraten seiest und daher diesen Monat, ohne besondres Schreiben meinerseits, nichts schicken würdest; daß sie ihren Shawl etc. etc. versetzt habe, sich nicht zu helfen wisse. Kurz ich *muß* schreiben und darum tu ich es. In der Tat, wenn dieser Zustand fortdauert, möchte ich lieber 100 Klafter tief unter der Erde liegen, als so fortvegetieren. Immer andern lästig fallen und dabei beständig selbst mit dem kleinsten Dreck gequält sein, ist auf die Dauer unerträglich.» [17]

Am 31. Juli 1865: «Ich versichre Dir, ich hätte mir lieber den Daumen abhauen lassen, als diesen Brief an Dich zu schreiben. Es ist wahrhaft niederschmetternd, sein halbes Leben abhängig zu bleiben.» [18]

Ein Jahr zuvor, Mitte Mai 1864, hatte Wilhelm Wolff Marx achthundert Pfund hinterlassen. Das entspricht einem heutigen Vermögen von nahezu einhunderttausend Mark, genug Geld für einen umsichtigen Hausvater, seine Unabhängigkeit solide zu fundieren.

Friedrich schickt fünfzig Pfund, die Karl ihm am 5. August 1865 bestätigt. Das Geld ist am 19. August verschwunden, Karl bettelt um zehn Pfund: Fleischerrechnungen, Landlordforderungen, Steuern... Friedrich kündigt am 21. August zwanzig Pfund an, schickt sofort zehn.[19] Karl verpulvert in diesem Monat mehr als 7000 DM. Später sendet er an Friedrich nur noch Listen mit Ausgaben, die Friedrich übernehmen soll.[20]

Am 21. August 1868 schickt Friedrich fünfundzwanzig Pfund, Karl bettelt am 26. August um die Zahlung eines Wechsels über zwölf Pfund. Friedrich schickt am 29. August zwanzig Pfund...[21]

Noch extremer geht es im Mai/Juni 1861 zu: Von seinem Onkel, Lion Philips, bekommt Karl einhundertsechzig Pfund – anzurechnen auf das Erbe seiner Mutter. Karl bestätigt Friedrich die Summe am 7. Mai 1861. Das Geld – heutiger Wert: knapp zwanzigtausend Mark – ist in ein bis zwei Monaten verschwunden. Am 19. Juni bittet Karl Friedrich um die Zahlung von Steuern.[22]

Als Friedrich Ende 1868 die Marxens regelmäßig unterstützen will – er bietet dreihundertfünfzig Pfund pro Jahr an –, beschwört er Karl jedoch, nicht weiterhin neue Schulden zu machen.[23]

Doch schon am 22. Juli 1869 sind wieder Schulden in Höhe von fünfundsiebzig Pfund fällig.[24]

Obwohl Karl das Geld nicht selbst erarbeitet, verfügt er in «seinem Hause» darüber willkürlich. Die Summen, die Friedrich ihm zufließen läßt, behält er ein, teilt davon Almosen an Jenny für den Haushalt aus. Bevor er im Mai 1853 zu Friedrich fährt, speist er Jenny mit Pfennigbeträgen ab: «Bamberger will mir 2 Pfund pumpen, damit ich ein paar Schillinge meiner Frau lassen und mit dem andern zu Dir reisen kann» (28. April 1853).[25]

Fünfzehn Jahre später macht er es nicht anders. Am 23. Mai 1868 notiert er: «Ich werde, if possible, Ende *nächster* Woche (say Saturday) mit Tussychen nach Manchester kommen. Doch mußt Du mir dazu das Reisegeld schicken und some shillings, die ich meiner Frau zurücklasse.»[26]

Von sechzig Pfund gehen am 7. Dezember 1873 nur fünf an Jenny. Karl schreibt, wie die von Friedrich neuerlich angekündigten hundert Pfund aufzuteilen sind: «Sei so gut, von den 100 Pfund meiner Frau nur 20 Pfund zu geben, und die 80 Pfund in *Reserve* für mich zu halten, da ich 3. und 16. Januar bedeutende Zahlungen abmachen muß und sie [Jenny] nicht der Versuchung aussetzen möchte, weniger Dringendes zu zahlen.»[27]

Die Situation von «Druck» und «Dreck», «Pech» und «Scheiß», in der Jenny mit beklemmender Angst vor einer «unvermeidbaren Schlußkatastrophe»[28] leben muß, schafft Karl selber. Die Misere den gesellschaftlichen Verhältnissen anzulasten, wie Karl es notorisch tut, ist indes ein Vorspiegeln falscher Tatsachen.

Geldmangel an sich ist keine Ursache für die Zerrüttung einer Person. Die überwiegende Mehrzahl der Menschen hat und hatte äußerst wenig Geld: die Arbeiter und Bauern aller Länder (heute die meisten Menschen der sogenannten Dritten Welt). Auch Angehörigen der mittleren und «hohen» Klassen innerhalb der Ersten Welt kann es passieren, arm zu werden. In Krisen- und Kriegszeiten, während wirtschaftlicher Depressionen, bei finanziellen Schwierigkeiten oder Zusammenbrüchen entsteht plötzlich oder allmählich ein Geldmangel. Und Menschen zerbrechen daran nicht «automatisch». «Zerfall» ist etwas Psychisches.

Karls Umgehen mit Geld – von Jenny über fast vier Jahrzehnte hinweg erlitten – entkräftete sie. Das Haben und Nichthaben – Karls spezielle Art eines ökonomischen «double bind» – quälte sie. Tausende, Hunderttausende wurden den Marxens geschenkt und vererbt und verschwanden auf nicht nur «natürlichen Wegen» der üblichen Haushaltsführung.

In seiner Jugend gibt Karl das Geld für Unternehmungen weg, die er fördern will. Die 6000 Francs, die seine Mutter ihm im Februar 1848 als Vorschuß auf das väterliche Erbe ausbezahlt hat, setzt er teils für die *Neue Rheinische Zeitung* ein, teils läßt er sie den Vorbereitungen von bewaffneten Aufständen zugute kommen. Karl ist gerade 30 Jahre alt geworden. Jenny hält seine Aktion in ihren «Umrissen» fest: «Da schien es den deutschen Arbeitern Zeit, sich auch nach Waffen umzusehen. Dolche, Revolver etc. wurden angeschafft. Karl gab gerne die Mittel dazu her, war er doch eben in einigen Besitz gekommen.» [29]

Diese Geldverwertung schmückt das Heiligenbild des Revoluzzervaters: bürgerliches Geld wird in Proletarierkämpfe investiert! So war es tatsächlich einmal. So blieb es nicht.

Nach 1848 glaubt Karl nicht mehr an revolutionäre Sofortveränderungen. In London kommt es deshalb im September 1850 zur Spaltung des Bundes der Kommunisten, und Karl ‹häutet› sich in zwei Etappen zum «Philister», wie Jenny sagt: «Er und seine Freunde traten aus dem Arbeiterverein aus, und jeder von ihnen zog sich aufs vollständigste ins Privatleben zurück.» – Und «als mit dem alleinigen Besitz eines Hauses der Weg zur ‹Respektabilität› angebahnt war [...] galt es von neuem, den *Schein* der Ehrbarkeit wenigstens aufrechtzuerhalten. Wir segelten mit vollen Segeln ins Philisterium hinein.» [30]

Karls Geld verschwand auch nach der Beendigung seines «vie de bohème» [31]. Es verschwand immer, ob wenig oder viel hereinkam, ob er klein- oder großbürgerlich lebte.

Sechzehn Jahre nach der Unterstützung der Aufständischen – Karl ist 46 – gibt es noch einmal eine eindeutige Mitteilung über seinen breiten Geldabfluß. Die kleinen Hilfen, die er in der Zwischenzeit befreundeten Emigranten zuteil werden ließ, listete er meist im einzelnen auf und erbat sich das Geld von Friedrich zurück. 1864 ist Karl offiziell reich, besitzt dank zweier Erbschaften ein kleines Vermögen. Was er mit dem Geld anstellt, darüber berichtet er seinem Onkel Lion Philips und seinem Freund Friedrich: «...habe ich, was Dich nicht wenig wundern wird, spekuliert, teils in Amerikanischen funds, *namentlich* aber in den englischen Aktienpapieren, die wie Pilze in diesem Jahr hier aus der Erde wachsen (für alle möglichen und unmöglichen Aktienunternehmungen), zu einer gewissen unvernünftigen Höhe getrieben werden und dann meist zerplatzen. Ich habe in dieser Art über

400 Pfund gewonnen und werde jetzt, wo die Verwicklung der politischen Verhältnisse neuen Spielraum bietet, von neuem anfangen. Diese Art von Operationen nimmt nur wenig Zeit fort, und man kann schon etwas riskieren, um seinen Feinden das Geld abzunehmen.»[32]

«2. Ich weiß nicht, durch welche Fama ich als ‹Beerbter› (vielleicht von Deutschland, *Trier* her) verrufen worden bin. Die Rechnungen, die mir von ancient times (‹N[eue] Rheinische Z[eitung]› eingeschlossen) zugeschickt, sind fabelhaft.

3. Hätte ich während der letzten 10 Tage das Geld gehabt, so hätte ich viel Geld auf der hiesigen Börse gewonnen. Jetzt ist wieder die Zeit, wo mit wit und very little money Geld gemacht werden kann in London.» – «Du entschuldigst mich, daß ich Dich plage bei Deinem charge of business, but there are very serious interests at stake.»[33]

Da Karl Ende Mai 1865 schon wieder pleite ist, muß er das zur Börse gebrachte Geld verloren haben. Er hat 1864/65 insgesamt 1200 bis 1300 Pfund besessen, kann somit leicht einige hundert Pfund verspekuliert haben. Er spricht über seine Spekulationen so selbstverständlich, daß sie für ihn nicht ungewöhnlich erscheinen. Seine vielen «coups», auf die er sich jahrelang in seinen Briefen an Friedrich bezieht, bedeuten nichts anderes, als daß er sich all die Jahre im kapitalistischen Geldmachen übte – was bei ihm Geldverlieren hieß.

Karls Berichte über seine Geldgeschichten, seine Versuche, auf eigene Faust an Bares zu gelangen, sind durchweg unseriös. Er ‹dreht ein Ding›, würde es heute heißen. Karl macht einen «Streich» – so nennt er es, erzählt Friedrich immer wieder, wie er einen «coup» landet: am 8. und 31. März 1851[34], 21. Januar und 13. Dezember 1859[35], 7. Mai und 4. Oktober 1867[36].

Als Karl 1864/65 kurzfristig vermögend ist, wechselt sein Ton gegenüber Friedrich vom weinerlichen Flehen des Bittstellers in die Mahnschärfe eines Zwangsvollstreckers: «…weswegen ich die Sache abgemacht wünschte…» – «Aus diesen Gründen wünschte ich Abmachung der Affäre…» – «…by settling these things before Jule 15.»[37] – «Mit der

Geldrechnung irrst Du Dich sofern…» – «Ich hoffe, daß Du Dich durch abermalige Einsicht Deiner Bücher überzeugen und in diesem Fall das Geld mir umgehend schicken wirst…»[38]

Keimblatthaft lebt Marx vor, was alle seine Nachfolgebonzen fortsetzten: kommunistisch reden und kapitalistisch handeln.

Marx, der Titan der sozialistischen Welterlösung, braucht viel Geld für die Aufrechterhaltung seines großbürgerlichen Lebenswandels. Nach den sieben Jahren Elendsquartier im Londoner Stadtteil Soho lebt er seit 1856 mit Frau, Magd (fünf Jahre lang sogar mit zwei Mägden) und drei Töchtern in «Zauberschlössern»[39] und «Palästen».[40] Er läßt für Jenny Visitenkarten mit dem Hinweis auf ihren adligen Mädchennamen drucken: «Mrs. Karl Marx, née Baronesse Jenny von Westphalen»[41]. Großmännisch bittet er zu Hausbällen: «Dr. Karl Marx und Frau Dr. Jenny Marx, née von Westphalen invite the pleasure of your company at a ball to be given at their residence 1, Modena Villas, Maitland Park, Haverstock Hill, London N. W. on October 12, 1864.»[42]

Karl möchte, daß Jenny «Uhren und andre Dinge aus dem Pfandhaus» nimmt, «damit sie respectable am Badeplatz erscheinen» kann.[43] Er schickt seine «ältesten Mädchen» zum «Gesangsunterricht»[44], und für seine erkrankte Tochter Laura muß es eine «Champagnerkur»[45] sein.

Karls großbürgerlicher Lebensstil wird das meiste Geld verschlungen haben. Karl beschafft es sich zum Teil mit Seeräubermanieren. Er zieht auf Freunde und Bekannte Wechsel, ohne die Personen vorher benachrichtigt zu haben. Er «borgt» Geld bei jedem zweiten Menschen, der ihm über den Weg läuft, gibt es nicht oder zögerlich zurück, muß gemahnt, angefleht, beschworen werden, sein Versprechen zu halten.

Karl versucht mehrmals, seine Mutter unter Druck zu setzen, die sich nach 1848 weigert, den erbschreienden, substanzfressenden Ansprüchen ihres Sohnes Folge zu leisten.

Jenny berichtet in ihren «Umrissen», wie alle Emigranten

in London darum kämpfen, eine Existenz aufzubauen, wie sie sich den Unbilden von Zufallsjobs oder Daueranstellungen aussetzen.[46] Marx scheint das nicht nötig zu haben.

Engels beschreibt in seinem Brief vom 1. Mai 1851 an Wilhelm Wolff die guten Aussichten, in London Geld zu verdienen: «Du wirst in London sofort etwas finden, da Du englisch kannst und Leute von Deiner Solidität in den alten Sprachen dort gesucht sind, besonders wenn Du Deine Zeugnisse hast. Haben doch ganz unbedeutende Subjekte die schönsten Positionen bekommen.»[47]

Alle Flüchtlinge verdienen sich ihr Geld, außer Marx.

Geldverdienen nennt Karl «pumpen», bei ihn ein anderes Wort für «herauspressen». Karl «preßt», «drückt» und «tritt» seinen Freund Friedrich – seine beliebtesten Wörter für die fortwährenden Betteleien. Auch als Karl seit Ende 1868 monatlich Geld von Friedrich bekommt, bettelt er weiter, nun um Sonderrationen, so am 21. Mai und 10. Dezember 1869[48], 26. März 1870[49] (er erhält am 6. September 1870 von Friedrich eine Zusatzspende[50]), am 23. Juli 1877[51], 9. September 1879.[52]

Unverschämtheit und Anmaßung kennzeichnen Karls Geldgebräuche. Viel verpulvern und viel fordern, Verschwendung für großbürgerliche Shows, für «falses appearances», den falschen Schein, in dem Karl und Jenny leben, von dem sie oft sprechen.[53] Das Ärgste: das verschwendete Geld verdient Karl nicht selbst – «ver-dienen» im Sinne von sich einsetzen, sich einer Mühe unterziehen, einer geldbringenden Arbeit anheimgeben, wie Gelderwerb ohne Herrscherallüren vonstatten gehen sollte.

Marx' Existenzprinzip war feudalistisch – leben auf Kosten anderer, als Blutegel angeschlossen an den Mehrwertproduktionen seines Kapitalistenfreundes Engels.

Marx berichtet Ludwig Kugelmann am 17. März 1868 über seinen ungefähren Geldverbrauch in London: «Hier muß ich 4–500 Pfund jährlich ausgeben.»[54]

Monatlich etwa 40 Pfund – das deckt sich mit der Rente,

die Friedrich seit Ende 68 Karl zufließen läßt.[55] Zusammen mit den Sondergeschenken sind es über 50 Pfund.

Ein Textilarbeiter in Manchester, aus dem Friedrich das Geld für die väterliche Firma, für sich selbst und seinen habgierigen Freund Karl erwirtschaftet, verdient in der Woche 28 Schillinge, von denen er eine Familie mit mehreren Kindern ernähren muß.[56] Das sind im Monat nur wenig mehr als ein Pfund.

Nicht nur Karls «Finanzgebaren», sondern auch sein psychosexuelles Gebaren ist «undurchsichtig». «Keineswegs war» Jenny «die einzige ‹Quelle›»[57] seiner seelisch-geschlechtlichen Befriedigung.

Jenny befand sich in ihrer Beziehung zu Karl unter einer Glocke psychischen Horrors. Karl war gespalten. Er lebte 40 Jahre lang eng mit Frauen zusammen, konnte Frauen allgemein jedoch nicht leiden. Karls persönliches Benehmen Jenny gegenüber ist niederdrückend, langzeitlich substanzzersetzend. Wie selbstverständlich kommen Karl frauenfeindliche Floskeln in die Feder. Er klagt in seinem Brief vom 28. Januar 1863 an Friedrich über Jennys «exzentrische Aufregung»: «Die Weiber sind komische Kreaturen, selbst die mit viel Verstand ausgerüsteten.»[58] Er schimpft in seinem Brief vom 22. Juli 1869 an Friedrich auf Jenny und verallgemeinert: «Da kam denn die Narrheit der Weiber heraus… Die Weiber bedürfen offenbar stets der Vormundschaft!»[59]

Die Geburt eines Mädchens kommentiert Karl immer negativ. Als seine Tochter Franziska zur Welt gekommen ist, erwähnt er Friedrich gegenüber nicht einmal das Geschlecht des Kindes: «Gleichzeitig ist meine Frau niedergekommen am 28. März.»[60] Erst später präzisiert er: «Meine Frau ist leider von einem Mädchen und nicht von einem garçon entbunden. Was noch schlimmer ist, sie ist sehr angegriffen.»[61] Zur Geburt seiner Tochter Eleanor stöhnt er in seinem Brief vom 17. Januar 1855 an Friedrich: «Ich konnte gestern of course nicht an die *Tribune* schreiben und auch für einige Zeit à venir nicht, weil gestern zwischen 6 und 7 Uhr morgens meine Frau von einem bona fide traveller – leider of the ‹sex› par excellence – genesen ist. Wäre es ein männliches Wesen, so ginge die Sache schon eher.»[62]

Aus seiner Verachtung gegenüber dem Weiblichen und in seiner Verehrung des Männlichen maskulinisiert er seine Tochter Eleanor von Geburt an. Seine Frau ist «von einem ... traveller... genesen». Eleanor muß «der Baby» sein (3. März 1855)[63], wird dann «der Tussy» genannt, von «dem» Karl an Friedrich etwas schreibt (10. August 1869)[64], ist «der Zwerg Alberich» (8. Januar 1868)[65], unterzeichnet selbst mit «Alberich, Der grimme gezwerg» (3. Januar 1868)[66].

Gegen Ende seines Lebens macht Karl seine jüngste Tochter zu seinem «Kamerad»: «Mein Kamerad – Tussy – ist arg gequält mit den nervösen Zuckungen, Schlaflosigkeit etc.»[67]

Bei der Geburt seines siebten Kindes teilt er Friedrich das Geschlecht des Neuankömmlings nicht mehr mit, sagt nur «das child».[68] Die Marx-Forschung weiß daraufhin nicht, welchen Geschlechts dieses Kind nun war. Aus Karls Attitüde gegenüber weiblichen Geburten wird jedoch klar, daß es sich um eine Tochter gehandelt haben muß. Schon bei der Geburt von Franziska schreibt er nichts Geschlechtsspezifisches. Als Eleanor auf die Welt kommt, knautscht Karl mit der Sprache so herum, daß erst im nächsten Satz verständlich wird, der «traveller» ist kein «männliches Wesen».

Es gibt eine Regel in Karls brieflichen Äußerungen zu Geburten oder Toden seiner Kinder. Er sagt «Kind», wenn es sich um Mädchen handelt. Redet er von Jungen, betont er das, führt ihren Namen an. Als seine Tochter Franziska am 14. April 1852 stirbt, läßt er Friedrich wissen: «Ich schreibe Dir nur diese zwei Zeilen, um anzuzeigen, daß das kleine Kind heute ¼ nach 1 Uhr gestorben ist. Dein K. M.»[69] Erst durch Friedrichs Antwort vom 20. April 1852 wird klar, daß es sich um den Tod von Karls «kleinem Mädchen» Franziska gehandelt hat.[70]

Anders Karls Sprache zum Tode seines Sohnes Heinrich Guido, genannt Föxchen, am 19. November 1850: «Ich schreibe Dir nur zwei Zeilen. Heute morgen um zehn Uhr ist unser kleiner Pulververschwörer Föxchen *gestorben*. Plötzlich, durch einen der Krämpfe, die er oft gehabt hatte. Einige Minuten vorher lachte und schäkerte er noch. Die Sache kam ganz unverhofft...»[71]

Beide Kinder waren ein Jahr alt. Ihr Tod zeigt Karl in unterschiedlichen Affekten. Über Franziska schreibt er an Friedrich wirklich nur zwei Zeilen, als handele es sich um eine Amtsnotiz. Heinrich Guido wird personalisiert, mit seinem Spitznamen Föxchen genannt. Er bekommt insgesamt fünf Zeilen – ein kleiner bewegender Nachruf.

Noch intensiver reagiert Karl selbstverständlich beim Tod seines ihm ans Herz gewachsenen Sohnes Edgar am 6. April 1855: «Der arme Musch ist nicht mehr. Er entschlief (im wörtlichen Sinne) in meinen Armen heute zwischen 5 und 6 Uhr...»[72]

So lässig wie Karl den Tod seiner jüngsten und letzten Tochter kommentiert, hätte er sich bei Geburt und Tod eines Sohnes nicht benommen: «Meine Frau ist endlich niedergekommen. Das child jedoch nicht lebensfähig, starb gleich. Dies an und für sich kein Unglück...»[73]

Nach der Geburt eines männlichen Enkels jubelt Karl, schreibt an seine Tochter Jenny am 19. August 1879: «Vivat der kleine Weltbürger! Es ist notwendig, die Welt mit Jungen zu bevölkern...»[74] Und am 29. April 1881 heißt es in seinem Brief an die Tochter Jenny zur Geburt ihres fünften Sohnes: «...ich ziehe meinerseits das ‹männliche› Geschlecht bei Kindern vor...»[75]

Die Partnerschaft mit seiner Frau Jenny charakterisiert Karl für seine Gefährtin nie ermutigend. Über die Ehe äußert er sich in seinem Brief vom 22. Februar 1858 an Friedrich negativ: «Sonst, privatim, I think, führe ich the most troubled life that can be imagined. Never mind! Es gibt keine größe Eselei für Leute von allgemeinen Strebungen, als überhaupt zu heiraten

und sich so zu verraten an die petites misères de la vie domestique et privée.»[76]

Schon am 16. November 1852 nennt er Ehe und Familie
«Hausscheiße»: «Wenn es Dir möglich ist, so mache für Freitag einen ‹Tribune›-Artikel über die Kölner Affäre. Du kennst
jetzt alles Material ebensogut wie ich, und ich habe seit 4 bis 5
Wochen meine Hausscheiße so sehr vernachlässigt über dem
public business, daß ich diese Woche noch, auch beim besten
Willen, nicht zum Arbeiten komme.»[77]

Auf einer Reise schaudert ihm vor der Rückkehr nach London in den Schoß der Familie. In seinem Brief vom 7. Mai
1867 schreibt er an Friedrich: «Wovor ich mich – abgesehen
von der Unsicherheit – am meisten fürchte, ist die Rückkehr
nach London, die in 6–8 Tagen doch notwendig wird. Die
Schulden dort sind bedeutend, und die Manichäer warten
‹dringend› auf meine Rückkehr. Dann wieder der Familienjammer, die inneren Kollisionen, die Hetzjagd, statt frisch
und ungeniert an die Arbeit zu gehn.»[78]

Wieder in London, ärgert er sich über den «Hauskatzenjammer, der» ihm «immer auf die Leber schlägt»[79].

Seit Ende 1850 bis zu seinem Tode lebt Karl in einer Seelenge-
meinschaft mit Friedrich. Aus der Geschäftsbeziehung in Sachen Revolution wird eine vom Entzücken nie erfüllter Fern-
liebe getragene Triebpartnerschaft. Karl fiebert Friedrich entgegen, Karl drängt auf Friedrichs Kommen, Karl trauert nach
Friedrichs Abreise, Karl verlangt sehnsüchtig nach Friedrichs
Antwort auf seine Briefe. Fast täglich schreibt er ihm. Die
Lücken, die heute im Briefwechsel bestehen, wurden oftmals
durch die Vernichtung vieler Schriftstücke gerissen, die Karl
zu sehr entblößten. Schon der erste Herausgeber der Briefe,
Eduard Bernstein, äußerte sich darüber 1912: «Marx und
Engels haben nun einmal mit vielen anderen ihrer Briefe auch
ganz besonders interessante irgendwie verzettelt oder vernichtet.» Blumenberg ist sich sicher: «...man darf annehmen, daß einige hundert Briefe fehlen.»[80]

Doch was erhalten geblieben ist, stellt noch genug bloß: Eine einmalige geistige Gegenseitigkeit, die die ganze Breite einer emotionalen Bindung abdeckt, Unruhe, Sorge, Eifersucht, bis hin zum Abtauchen in – meist als Krankheit kaschierte – körperliche Reaktionen.

Die Begegnungen zwischen den Freunden müssen – so wie sie Karls Schwiegersohn Paul Lafargue, der lange Zeit bei ihm gewohnt hat, beschreibt – ekstatisch abgelaufen sein. Lafargue spricht von ihrer «innigen Gemeinschaft der Ideen und Gefühle». – «Wahrscheinlich hätten sie ihr ganzes Leben lang weiter zusammen gewirkt, wenn nicht die Ereignisse sie gezwungen, ungefähr zwanzig Jahre lang getrennt zu leben.» – «Sie fuhren dennoch fort, ihr gemeinsames Geistesleben fortzuleben, indem sie sich fast täglich ihre Ansichten über die politischen und wissenschaftlichen Tagesereignisse sowie ihre geistigen Arbeiten brieflich mitteilten.» – «Von 1870 an bis zum Tode seines Freundes ist nicht ein Tag verstrichen, an dem sich die beiden Männer nicht bald bei dem einen, bald bei dem andern gesehen hätten.» – «Es war ein Fest für die Familie Marx, wenn Engels anzeigte, daß er von Manchester herüberkommen werde. Man sprach lange im voraus von seinem bevorstehenden Besuch, und am Tage seiner Ankunft ward Marx so ungeduldig, daß er nicht arbeiten konnte. Die beiden Freunde saßen dann rauchend und trinkend die ganze Nacht zusammen, um alle seit ihrem letzten Beisammensein vorgefallenen Ereignisse durchzusprechen.» [81]

Die Ungleichgewichtigkeit – die Unterschiedlichkeit der Beziehungen Karl/Jenny und Karl/Friedrich – kommt in der Art, wie Karl über Jenny in den Briefen an Friedrich schreibt, zum Ausdruck. Seitenlanges Gesellschaftssalbadere und krümelklein eingestreut ein bis zwei Sätze über Jennys Taten und Krankheiten. Jenny = beiläufig. Jenny = eine Zelle in den Theoriewucherungen, ein Fleckchen in den Zustandsbeschreibungen des Allgemeinen.

Friedrich macht Karl einmal Vorwürfe, weil dieser nichts über Jennys Befinden nach Geburt und Tod des siebten Kindes, der namenlosen Tochter «child», berichtet. Friedrich schreibt am 11. Juli 1857: «Den Tod des Kindes kannst Du stoisch hinnehmen, Deine Frau schwerlich. Wie es *ihr* geht, schreibst Du nicht…»[82]

Wie dürftig eingeflickt Jennys Existenz im Gebäude von Karls Sinnen und Trachten ist, belegen zahlreiche Briefe. Hier nur vier Beispiele.

Karls Brief vom 31. März 1851 an Friedrich hat 13 Absätze. Das Schriftstück enthält eine Klagelitanei über Karls aussichtslose Bemühungen, Geld von Leuten zu erbetteln. Schwiegermutter und eigene Mutter waren umsonst angegangen worden. Geldverleiher werden beschimpft, da sie wagten, an Karl überfällige Forderungen zu stellen. Er speit in die Runde, tobt gegen seine Mutter, die angekündigt hat, einen auf sie gezogenen Wechsel sofort zu protestieren. Im achten Absatz heißt es dann endlich: «Gleichzeitig ist meine Frau niedergekommen…» Noch im selben Absatz fährt Karl fort, über seine Geldschwierigkeiten zu reden, die in den folgenden Passagen weitschweifig ausgebreitet werden.[83]

In Karls Brief vom 13. Juli 1852 an Friedrich geht es ebenso zu: Zehn Absätze lang über «Kerls», «Weltumwühler», «Emigrationsläuse», «Intriganten», «Verräter», «Spione», «Agenten», «Unterhändler»… Im achten Absatz erst: «Meine Frau ist sehr leidend, magert ab und hustet…»[84]

In Karls Brief vom 8. Mai 1857 an Friedrich bekommt Jenny nicht einmal mehr einen eigenen Absatz, sie taucht im siebten Absatz auf, kaum sichtbar zwischen den «Kerls»: «Lassalle», «Lupus», «Dana», «Steffen», «Rüstow», «Pieper». Der Zusammenhang, in den Karl sie stellt, entlarvt die Zusammenhanglosigkeit, in der Karl zu ihr steht. Der volle Wortlaut des Absatzes: «Wenn es Dir irgend möglich, schreib nächste Woche etwas Militärisches über Persien oder China. Meine Frau geht mehr und mehr der Katastrophe entgegen, und da wird ihr der Schreiberdienst immer schwieriger.»[85] Mit «Katastrophe» ist die Geburt von Jennys siebtem Kind gemeint.

Am 9. April 1863 geilt Karl sich vor Friedrich an Männer-actions auf, zitiert Leute, die gemäß Karls Ansicht blöde seien, lehnt sich nach mehr als 500 aufs Papier expedierten Wörtern mit überheblichem Behagen zurück: «Ist das nicht ‹scheen›?

Meine Frau ist seit zwei Wochen bettlägerig und fast ganz taub, der Teufel weiß, woher.»[86] Nach diesem Stop seines Entrüstungsgespreizes erbittet Karl für Jenny und die Tochter Jenny «einigen Wein» von Friedrich und geht dann unvermittelt zu weiteren *actionnews* über.

Nicht wenige Phasen von Jennys Krankheit stehen in direkter Verbindung zum Karl-Friedrich-Verhältnis. Die unlautere Art, in der Karl mit Friedrich über Jenny hinweglebt, kränkt sie. Sie möchte protestieren, darf es nicht, kann es nicht. Der «liebe Herr Engels» ernährt auch sie. Sie spürt jedoch die Triebmotivation, die unter Geschäft und Geist, Freundschaft und Versorgung liegt und die Karl zu Friedrich drängt.

Nach seinem Besuch bei ihm vom 5. bis 15. November 1851 schreibt er am 24. November 1851 zu Friedrich von überworfener Familienstimmung.[87]

Ende Mai bis Ende Juni 1852 verbringen Karl und Friedrich einen Monat zusammen in Manchester, um ihr Pamphlet «Die großen Männer des Exils» fertigzuschreiben. Wie peitschzuckrig Karl sich gegenüber Jenny verhält, belegt sein Schreiben an sie aus Manchester vom 11. Juni 1852: «Liebes Herz! Dein Brief hat mich sehr gefreut. Du brauchst Dich übrigens gar nicht zu genieren, mir immer alles mitzuteilen. Wenn Du, armes Teufelchen, die bittre Realität durchmachst, ist es nichts weniger als billig, als daß ich wenigstens ideal die Qual mitdurchlebe. Ich weiß übrigens, wie unendlich elastisch Du bist und wie das geringste Günstige Dich wieder neubelebt. Hoffentlich hast Du diese Woche noch oder höchstens bis Montag andre 5 Pfund.»[88]

Kein Geld wird geschickt, keine Vorschläge zum Geld-erwerb werden gemacht. Statt dessen folgen nach diesem er-sten zitierten Absatz des Briefes sieben Absätze mit Anweisungen an den «Sekretär», den Karl zwischendurch kurz noch einmal mit «liebes Herz» auf seine Wünsche einstimmt, obwohl, was nun kommt, nichts mit «Herz» zu tun hat, sondern mit «Schnellpost», «Paket», «Drucker», «Broschüre», «Nachwort», «Zettel», «Ausschnitt».

Karl kehrt Ende Juni nach London zurück, diktiert Jenny und dem ehemaligen Redakteur der *Neuen Rheinischen Zeitung* und Londoner Co-Exilanten, Ernst Dronke, «abwechselnd» sofort das Manuskript, bis es «fix und fertig» ist.[89]

Von Anfang Juli bis Ende Oktober 1852 ist Jenny krank, «sehr leidend», «magert ab», «hustet» (13. Juli), «ist krank» (8. September), «körperlich mehr herunter als je» (18. September), im «leidenden Zustand» (28. September), in «Leiden» (25. Oktober).

Nach Friedrichs Besuch zu Weihnachten 1853 in London ist die ganze Familie Marx krank, auch Karl: «Seit dem Tag Deiner Abreise wurde die ganze family von Grippe etc. überfallen.»[90]

Am 3. Juli 1857 schreibt Karl an Friedrich, daß sich Jennys Befinden nach Friedrichs Besuch verschlechtert habe, der von Ende Mai bis etwa 10. Juni in London war: «...da der Zustand meiner Frau mir nicht erlaubte – seit Deiner Abreise ungefähr – mich von ihr zu entfernen.»[91]

Im Mai 1858 gestaltet Karl seine drei Wochen bei Friedrich in Manchester einmal anders. Er nimmt Reitstunden, angeblich zur Aufbesserung seiner Gesundheit. Das Reiten tut ihm gut. Friedrich schreibt am 11. Mai im Auftrage Karls an Jenny: «Der Mohr hat heute zwei Stunden geritten und findet sich so wohl danach, daß er anfängt, Enthusiasmus für die Sache zu bekommen», und er schließt den Brief: «Ich hoffe, der Mohr hält sich fleißig am Reiten, dann wird er in 8 Tagen wieder zum Schreiben fähig sein.» Jenny muß «in einer keineswegs rosenfarbnen Zeit» zurückbleiben, bekommt noch «Unannehmlichkeiten» mit dem ehemaligen Revolutionskollegen und jetzigen «Narren», «Esel» und «Pinsel» Adolf Cluß.[92]

Das «plötzliche Aufhören des Reitens tat zunächst nicht wohl», Karl muß sich in London «wieder akklimatisieren» (31. Mai)[93], befindet sich Anfang Juni bereits in «viel private troubles» (7. Juni)[94], hat am 2. Juli «großen häuslichen trouble» – «Das jüngste Kind hat seit Wochen den hooping cough, eine sehr ängstliche Krankheit, und meine Frau ist auch sehr unwohl.»[95] Jenny bleibt «nervös zerrüttet». Dr. Allen hat «eine Ahnung, wo der Schuh pinches...» (15. Juli).[96]

Im September 1861 weilt Karl drei bis vier Wochen bei Friedrich. Seit seiner Rückkehr nach London hatte «unser Kleinstes» Gelbsucht, schreibt er an Friedrich am 28. September.[97] Die «Hetze... ging während Oktober wieder crescendo... Wir haben in der mean time alles nicht Nagelfeste versetzt, und was mir noch fataler, meine Frau ist ernsthaft unwohl. Den bloßen Druck der gegenwärtigen Plackereien ertrug sie tapfer, aber die gänzliche Aussichtslosigkeit schlug sie nieder.» (30. Oktober)[98] Jenny bleibt «sehr angegriffen...» (20. November)[99], hat «gefährliche Nervenzustände...» (9. Dezember)[100].

Fast den ganzen April 1862 ist Karl bei Friedrich in Manchester. Nach seiner Rückkehr schreibt er von der Krankheit der Tochter Jenny (28. April)[101], mahnt Friedrich am 19. Mai, den offerierten Wein an die «Kinder» zu schicken, «weil es sie amüsiert und unser Haus sonst sehr öde ist»[102]. Am 18. Juni dann die Nachricht von Jennys Todesverzweiflung: «Meine Frau sagt mir jeden Tag, sie wünschte, sie läge mit den Kindern im Grab...»[103]

Jennys schwerste Krankheit vor ihrem Krebs steht in Zusammenhang mit einer Kränkung, die ihr durch Karl widerfuhr. Im November 1860 korrigiert Karl sein Buch «Herr Vogt», schreibt Passagen neu, schreibt um, Jenny schreibt ab. Am 12. November entschließt er sich endgültig für den Titel «Herr Vogt», folgt damit Friedrichs und nicht Jennys Vorschlag, schreibt am nächsten Tag: «Ich habe im Titel Dir nachgegeben und (gestern) ‹Herr Vogt› gesetzt. Meine Frau war absolut dagegen und bestand auf ‹Dâ-Dâ-Vogt›, indem, wie sie sehr gelehrt bemerkt hat, selbst in den griechischen Tragödien Titel und Inhalt auf den ersten Blick oft keine Verbindung zeigen.» [104]

Am 19. November bekommt Jenny die schwarzen Pocken. Sie «liegt... nieder an einem sehr bösartigen Nervenfieber...» (21. November) [105], «befand sich seit vielen Wochen in einem außerordentlich nervösen Zustand...» (23. November). [106] Dr. Allen, der Arzt, «meint, daß die Ansteckung einzig zu erklären aus der übertriebnen Nervenaufregung, worin sie sich seit vielen Monaten befand» (26. November). [107] Jennys «Nervenzustand sei so gewesen», daß der Arzt die schwarzen Pocken «einem Nervenfieber oder ähnlichem, wozu es gekommen sein würde, vorziehe» (28. November). [108]

Kann Karl nicht ein einziges Mal Jenny zuliebe, Jenny zu Ehren, eines seiner Bücher nach ihrem Wunsch betiteln? Nicht eines seiner Werke widmet er ihr – die blutwühl- und untergangsorgiastischen Jugendgedichte ausgenommen. Nicht eines, das durch ihre Hände geht, enthält den Pflichtpassus «meiner lieben Frau»... Erst als sie tot ist, redet er davon, er wolle ihr den zweiten Band des «Kapitals» widmen [109], ein Lippenbekenntnis, da er seit den sechziger Jahren nicht mehr ernsthaft an der Fertigstellung des zweiten und dritten Bandes gearbeitet hat.

In allen wirklich wichtigen Angelegenheiten nimmt Karl immer Zuflucht bei Friedrich. Am 15. Juli 1858 gesteht er ihm: «... und ich versichre Dir, daß es mir keine geringe Überwindung gekostet hat. Aber enfin, ich muß mich wenigstens gegen einen Menschen aussprechen.» [110] Am 21. September 1859 huldigt er ihm weiter: «Im übrigen sind die häuslichen affairs wieder zu dem unvermeidlichen Krisepunkt gekommen, und diesmal schlimmer als je zuvor, indem ich keine Aushilfe sehe... Du entschuldigst mich, daß ich Dir den Dreck mitteile. Ich habe aber hier absolut niemand, gegen den ich mich auch nur offen aussprechen kann.» [111] Am 8. Januar 1863 setzt er noch einen drauf: «In ganz London ist kein einziger Mensch, gegen den ich mich auch nur frei aussprechen kann, und in meinem eignen Hause spiele ich den schweigsamen Stoiker, um den Ausbrüchen von der andern Seite das Gegengewicht zu halten.» [112]

Da soll Jenny nicht krank werden, wenn Karl seinen Freund zum Weihnachtsbesuch anlockt, indem er ihm am 10. Dezember 1859 schmeichelt: «Ich... schreibe Dir den state of things also nur, weil es Bedürfnis, sich mit somebody zu besprechen. Ich hoffe, daß das Pech, worin das Haus, Dich nicht abhalten wird, *ein paar Tage herzukommen*. Es ist durchaus nötig, daß meine Mädchen wieder einmal einen ‹Menschen› im Haus sehn. Die armen Kinder sind zu früh gequält mit der Bürgerscheiße.» [113]

Nach dem Tod seines Sohnes Edgar am 6. April 1855 schreibt Karl nicht, während der Zeit von Edgars qualvollem langsamem Sterben habe ihn seine Beziehung zu Jenny aufrecht gehalten... Statt dessen muß Jenny eine bittere Wahrheit gegen sich gerichtet fühlen, wenn Karl dem Freund am 12. April 1855 beteuert: «Unter all den furchtbaren Qualen, die ich in diesen Tagen durchgemacht habe, hat mich immer der Gedanke an Dich und Deine Freundschaft aufrecht gehalten und die Hoffnung, daß wir noch etwas Vernünftiges in der Welt zusammen zu tun haben.» [114]

Aber nicht nur hinter Jennys Rücken lebt Karl sich mit Freund Friedrich aus, er wird auch direkt und sagt, wo seine Prioritäten liegen. Er erwähnt in seinem Brief vom 28. Januar 1863 an Friedrich eine Auseinandersetzung mit Jenny. Es ist die Zeit des einzigen überlieferten Konflikts zwischen Karl und Friedrich. Auf den Tod der Friedrich-Gefährtin, Mary Burns, am 6. Januar 1863 hat Karl nach kaum einem Ansatz einer nichtssagenden Höflichkeitsfloskel wieder nur mit dem Heruntermurmeln seiner Geldschwierigkeiten reagiert. Friedrich wird «frostig». Die Beziehung Karl–Friedrich bekommt einen «Riß», den Karl unverzüglich kittet. Noch mehrere Briefe hintereinander (24., 28. Januar, 13., 17. Februar, 9. April 1863; tröstet er Friedrich, erweist ihm die bisher größte Liebesbezeugung, unterschreibt nach einer zärtlichen Wendung zum ersten Mal mit «Dein Mohr» (17. Februar), was er dann nach mehr als einem Jahr erst wieder tun wird:

«Nun, old boy, antworte, und wenn Dir was auf dem Herzen liegt, speak out like a man und sei sicher, daß kein Mensch einen so herzlichen Anteil an Deinem Wohl und Weh nimmt als Dein Moor.»[115]

Schon am 28. Januar stellt er seine Interessen gegenüber Friedrich und Jenny klar: «Ich kann Dir jetzt auch ohne weitere Umstände sagen, daß trotz aller der Presse, worin ich während der letzten Wochen lebte, nichts auch nur verhältnismäßig so auf mich preßte, als die Furcht, daß ein Riß in unsrer Freundschaft. Ich erklärte wiederholt meiner Frau, daß mir an dem ganzen Dreck nichts liege, verglichen damit, daß ich durch diese bürgerlichen Lausereien und ihre [Jennys] exzentrische Aufregung fähig gewesen sei, Dich in einem solchen Moment, statt zu trösten, noch mit meinen Privatbedürfnissen anzufahren. Consequently war der Hausfriede sehr gestört, und die arme Frau mußte die Sache ausbaden, an der sie in der Tat so weit unschuldig war...»[116]

Helenes
Schweigen

Dürftige Belege

Das Verhältnis zwischen Karl und Friedrich, die Art, wie es hinter Jennys Rücken als larvierte Lebensgemeinschaft, ja latente Liebesbeziehung gelebt wird, ist *ein* Faktor von Jennys Entkräftung.

Es gibt noch einen weiteren Bereich, in dem Karls Zersetzungstechnik in Erscheinung tritt. Und dieser Bereich betrifft die leibliche Gemeinschaft zwischen ihm und Jenny. Karl hatte zwei «Affären». Die eine blieb bisher unaufgedeckt. Vor der anderen bewahrt die Marx-Forschung-Ost undurchlässiges Schweigen. Die Marx-Forschung-West diskutiert diese «Affäre» zwar, akzeptiert sie aber immer noch nicht einhellig als zweifelsfrei erwiesene Tatsache. Die erste «Affäre» endete mit der Geburt eines unehelichen Kindes, die zweite mit dem Tod der schwangeren Frau.

Zur ersten «Affäre» heißt es in Karls Wandtafeltempel, dem Trierer «Marxhaus», triumphierend: «...läßt sich nicht beweisen.» [1]

Die Beschäftigung mit dem Leben von Karl Marx leidet in Ost und West unter zwei reflexionshemmenden, wahrheitshindernden Einseitigkeiten. Sie ist männerlastig und männerkultisch. Es geht um den *Mann* Marx, seine Leistung, sein Leben, seine Wirkung. Die Frauen an seiner Seite werden kaum oder – wie sich in einem Fall zeigen soll – nicht gesehen, ihre Interessen, Bedürfnisse, Bedingungen zuwenig wahrgenommen. Noch extremer: Marx wird als Gott gehandelt. Ein Gott darf nicht angeklagt, nicht gerichtet, am wenigsten aufgrund von Indizien verurteilt werden. So zeichnen sich die Marx-Biographien durch Vorsicht, ja realitätsfremde Zurückhaltung aus. Alles über Marx Gesagte muß wissenschaftlich beweisbar sein, in Form männerwissenschaftlicher Beweisführung, versteht sich. Doch mit dieser Art von «Beleg» – das heißt beurkundetem Schriftstück – können Karls «Affären» nicht sichtbar genug ans Tageslicht gehoben werden, so daß schon die erste, in der es von Auffälligkeiten wimmelt, immer noch bestritten wird. Von der zweiten «Affäre» hat nicht ein einziger Biograph bisher öffentlich Notiz genommen.

Unbestrittene Gegebenheiten:
Im Geburtsregister der Kirchengemeinde von St. Anne im Londoner Stadtteil Soho findet sich unter dem 1. August 1851 der Eintrag: «Henry Frederick Demuth», Mutter: «Helene Demuth». Eine Angabe über den Vater des Kindes existiert nicht. Die Geburt wurde auf den 23. Juni 1851 datiert.[2]

«Offiziell», das heißt für die engsten Freunde und Karls Familie – gegenüber Jenny, ihren Töchtern Jenny und Laura und ihrem Sohn Edgar –, figuriert Friedrich als Vater. Ihm «zu Ehren» bekommt der Junge den Namen «Frederick». Er wird bald nach der Geburt zu Pflegeeltern weggegeben, dem Ehepaar Lewis, armen Fuhrmannsleuten.

Das Kind Frederick hat keinen Kontakt zur Familie Marx.

Zeugnisse über Begegnungen zwischen Frederick und seiner Mutter Helene gibt es erst nach Karls Tod 1883, als der Sohn bereits 32 Jahre alt ist.

Diese Tatsache mutet seltsam an, steht sie doch im Widerspruch zur oft behaupteten großen Liebe Karls zu Kindern. Daß er das einzige Kind seiner von allen Freunden geschätzten und von ihm selbst geachteten Haushälterin aus seinem Dasein streicht, muß einen «natürlich»-unnatürlichen, Karl aus seinen Gewohnheiten herauszwingenden Grund gehabt haben. Nicht nur in der noch fünf Jahre andauernden Zeit der

Flüchtlingsunterkunft in Soho, sondern auch während der späteren Jahre des wohlhabenden Lebens gibt es keinen Sommerbesuch des heranreifenden Jungen in den Villen der Marxens, keinen von Helenes Sohn und Karls Töchtern gemeinsam verbrachten Badeaufenthalt. Kein Wort über Mutter-Sohn-Begegnungen. Kaum zu glauben das Fehlen jeglichen pädagogischen Über-die-Schultern-Schauens. Es gibt nur diesen Krampf der nie durchbrochenen Fernhaltung eines Menschen, der eigentlich dazugehört.

Frederick wächst wie ein Arbeiterkind auf. Er bezeichnet sich später vorübergehend als «Fuhrmann». Er erlernt das Büchsenmacher-Handwerk, lebt im Londoner Arbeiterviertel Hackney, übt den Beruf eines Werkzeugmachers aus. 1873 heiratet er Ellen Murphy, eine irische Gärtnerstochter. Vor dem Pfarrer in der St. Georgs Kirche am Londoner Hanover Square gibt er als seinen Vater einen Fuhrmann namens William Demuth an – ein Phantom, nachempfunden seinem wirklichen Großvater, dem St. Wendeler Tagelöhner und Ackerer, Michel Demuth (28. 10. 1788 – 17. 5. 1826), dem Vater seiner Mutter Helene.

Frederick bleibt kinderlos und adoptiert einen Jungen, Harry, den er in seinem Testament als «Neffe» bezeichnet. Ihm gegenüber behauptet er, daß auch er selbst schon adoptiert worden sei.

Nach dem Tod von Karl Marx 1883 hat Frederick relativ ungestörten Umgang mit seiner Mutter Helene, die inzwischen den Haushalt von Friedrich Engels führt.

1890 stirbt Helene, vererbt ihrem Sohn in ihrem Testament ihre Habe von 95 Pfund, nennt ihn in ihrem diktierten letzten Willen «Frederick Lewis Demuth».

1892 wird Frederick von seiner Frau verlassen, die mit einem Soldaten und der von Frederick aufbewahrten Kasse eines Arbeiterwohlfahrt-Vereins durchbrennt. Frederick bittet Karls jüngste Tochter Eleanor, mit der er in naher Verbindung steht, ihm bei der Wiederbeschaffung des entwendeten Geldes – etwa 24 Pfund – zu helfen. Eleanor schaltet ihre

Schwester Laura ein, deren Mann, Paul Lafargue, Frederick 50 Francs schickt – ein Zehntel des ihm abhanden gekommenen Geldes.

Nach der Trennung von seiner Frau wird Frederick Mitglied der Metallarbeitergewerkschaft und gehört zu den Gründern der Labour Party in seinem Wohnviertel Hackney.

Als am 5. August 1895 Friedrich Engels stirbt, hinterläßt er seinem angeblichen Sohn Frederick von seinen über 20000 Pfund – mehr als 2 Millionen DM – nichts. Haupterben sind die Karl-Töchter Laura und Eleanor.

Die letzten Jahre vor seinem Tod lebt Frederick mit seiner Freundin, Laura Payne, zusammen.

Seit den neunziger Jahren gibt es Zeugnisse über Fredericks Kontakte zu Laura Lafargue und Eleanor, einen Brief Eleanors an Laura von 1892, mit der Bitte um finanzielle Unterstützung für den bestohlenen Frederick, Briefe von Eleanor an ihn aus der Zeit 1897/98, einen Brief Fredericks an Laura vom 7.10.1910.

Laura, Eleanor und die Hinterbliebenen der Schwester Jenny lassen Frederick Gelder zukommen. Er stirbt am 28. Januar 1929 und hinterläßt seinem fast fünfzigjährigen Adoptivsohn Harry – gemäß seines am 26.7.1926 abgefaßten Testaments – 2000 Pfund (mehr als 200000 DM), die er sich schwerlich aus seinen geringen Einkünften als Arbeiter zusammengespart haben kann. Am Ende seines Lebens erhielt er eine Gewerkschaftsunterstützung von 9 Shilling in der Woche.[3]

Zwei Dokumente – eine Kopie eines Briefes von Louise Kautsky-Freyberger an August Bebel vom 2./4. September 1890 und ein Brief von August Bebel an Karl Kautsky vom 3. August 1899 – belegen, daß Friedrich Engels in seinen letzten Lebenswochen vor Freunden, auch Eleanor gegenüber bestritten hat, der Vater von Frederick zu sein, «woraus er, Fr[eddy], seine Schlüsse ziehen könne»[4].

Das von Robert Payne in seinem Buch «The unknown Karl Marx» 1971 erstmals veröffentlichte, in Deutschland noch nie gedruckte Foto Fredericks aus dem Jahre 1908 bestätigt einen Satz von Louise Kautsky-Freyberger: «Freddy sieht Marx lächerlich ähnlich...»[5]

Schädelstruktur, Nasen-, Wangen- und Stirnpartien, vor allem aber die schrägen, etwas geschlitzt wirkenden Augenlider weisen auf Ähnlichkeiten zwischen Karl und Frederick hin.

Eleanor befreundet sich nach Engels' Tod (5. August 1895) intensiv mit Frederick, entwickelt in ihren überlieferten Briefen an ihn – verfaßt ein halbes Jahr vor ihrem Selbstmord am 31. März 1898 – ein geschwisterliches Wir-Gefühl. Sie sieht ihn, ihre zwei Schwestern Jenny und Laura und sich selbst als Mitglieder einer Schicksalsgemeinschaft: «Ja, ich fühle manchmal wie Du, Freddy, daß *nichts* je mit uns gut geht. Ich meine Dich und mich. Gewiß, die arme Jenny hat ihren vollen Anteil an Sorgen und Leid gehabt, und Laura verlor ihre Kinder. Aber Jenny war glücklich genug zu sterben, und so schrecklich das für ihre Kinder war, denke ich manchmal, war es ein Glück. Ich würde Jenny nicht wünschen zu erleben, was ich durchgemacht habe. Ich glaube nicht, daß Du und ich sehr böse Menschen gewesen sind – und doch, lieber Freddy, es scheint so, als ob wir die ganze Strafe bekämen.» (13. Januar 1898)[6]

Schon früher hatte Eleanor Frederick gegenüber ein ahnendes Schuldgefühl, das sie zweimal in Briefen an ihre Schwester Laura zum Ausdruck brachte, so im Brief am 19. Dezember 1890: «Ich weiß, ich bin Freddy immer mit einem Gefühl von Schuld und falschem Verhalten begegnet. Das Leben dieses Mannes! Ihn davon erzählen zu hören, ist Qual und Scham für mich.»[7] Und am 26. Juli 1892 schrieb sie an Laura: «Es ist möglich, daß ich sehr ‹sentimental› bin – aber ich kann mich des Gefühls nicht erwehren, daß Freddy durch sein ganzes Leben hindurch eine große Ungerechtigkeit widerfahren ist.»[8]

Im September 1897 wird Eleanor von ihrem Lebensgefährten Edward Aveling erpreßt: «Ruin» oder «Schande»! Nach

der Auseinandersetzung schreibt sie unverzüglich an Frederick und bittet ihn, sofort zu kommen: «Mein lieber Freddy,
komm, wenn es Dir möglich ist, heute abend. Es ist mir pein-
lich, Dich zu bitten, aber ich bin so allein und stecke in der
fürchterlichsten Situation: völliger Ruin – alles, bis zum letzten Pfennig – oder äußerste öffentliche Schande. Es ist
schrecklich, schlimmer, als selbst ich es mir je vorgestellt
habe... Lieber, lieber Freddy, komm! Mein Herz ist gebrochen.» (2. September 1897)[9]

Eine eigene «Schande» gibt es in Eleanors Leben nicht.
«Schande» wäre im viktorianischen Zeitalter das Zutagetreten eines illegitimen Sohnes gewesen. Eleanor sitzt für die
«Schande» Karls in der Klemme, wird stellvertretend für ihn
bestraft und nun ruiniert.

Mit keinem anderen Menschen außer Frederick hat Eleanor die bedrohliche Lage besprochen. Danach ist sie in ihren
letzten Lebensmonaten zu niemandem ein so enges Vertrauensverhältnis eingegangen wie zu ihm.

Soweit die grobstofflich-«maskulistische» Beweisführung,
aus der allein die Wahrheit sich mit einer hundertprozentigen
Sicherheit nicht ergibt. Engels hat nur etwas gesagt, und eine
Frau aus seinem engsten Umfeld, die es gehört hat, hat es
aufgeschrieben. Und von dem Aufgeschriebenen hat jemand
eine Kopie angefertigt, das Original vielleicht vernichtet.
August Bebel hat es auch nur gehört und an Karl Kautsky
schriftlich weitergegeben:

«E[de] erklärt jetzt auch, überzeugt zu sein, daß M[arx]
der Vater Fr[eddy]s sei –...»[10]

Diese verschworene Vorsicht zeigt, wie dicht das Netz der
Geheimnistuerei um Karl Marx geknüpft war. Auch Eleanor,
die Ehrlichste, gebraucht nie das Wort «Bruder», wenn sie
über oder an Frederick schreibt. Und die drei Hauptbetroffe-
nen, Helene, Karl und Friedrich, haben nichts Eindeutiges zu
diesem Fall aufgeschrieben.

Frederick, siebenundfünfzigjährig

Karl, siebenundfünfzigjährig

Verschlüsselte Briefe

Es gibt noch andere Wege, über die eine Wahrheit transportiert werden kann. Solche Wege sind Analyse, Interpretation und Kombination von Quellen, die Beschäftigung mit soziologischen, psychologischen und biographischen Bedingungen, die Herstellung von Zusammenhängen zwischen Quellen und Bedingungen.

Interessiert sich «der Marxismus» schon für Jenny nicht – die Frau an Karls Seite, seine Mitarbeiterin, Partnerin, Sekretärin –, äußert er noch viel weniger Interesse für Karls Haushälterin. Wie sie gelebt, warum sie plötzlich – obwohl immer noch alleinstehend – mit Dreißig ein Kind bekommen, in was für einem Verhältnis sie zu diesem Kind gestanden hat, darüber werden kaum Gedanken verloren. Es gibt nur Bruchstücke zum Thema «Helene»[1], die in allen Büchern über Karl und Friedrich brav erwähnt wird, gemäß dem von den Karl-Töchtern Laura und Eleanor übermittelten Auftrag, «Lenchen nicht zu vergessen».[2]

Auch bei den Vertretern jener Marx-Forschung, die sich für die persönlichen Bedingungen Helenes etwas mehr interessierten, war Genauigkeit bisher nicht so wichtig. In drei wesentlichen Büchern zur Person von Karl und Friedrich wird ein falsches Geburtsjahr von Helenes Sohn angegeben – in Künzlis Marx-Psychographie, Blumenbergs Marx- und Hirschs Engels-Monographie. Alle drei Autoren datieren Fredericks Geburt auf Anfang der sechziger Jahre.[3] Inzwischen ist die Geburtsurkunde von Frederick bekannt, doch enthält das Dokument eine Unstimmigkeit, die den überlieferten Geburtstermin auch nach seiner amtlichen Festlegung zweifelhaft erscheinen läßt. Der Eintrag wurde am 1. August 1851 vorgenommen, als Geburtsdatum der 23. Juni 1851 angegeben.

Für die Marx-Forschung-Ost, die sich über eine mögliche Vaterschaft Karls ausschweigt, bleibt eine Spezifizierung des Geburtsdatums unerheblich. Erst wenn eine Vaterschaft Karls in Betracht gezogen wird, bekommt das Geburtsdatum eine Bedeutung, weil es Aufschluß über die Art der «Affäre» gibt, die der Entstehung Fredericks vorausgegangen ist.

Bei einem Zeitabstand von fünfeinhalb Wochen zwischen behördlicher Beurkundung und angeblicher Geburt erübrigt es sich, den Geburtstermin als unumstößliche Wahrheit vorauszusetzen. Alle Termine, die nicht innerhalb der ersten drei Tage nach der Geburt fixiert werden, können fingiert sein. Belegggläubigkeit führt hierbei zu wahrheitsentfernten Annahmen.

Um das Datum von Fredericks Geburt zu präzisieren, ist eine möglichst exakte Darstellung der objektiven Situation erforderlich.

1850 kennen Karl und Helene einander schon seit etwa 20 Jahren. Helene – geboren am 31. Dezember 1820 – kam im Alter von zehn Jahren zu Jennys Mutter, Caroline von Westphalen, in den Haushalt. Damals war Jenny sechzehn Jahre alt, Karl zwölf. Spätestens von dieser Zeit an pflegte er näheren Umgang mit der Familie Westphalen. Er und Jennys Bruder Edgar besuchten seit 1830 das Friedrich-Wilhelm-Gymnasium in Trier. Karl erlebte zwischen zwölf und siebzehn die gemeinsamen Spaziergänge mit Ludwig von Westphalen, Jennys Vater, auf die er sich 1841 im Entwurf der Widmung seiner Dissertation für seinen späteren Schwiegervater bezieht: «Ich hoffe, diesem Liebesboten, den ich Ihnen sende, auf dem Fuße nachzufolgen und an Ihrer Seite unsere wunderbar pittoresken Berge und Wälder wiederzudurchirren.»[4]

Die Spaziergänge müssen zwischen 1830 und 1835 stattgefunden haben, da Karl nach dem Abitur sein Studium in Bonn aufnimmt und nur noch besuchsweise in Trier ist. Von 1833 an zeichnet Karls Schwester Sophie seine Gedichte auf, die meisten sind Jenny gewidmet. 1836 verloben sich die beiden.

Ein Jahrzehnt später, im April 1845, wechselt Helene von Caroline zu den jungen Marxens nach Brüssel. Von dieser Zeit bis zu Karls Tod leben sie in einer Hausgemeinschaft. 1850 ist Helene 29 Jahre alt. Gelegenheiten zur Entstehung eines Kindes zwischen ihr und Karl hätte es zuvor und auch später genug geben können. Karl war ein Mann, dem das Kinderzeugen leicht «passierte».

Doch im Sommer 1850 muß etwas Besonderes geschehen sein, das einem intimen Kontakt zwischen Karl und Helene Vorschub leistete.

Vom September 1849 bis August 1850 verleben Jenny und Karl in London ihr erstes Emigrationsjahr. Die Situation der Marxens ist verheerend. Sie sind – wieder einmal – abgebrannt, müssen vier kleine Kinder durchbringen, das jüngste ist noch ein Säugling.

Die Familie wird im April 1850 aus ihrer Wohnung geworfen, versucht es ein paar Tage in einer kleinen Pension, dann in der Wohnung eines Freundes. Jennys Mutter schickt Geld. Die Marxens ziehen in das Londoner Viertel Soho. Zunächst ist ihre Adresse Deanstreet 64, seit Dezember 1850 Deanstreet 28. Dort bleiben sie bis Oktober 1856. Zu sieben Personen drängen sie sich in zwei kleinen möblierten Zimmern: Jenny, Karl, Helene, die sechsjährige Tochter Jenny, die fünfjährige Laura, der dreijährige Edgar und der einjährige Heinrich Guido. Die Finanzmittel von Caroline sind im Handumdrehen ausgegeben. Karl kann bei Friedrich noch nicht den Geldhahn aufdrehen, da der selbst mittellos ist, im Sommer 1850 mit Freundin Mary ein paar Häuser weiter in einer Verlängerung der Deanstreet wohnt. Im Juni 1850 wird Jenny zum fünften Mal schwanger.

Marx beschreibt seine privaten Bedingungen in seinem Brief vom 17. Juli 1850 an Karl Blind, seinen Revolutionsfreund aus der 48er Zeit: «Ich wende mich dießmal an Dich in einer Privatangelegenheit [...] daß wenn es Dir möglich ist, Du mir Deinen Beistand nicht versagst. Ich hatte mit meiner Familie abgemacht, meine Geldaffairen [vor ein paar] Wochen in Holland mit meinem Onkel Philips zu regeln, [zu welchem] Zweck ich persönlich nach Holland reisen sollte. Eine [...] Krankheit meiner Frau machte meine Abreise immer un-[möglich]. Und jetzt kann ich erst nach einigen Wochen hin, weil zwei Töchter mei[nes] Onkels in kurzen Intervallen bei [...] ih[m] ihre Hochzeit feiern, so d[aß] die Geschäftsangelegenheiten erst einige Wochen später [abgemacht werden] können.

In der Zwischenzeit hatte ich auf diese Geschichte hin einen [Wechsel] von 20 Pfund (500 Francs) auf dieses Arrangement hin hier in London bei einem [...]haus gezogen. Der Wechsel verfällt Montag oder Mitt[woch]. Wenn ich ihn nicht auslösen könnte, hätte ich einen öffentlichen [Skandal] zu gewärtigen, der bei dem Stand der hiesigen Partheien, wie [meinem] Verhältniß mit der preussischen Gesandtschaft und dem englischen Ministerium sehr unangenehme Folgen h[aben könnte].»[5]

Einen Monat später – August 1850 – ist alles noch beim alten. Aber die Hochzeiten im Hause von Karls reichem holländischen Onkel sind vorbei, die Gelegenheit ist endlich gekommen, den Bittgang zum Bankier Lion Philips zu versuchen. Karl fährt jedoch nicht selber, er schickt Jenny, die in ihren «Umrissen» schreibt: «Im August 1850 entschloß ich mich, trotz großen Unwohlseins, mein krankes Kind zu verlassen und nach Holland zu reisen, um dort bei Karls Onkel Trost und Hilfe zu suchen. Ich sah der Geburt eines fünften Kindes und verzweiflungsvoll der Zukunft entgegen. Der Onkel, durch die ungünstigen Wirkungen der Revolutionen auf sein und seiner Söhne Geschäft, auf Revolution und Revolutionäre ergrimmt, hatte ganz den Humor verloren. Er schlug mir alle Hilfe ab.»[6]

Die genauen Reisedaten Jennys waren bisher nicht be-

kannt. Jenny schreibt in ihren «Umrissen» nur: «Im August
1850 entschloß ich mich... nach Holland zu reisen.»

Ihr Brief an Karl, geschrieben in Zaltbommel, dem Wohnort des Onkels, enthält keine Zeitangabe. Die MEGA folgt
daher mit der Datierung «August 1850» Jennys «Umrissen».[7]

Jenny gibt in diesem Brief einen Hinweis, mit dessen Hilfe
ihre Reisezeit festgelegt werden kann: «Nach einer sehr
schlimmen, stürmischen Fahrt, 15stündigem Schaukeln auf
der See und 15stündigem entsetzlichem Unwohlsein bin ich
denn endlich gestern mittag hier bei Sturm und Donnerwetter
und von einem Platzregen durchweicht, matt und beklommen eingerückt. Dein Onkel öffnete mir die Tür, erkannte
mich natürlich nicht, und erst nachdem ich mich selbst vorgestellt, fand die oheimliche Umarmung statt. Das erste, was ich
hörte, war, daß die Tante nicht zu Hause, sondern bei Jettchen zur Geburt des 2. Sohnes war.»[8]

Karls Cousine Jettchen – Henriette Philips – lebte mit ihrem Mann, dem Arzt Dr. Antoine van Anrooy, in dem holländischen Ort Brummen. Dort bekam sie am 15. August 1850
ihren «2. Sohn», Peter Gijsbert, zu dessen Geburt Karls
Tante, Sophie Philips, nach Brummen gefahren war.[9]

Jennys Reise fand also nicht vor dem 15. August statt. Die
Formulierung «Das erste, was ich hörte, war, daß die Tante
nicht zu Hause, sondern bei Jettchen zur Geburt des 2. Sohnes war» drückt eine zeitliche Unmittelbarkeit aus. Jenny
wird in Zaltbommel nur ein paar Tage nach der Geburt von
Peter Gijsbert van Anrooy angekommen sein. Onkel Lion ist
Geschäftsmann und Bankier, 56 Jahre alt, noch berufstätig.
Daß er Jenny die Tür «gestern mittag» geöffnet hat, legt für
ihre Ankunft ein Wochenende nahe. Jenny berichtet Karl, wie
der Onkel zwei Tage lang für Diskussionen mit ihr zur Verfügung stand: «der kleine Mann... verstrickte sich und mich in
ein ebenso tiefes als breitspuriges, gründlich seichtes Räson-
nement über die Revolution, Kommunismus, Sozialismus
und dergleichen Dinge mehr, ein Gespräch, aus dem nicht

mehr herauszukommen war, so geschickt ich auch seine spießbürgerlichen Hiebe parierte, und das er bei jeder Gelegenheit wieder neu anzuspinnen weiß.»[10]

Für Jennys Eintreffen an einem Wochenende spricht auch ihre Bemerkung, die Gespräche mit dem Onkel seien andauernd von Besuchern unterbrochen worden: «Dabei kommt ein langweiliger Holländer nach dem andern, stille, kleine holländische Witzchen füllen die Zeit...»[11]

Jenny schreibt mehrmals «gestern». Der erste Teil ihres Briefes wurde sehr wahrscheinlich am Sonntag, dem 18. August 1850, geschrieben. Sie kam «gestern mittag», Samstag, an, muß demnach am Freitag, dem 16. August 1850, von London mit dem Schiff nach Rotterdam aufgebrochen sein. «15stündige Fahrt», dazu kam noch die Bahnstrecke von Rotterdam nach Zaltbommel, bis Jenny dort Samstag «mittag» eintraf. Sie war offenbar nicht angekündigt, denn der Onkel schien unvorbereitet zu sein, «erkannte» Jenny «natürlich nicht...»[12].

Dem Schluß des Briefes folgt noch eine Nachbemerkung: «Jetzt ist schon wieder der halbe Tag verflossen, und ich habe noch kein Wort anbringen können. Dein Onkel kommt nur zum Kaffee etc., dann geht er gleich wieder...»[13] Es ist Montag, der 19. August 1850, ein Arbeitstag, an dem der Onkel sich nur zu den Mahlzeiten einfinden kann.

Jenny beauftragt Karls Vetter Fritz, Erkundigungen über das nächste Schiff von Rotterdam nach London einzuholen: «Ich habe Fritz eben gebeten, mir die Nachricht vom nächsten Schiff zu bringen –»[14] Büros sind an Wochenenden nicht oder seltener als an Wochentagen geöffnet. Jenny will so bald wie möglich zurück, da sie nichts erreichen kann. Mit dem Satz: «Ich glaube, das nächste Schiff geht Mittwoch von Rotterdam ab.»[15] schließt sie den Brief.

Jenny war eine knappe Woche unterwegs, von Freitag, den 16. bis Donnerstag, den 22. August 1850. Sie sagt im Brief aus Zaltbommel mehrmals, wie unangenehm ihr die Konfrontation mit dem Onkel ist, der sich um keinen Gulden erweichen läßt. Sie und Karl hatten sich vorgestellt, daß Tante Sophie, Karls wirkliche Verwandte – die Schwester seiner Mutter –, zum Anbetteln dagewesen wäre und ihren Mann hätte umstimmen können: «Deine Antwort auf diesen Brief kann ich aber unmöglich hier abwarten, und wo sollte ich mich auch hinwenden?» – «...ich will nicht Deinem Onkel länger eine solche ausweichende Stellung zumuten und stürze mich lieber wieder in den weiten großen Ozean der Sorge...»[16]

Karl und Helene verbringen zwischen dem 16. und dem 22. August 1850 seit 1845 ihre erste Zeit miteinander ohne Jenny und ungestört von anderen Verwandten und Freunden.

Helene war bisher immer mit Jenny und den Kindern zusammen gewesen – in den verschiedenen Domizilen der Marxens oder mit Jenny auf Reisen. Eine Ausnahme gab es: Als Jenny Februar/März 1846 zum dritten Mal nach ihrer Eheschließung ihre Mutter in Trier besuchte, ließ sie Helene und die Töchter Jenny und Laura in Brüssel zurück, aber Karl war anfangs selbst auf Reisen, hatte Jenny um den 20. Februar einen Teil des Weges – bis nach Arlon – begleitet.

Die übrige Zeit, März 1846, die Jenny noch in Trier blieb – April 46 ist sie wieder in Brüssel –, waren Karl und Helene nicht allein. Jennys Bruder Edgar wohnte bis zu seiner Abreise nach Amerika im Frühjahr 1847 im Hause der Marxens. Vorübergehend lebte auch der Freund Joseph Weydemeyer bei ihnen. Und im März war der aufgeklärte, am Kommunismus interessierte russische Gutsbesitzer und Schriftsteller Pawel Wassiljewitsch Annenkow Karls Gast.

Jennys Abwesenheit in der Woche Mitte August 1850 schuf eine noch nie dagewesene Situation, seit Helene im Haushalt der Marxens lebte. Helene und Karl waren mit den vier kleinen Kindern in der Londoner Flüchtlingsbehausung allein. Friedrich wohnte «um die Ecke». Er hatte eine Partnerin, Karl zu der Zeit keine – offizielle. Eine schwierige Zeit lag hinter ihm und Jenny. In allen Jahren nach ihrer Eheschließung vor der Londoner Zeit waren sie oft voneinander getrennt. Jedes Jahr gab es wochen-, manchmal monatelange Reisen, viel die Eheleute separierendes Hin und Her zwischen Paris, Trier, Brüssel, Köln und wieder Paris. In London verbrachten Jenny und Karl ihr erstes gemeinsames ganzes Jahr.

Nichts deutet darauf hin – weder in Jennys Brief aus Zaltbommel noch in ihren Bemerkungen zur Reise nach Holland in ihren «Umrissen» –, daß Jenny länger als eine Woche in Holland blieb. Auch 1865, zur Zeit der Niederschrift der «Umrisse», wiederholt sie es: «Der Onkel... schlug mir alle Hilfe ab, gab mir aber beim Abschied ein Geschenk für mein jüngstes Kind in die Hand, und ich sah, daß es ihm weh tat, mir nicht mehr geben zu können.»[17]

Anfang September wird Jenny in London in erhalten gebliebenen Schriftstücken wieder «bezeugt». Conrad Schramm, der an Karls Statt die Herausforderung August Willichs zum Duell angenommen hatte – Zerwürfnis im Bund der Kommunisten –, reiste am 7. September 1850 von London nach Belgien, um sich am 11. September mit Willich in Ostende zu schießen. Am 7. September heißt es unter seinen wenigen Zeilen an Karl, kurz vor der Abfahrt des Schiffes aus London: «Gruß an Deine ganze Familie...»[18] Am 9. September folgt ein langer Brief aus Antwerpen, den Schramm mit den Worten schließt: «My best respects to your lady and childern. Musch's arm is, I hope, is fully recovered...»[19] Schramm reiste also nach direkter Berührung mit den Marxens von London ab, war über den Stand der letzten Familienereignisse informiert.

Wenn die Entstehung Fredericks nicht Ende September, sondern Mitte August 1850 wahrscheinlich ist, müßte seine Geburt fünf Wochen vor dem angeblichen Termin des 23. Juni 1851 liegen – Mitte Mai 1851.

Der Briefwechsel zwischen Karl und Friedrich präsentiert sich in der Zeit vor Fredericks – behaupteter oder wahrscheinlicher – Geburt, im ersten Halbjahr 1851, recht lückenlos. Vom 6. Januar bis zum 27. Juni existieren 49 Briefe. Auf etwa 180 Tage fallen 50 Briefe – das ist der übliche Durchschnitt der Korrespondenz: alle zwei bis fünf Tage ein Brief.

Hellhörig für Zwischentöne, lassen sich auffällige, widersprüchliche, rätselhafte Bemerkungen über zwei Monate hinweg finden: vom 17. März bis zum 16. Mai.

Am 17. März 1851 schreibt Karl an Friedrich: «Ich habe eine Woche nicht geschrieben. Einmal hatte ich selbst die Grippe zur Wahlverwandtschaft, und dann criblé de petites misères, die alle in dieser verhängnisvollen Woche zum Ausbruch kommen.»[20]

«Petites misères» sind für Karl Haussorgen, Familienangelegenheiten, wie er es in seinem Brief vom 22. Februar 1858 ausführt, er habe sich «verraten an die petites misères de la vie domestique et privée»[21].

«Haus- und Privatelend» würde heute heißen, Familien- und Beziehungsschwierigkeiten, die Karl «verwunden», «durchlöchern», die, so sein Verzweiflungsausruf am 17. März 1851, «alle in dieser verhängnisvollen Woche zum Ausbruch kommen».

So stark greift er sonst nicht ins Vokabular, wenn er nur krank ist, nur «die Grippe» und nur Geldprobleme hat. Letztere hat er immer. Hier geht es um etwas Außergewöhnliches, das in dieser «verhängnisvollen Woche zum Ausbruch» kommt.

Neben dem Fakt seiner außerehelichen Vaterschaft gibt es zu diesem Zeitpunkt kein anderes «Verhängnis». Helene ist in der Woche Anfang/Mitte März 1851 im 5. bis 6. oder 6. bis 7. Monat schwanger.

Eine solche Späterkennung erscheint aus heutiger Sicht unverständlich. Gegenwärtig ist es üblich, daß Schwangerschaften im ersten Monat erkannt und dann meist unverzüglich mitgeteilt werden. Anders im 19. Jahrhundert.

Auch von den moralgetragenen, ehelichen Schwangerschaften berichtet Karl – offiziell und direkt angesprochen – verhältnismäßig spät:

Heinrich Guido, geboren am 5. November 1849 – Mitteilung an Friedrich am 1. August 1849, im fast sechsten Monat: «Wäre meine Frau nicht in einem état par trop intéressant...»[22]

Franziska, geboren am 28. März 1851 – auf die bevorstehende Geburt ein Bezug erst am 3. Februar 1851, im siebten Monat: «Das umgekehrte Verhältnis der Fruchtbarkeit der Erde zu der menschlichen Fruchtbarkeit mußte einen lendenstarken Familienvater wie mich tief affizieren, um so mehr, da mon mariage est plus productiv que mon industrie.»[23]

Bei diesen Kindern ist es wahrscheinlich, daß der Freund schon früher eingeweiht wurde, weil 1849 Karl und Friedrich einander öfters begegneten und Friedrich von November 1849 bis November 1850 in London lebte. Über seine früheren Kenntnisse von Jennys Schwangerschaften gibt es keine Zeugnisse.

Eindeutiger sind Erstmitteilungen zu umreißen im geregelten Briefverkehr zwischen Karl und Friedrich seit 1850.

Eleanor, geboren am 16. Januar 1855 – Mitteilung am 2. September 1854, etwa im fünften Monat: «Meine Frau – was ich schon vor ihrer Abreise zu befürchten Ursache hatte – is rather in too interesting circumstances, sonst wohl.»[24]

Child, geboren am 6. Juli 1857 – Mitteilung am 24. März 1857, etwa im sechsten Monat: «Zudem, da ich Dir das fact doch nicht verheimlichen kann, befindet sich meine Frau in highly interesting circumstances.»[25]

Die Art, in der Karl über Jennys Schwangerschaften berichtet, ist geheimnistuerisch, umschreibungsbedeckt.

Die späte Wahrnehmung von Helenes Schwangerschaft indiziert das «top secret» dieser Angelegenheit. Da war etwas Einmaliges passiert, das den Rahmen des Normallebens sprengte und nie hätte herauskommen dürfen. Daß Helenes Schwangerschaft so lange verborgen blieb, weist darauf hin, daß sie und Karl kein «laufendes» Verhältnis unterhielten, in dem dann auch einmal eine Schwangerschaft vorkommen und bald nach Offenkundigsein besprochen werden kann. Helene hatte für ihre «anderen Umstände» keinen Gesprächspartner im Hause Marx. Besonders vor Jenny wollte sie den Fakt so lange wie möglich geheimhalten, um die Geplagte, von Karl gerade selbst Schwangere nicht noch zusätzlich zu belasten. Wahrscheinlich hat Helene versucht, das Zutagetreten ihrer eigenen Schwangerschaft bis zur Geburt von Franziska hinauszuschieben, was ihr um knapp 3 Wochen mißlang.

Die späte Erkenntnis von Helenes Schwangerschaft gibt einen weiteren Hinweis darauf, daß der Vater des Kindes eben nicht irgendein außerhäusiger Mann war, mit dem mal was gelaufen ist, denn von einer solchen Schwangerschaft hätte Jenny und Karl bald nach Zutagetreten erzählt werden können, ohne die Beziehung Helenes zu ihnen – was hieß, ihre eigene Lebensgrundlage – zu gefährden.

Vielleicht wollte Helene die Schwangerschaft auch deswegen so lange wie möglich geheimhalten, um sich nicht dem Zwang zu einer Abtreibung auszusetzen, um kein «Wegmachen» riskieren zu müssen, was vielleicht von Karl erwogen worden wäre.

Im 19. Jahrhundert war es viel leichter möglich, Schwangerschaften zu verbergen. Die Mode der Frauen, besonders die Trachten des weiblichen «Personals», boten allen möglichen Leibesveränderungen und Korpulenzen von Frauen Unterschlupf: weite Kleider, lange Röcke, Schürzen, Kittel, Umhänge... erlaubten es, Schwangerschaften länger zu verstecken.

Unter den Schicksalen der schwangeren Land- und Stadtmägde kam es immer wieder vor, daß ihre Schwangerschaften nicht bemerkt wurden. Diese Frauen brachten ihr Kind auf Dachböden und in Kellern ohne fremde Hilfe zur Welt, versteckten das Baby oder gaben es sofort weg und arbeiteten weiter.

Friedrich war um den 3. und 4. März in London bei Karl zu Gast, der zwei Zimmer dazugemietet hatte. Und auch der sogenannte «Frauenkenner» hatte nichts bemerkt.

Karls Brief vom 17. März 1851 enthält noch ein unübliches Wort: «Wahlverwandtschaft». Im Kontext wirkt es befremdlich: «Einmal hatte ich selbst die Grippe zur Wahlverwandtschaft.»

Karl will sagen, «hatte ich selbst die Grippe zur Abwechslung», denn Friedrich hat in seinem Brief vom 17. März 1851 Karl mitgeteilt: «Ich habe einen höchst ennuyanten Anfall von Grippe gehabt...»[26]

Manchmal gingen die Briefe täglich hin und her, durch Kurier oder persönlichen Boten. Oder Karl hat sich in seiner Antwort auf Friedrichs Brief im Datum geirrt, und es ist schon der 18. März. Er irrt sich oft in den Monaten, schreibt zum Beispiel am 2. April 1851 fälschlicherweise «2. März», anstatt 8. März «8. Februar»...

Das Wort «Wahlverwandtschaft» rutscht Karl mit der Information über seine Grippe als Freudsche Fehlleistung direkt aus dem Unbewußten in die Feder, knüpft an das nächste an, das er mitteilen möchte. Bei dem in dieser Woche zum Ausbruch gekommenen Verhängnis hat er die Lösung schon gefunden: die «Wahlverwandtschaft» Friedrichs in bezug auf Karls Kind.

Auf den Brief Karls vom 17. März 51 folgt zunächst ein Gemeinschaftsbrief Karls und Wilhelm Piepers an Friedrich – 22. März 51 – mit Nachrichten über die kommunistische Emigrantenszene.[27] Erst im nächsten eigenen Brief Karls an Friedrich vom 31. März 51 äußert er sich wieder ausführlich zu seinen Haus- und Privatsorgen. Er steigt mächtig ein: «Während Du Kriegsgeschichte treibst, führe ich einen kleinen Krieg, in dem ich by and by zu unterliegen drohe, und woraus weder Napoleon noch selbst Willich – der kommunistische Cromwell – einen Ausweg gefunden haben würden.»[28]

Nach der Schilderung seines Eiertanzes zwischen einem halben Dutzend Gläubigern, dem Hin- und Herschieben seiner Schulden in Höhe von mehr als 50 Pfund, seinem hier Betteln, dort Pumpen, Wechselziehen, Verlangen nach Mut-

ter-, und Schwiegermutterhilfen, Hoffen auf Erbschaften –
alles vergebens – und der Mitteilung von der Geburt seines
fünften Kindes bricht es aus ihm: «Du wirst zugeben, daß
diese Gesamtscheiße passablement angenehm ist und daß ich
bis an die Wirbelspitze meines Schädels im kleinbürgerlichen
Dreck stecke.»[29]

Am Schluß des Briefes steht dann die verräterischste Formulierung. Karl kündigt Friedrich die Offenbarung eines Ge-
heimnisses an: «Aber endlich, um der Sache eine tragikomische Spitze zu geben, kommt noch ein mystère hinzu, das ich
Dir jetzt en très peu de mots enthüllen werde. Doch eben
werde ich gestört und muß zu meiner Frau zur Krankenleistung. Also das andre, worin Du auch eine Rolle spielst, das
nächste Mal.»[30]

Der Schlenker «worin Du auch eine Rolle spielst» läßt
deutlich werden, daß Karl Friedrich längst in die Vaterschaft
des Kindes eingesetzt hat, mit dem Helene schwanger ist, daß
er zur Aufrechterhaltung seines reibungslosen Zusammenlebens mit Jenny so handeln mußte. Friedrich wird nicht erst
gefragt, er spielt die Rolle schon, muß nur noch informiert
werden, um welche Rolle es sich handelt.

Als Karls Vaterschaft in der «verhängnisvollen Woche»
«zum Ausbruch kommt», läßt er Friedrich sofort die Rolle der
«Wahlverwandtschaft» spielen und zwingt seine persönliche
Umgebung, fortan mit einer Lebenslüge vorliebzunehmen.

«Das nächste Mal» – in seinem Brief vom 2. April 1851 –
zieht er seine Ankündigung, Friedrich ein Geheimnis zu enthüllen, zurück: «Über das mystère schreibe ich Dir nicht, da
ich, coûte que coûte, Ende April jedenfalls zu Dir komme. Ich
muß auf 8 Tage hier heraus.»[31]

Hätte Karl mehr geschrieben, wäre sein Brief von Friedrich
später vernichtet worden.

Karl ist ein Spötter, der auch vor sich selbst nicht halt-
macht. Im Brief vom 31. März, in dem er «der Sache eine
tragikomische Spitze» gibt, wird er fast dreherig vor Geldschwierigkeiten. Er sitzt zentral in der Patsche. Und «gleich-

zeitig» ist auch noch seine «Frau niedergekommen». Dabei hat er «verbalement keinen farthing im Haus, um so mehr Rechnungen dagegen von dem kleinen commerce, Metzger, Bäcker and so forth.»[32] Und dann bekommt seine Haushälterin auch noch ein Kind von ihm. Das ist «tragikomische Spitze»!

«Koste es, was es koste», Karl fährt zwischen 17. und 23. April 1851 zu Friedrich nach Manchester und spricht mit ihm über das «mystère». Sie hatten sich das letzte Mal vor kurzem, in den ersten Märztagen, gesehen. Da war das Verhängnis noch nicht zum Ausbruch gekommen.

Zurück aus Manchester, wechseln die Freunde in den ersten Maitagen 1851 drei Briefe. Friedrich schreibt am 1., Karl am 3. und 5. Mai – unauffällige Zeugnisse. Eine Auffälligkeit beginnt erst am 6./7. Mai. Das Datum ist der Start zu einer Reihe von fünf Briefen Friedrichs, auf die Karl mehr als eine Woche lang nicht antwortet. Er pausiert zwischen dem 5. und 16. Mai. Elf und mehr Tage Unterbrechung – das kommt immer wieder einmal vor.

Wenn die Pause ein bis zwei Wochen anhält, geben die Schreibenden Mahnrufe ab, necken einander, fragen, was los ist: Ende Januar/Anfang Februar 1851 schweigt Friedrich sieben Tage, Karl bringt sich schon nach fünf Tagen in Erinnerung, am 3. Februar: «Studierst Du Physiologie an der Mary oder anderswo?»[33]

Am 24. Februar 1857 klopft Karl bei Friedrich nach dessen Schweigen von mehr als einem Monat an: «Weinst Du oder lachst Du und schläfst Du oder wachst Du? Auf verschiedne Briefe, die ich seit 3 Wochen nach Manchester geschickt, keine Antwort erhalten. Ich unterstelle indes, daß sie angekommen.»[34]

Manchmal entschuldigen sich die Freunde, ohne gemahnt worden zu sein, erklären die vielen Gründe. Sie bitten auch zuweilen um öfteres Schreiben. Ein elftägiges Schweigen ist also nichts Besonderes. Das Besondere ist das fünfmalige Dagegenanschreiben Friedrichs.

Noch etwas Merkwürdiges: Friedrich schickt Geld, ohne gebeten worden zu sein. Er kündigt am 1. Mai fünf Pfund an, zu erwarten «in ein paar Tagen, längstens 8...»[35], schickt womöglich sogleich im Brief fünf Pfund mit, da er schreibt «erhältst Du weitere 5 Pfund»[36]. Am 6./7. Mai: «Morgen oder übermorgen erhältst Du die Post Office Order.»[37] Am 8. Mai: «Mit der heutigen ersten Post habe ich Dir eine Post Office Order für 5 Pfund geschickt...»[38] Am 9. Mai: «Ich schickte Dir gestern 2 Briefe, den einen ohne andern Inhalt als eine Post Office Order, den andern durch Tupman.»[39]

Friedrichs Brief vom 13. Mai ist verlorengegangen, Karl hat ihn aber erhalten, erwähnt ihn in seinem ersten Lebenszeichen nach den elf Tagen Schweigen.

Zu Anfang seines fünften Briefes – vom 15. Mai – während der Karlschen Schweigeperiode zählt Friedrich wieder alles auf, was er an Karl geschickt hat. Plötzlich bricht es aus ihm hervor: «Oder aber es ist irgendein Pech passiert, und auch in diesem Falle wären deux mots erwünscht, die Geschichte beunruhigt mich considérablement, und wenn ich morgen oder spätestens übermorgen nichts von Dir erhalte, so weiß ich nicht, was los ist, und wie ich es anfangen soll, Dir Briefe so zuzustellen, daß nichts verloren geht.»[40]

Friedrich fragt nicht nach einem Pech, er konstatiert es: «Oder aber es ist irgend ein Pech passiert...»

Friedrich macht sich Sorgen um Behördeneingriffe, Postunterschlagungen oder -verzögerungen. Zusätzlich ängstigt er sich, weil er einen Brief an den gemeinsamen Freund Wilhelm Pieper («Tupman») geschickt hat – am 8. Mai – und dieser Weg ohne Kontrollstörungen funktionieren müßte. Karl reagiert abermals nicht.

Die Freunde berichten einander immer wieder davon, daß ihre Post behindert wird, stellen Zeitverschleppungen fest. Diesmal hat sich Friedrichs Verdacht nicht bestätigt. Es lag alles an Karl. Karl hatte falsch beschriftet, war für die schlechte Form der Siegel verantwortlich, beauftragte mit einem Brief einen Boten, der die Mission «verbummelt» hatte.[41]

Ungewöhnlich ist die Hysterie Friedrichs, das fünfmalige Nachfassen, sein stakkatives Drängen um Antwort. In seinem Ausbruch vom 15. Mai versucht er zwar noch, diplomatisch hin- und herzuschaukeln zwischen der Bekundung von Sorge und der Ungewißheit, ob die Post schludert oder der Staat Briefe konfisziert, und doch rutscht ihm wieder etwas heraus, das «so weiß ich nicht, was los ist».

Aus den Briefen der ersten Maihälfte 1851 ist nicht ersichtlich, daß irgend etwas Dringendes verhandelt werden müßte, etwas Eiliges auf dem Spiel stünde, was Karl zum sofortigen Reagieren zwänge. Friedrich will etwas wissen, was er direkt nicht ansprechen kann. Und daß er ohne Anlaß «irgend ein Pech» voraussetzt, ist beispiellos im Briefwechsel. Friedrich bezieht sich fleißig auf Mißgeschicke, die ihm Karl nicht zu knapp auftischt. Die Vorstellung, «es ist irgend ein Pech passiert», setzt die Erwartung voraus, daß jetzt bei Karl etwas passiert, passieren muß. Nur zwei Worte soll er schreiben, so sehr «beunruhigt» Friedrich «die Geschichte».

Und endlich antwortet Karl – am 16. Mai –, erläutert alle möglichen Gründe, die sein Schweigen erklären: zu späte Ankunft des Briefträgers, Karl sei schon aus dem Haus gewesen, schlechte Beschriftung, dadurch wäre ein Brief überflüssig zwischen London und Manchester hin, her und wieder hingegangen. «Ich glaube, die Post ist unschuldig», sagt Karl dieses Mal.[42] Und zwischen all seinem Entschuldigungsgestammel liegt eine Bombe versteckt, die verschlüsselte Ankündigung von Fredericks Geburt – am 15. Mai 1851: «Gestern aber konnte ich Dir mit dem besten Willen nicht schreiben, da ich solche Unterleibsschwierigkeiten hatte, daß mir fast der Kopf sprang, wie dem Freiligrathschen Neger die Trommel.»[43]

Für einen im Briefwechsel Marx/Engels nicht bewanderten Leser ist dieser Satz nichts anderes als ein Hinweis auf Darmunpäßlichkeiten, die Karl «gestern» gehabt hat.

Bei Kenntnis des gesamten Briefwechsels, besonders der Karlschen Krankheitschronik, die für die «Affäre Marianne» so vollständig wie möglich wiedergegeben werden mußte, wird es klar, daß die Mitteilung Karls vom 16. Mai kein Krankheitsbericht ist, sondern eine Codierung, ein vorher abgesprochener Satz, der die Nachricht von Helenes Niederkunft enthält.

Fünf Fragen drängen sich auf:

1. Warum eine verschlüsselte und keine direkte Mitteilung?

Karl wollte wegen Jenny und wegen der deutschen und britischen Öffentlichkeit nicht vom Schatten eines Verdachts gestreift werden, Vater des Kindes seiner Magd zu sein. Jenny gegenüber mußte er seinen Treuebruch kaschieren; der deutschen Öffentlichkeit gegenüber mußte Karl als unantastbarer Führer der neuen Bewegung gelten und den «Verfall seiner Popularität» aufhalten.[45]

Auch muß Karl kontinuierlich darauf achten, daß er im Gastland Großbritannien kein negatives Aufsehen macht. Er ist dort nur geduldet. Er ist ja staatenlos. Er verlor die preußische Staatsangehörigkeit und hat die britische nie bekommen. Aufgeflogene Finanz- und Sittencoups hätten bei Karls «Verhältniß mit der preussischen Gesandtschaft und dem englischen Ministerium sehr unangenehme Folgen» haben können.[46]

Karl und Friedrich wissen, daß sie beobachtet werden. In Abständen warnen sie einander vor polizeilichen Kontrollen.

Karl und Friedrich sind Hauptvertreter einer revolutionären Bewegung, so sehr sie sich in London auch im Rückzug aufs Private und «Nur-Schreiben» befinden. An vielen Stellen weist sie der Briefwechsel mit einem Benehmen aus, das Diplomaten und Agenten kennzeichnet. Darüber hinaus sind sie Meister der Sprache, erzielen mit ihr eine genaue Wirkung. Sie wissen ebenso, wie mit Sprache Dinge verschleiert werden können.

Karl will Helenes Schwangerschaft nicht zu Papier bringen, um Rückschlüsse und Kombinationen zu vermeiden.

Hätte er mit Helenes Schwangerschaft nichts zu tun gehabt, wäre es ihm ein Liebstes gewesen, darüber etwas Deftiges an Friedrich zu schreiben. Karl ist einer der klatschsüchtigsten Autoren der Weltliteratur. Besonders die Gerüchte, die unter die Gürtellinie zielen, verbreitet er über Kollegen und Bekannte und würzt damit seine Wirtschafts- und Gesellschaftsabhandlungen, die er auf Friedrich losläßt. Manchmal neidisch, manchmal schadenfroh, teilt er Friedrich alles mit, was er weiß. Aus Dutzenden Notizen zwei Beispiele: «Tupman leidet an sehr starkem Tripper. Nach einer heftigen Szene mit Madame la baronesse ist die Sache wieder halb beigelegt, aber seine Stellung ist subalterner durch seinen Leichtsinn geworden.»[47] «Lazarus, der Aussätzige, ist also der Urtyp des Juden und Lazarus-Lassalle. Nur ist unserm Lazarus der Aussatz ins Hirn geschlagen. Seine Krankheit war ursprünglich schlecht kurierte sekundäre Syphilis. Daraus entwickelte sich Knochenfraß in einem seiner Beine und hiervon ist etwas zurückgeblieben...»[48]

Entsprechend diesen Passagen über seine Freunde Wilhelm Pieper und Ferdinand Lassalle hätte sich Karl bei einer Schwangerschaft Helenes, verursacht durch einen anderen Mann, schwerlich eines Briefabsatzes enthalten können, der etwa wie folgt gelautet haben würde: «D'abord, Lenchen in highly interesting circumstances, schweigt sich totalement über Vater aus. Which soldier kann that be? Hast Du Ahnung, welche Emigrantenlaus hier bei ihr Physiologie studiert haben soll? Lenchen war toujour at home!»

Da Karl nicht in der Gnade der Unschuld steht und niemandem seine Nichtbeteiligung an Helenes Kind beweisen kann, will er sich zu dieser Schwangerschaft nicht äußern. Als er in seinem Brief vom 31. März 1851 Friedrich «ein Geheimnis» enthüllen möchte, fällt ihm ein, daß diese Notiz ungeschickt wäre. Er flüchtet sich in die «Krankenleistung» für Jenny.

Karl und Friedrich treffen sich Mitte bis Ende April 1851 in Manchester. Friedrich wurde von allem Drum und Dran um

Helene unterrichtet. Karl wird auch die Zeit der «Affäre» eingegrenzt haben. Dadurch weiß Friedrich, wann die Geburt zu erwarten ist – Anfang bis Mitte Mai –, und er flattert, als die Zeit herannaht. Damit er so bald wie möglich Klarheit hat, besprachen die Freunde einen Kurzhinweis, eingekleidet in eine unverdächtige angebliche Krankheit.

In den brenzligen Augenblicken kommt kein Lebenszeichen von Karl. Friedrich wird nervös, nimmt «Pech» – eine Fehlgeburt – an und bittet «auch in diesem Fall» um «zwei Wörter».

2. Warum enthält der Satz keine Mitteilung über eine Krankheit von Karl?

Der Briefwechsel Karl/Friedrich beherbergt eine nahezu vollständige Chronik der Krankheiten Karls in seinem Erwachsenenalter. Sie spielt für «Mariannes Wahrheit» eine so bedeutende Rolle, daß sie im Kapitel «Differenz der Chroniken» zusammengestellt wurde. Karl ist ein wissenschaftlicher Beobachter, prompter Registrator, exakter Kommentator und lückenloser Chronist aller seiner Krankheiten. Er spezifiziert sie: Hämorrhoiden, Eiterpickel, Husten, Rheuma, Verstopfung, Unwohlsein, Mumps, Nervenschwäche, Cholera, Brechdurchfall, Erkältung, Geschwüre, Schlaflosigkeit. Er ortet präzise das körperliche Geschehen: am Auge, in der Nase, im Hals, an Leber und Galle, auf der Haut, im Zahn, in Darm und Kopf, am Rücken.

Karl zeichnet immer genaue Krankheitsbilder, er schildert regelmäßig nur Tage, manchmal Wochen anhaltende Krankheiten. Eine Eintags-Krankheit kommt nicht vor. Zwei Ausnahmen sind bei näherem Hinsehen keine echten. Auch diese Phänomene werden detailliert beschrieben: am 25. März 1868 ein Schwindelanfall im Britischen Museum, der Karl zwang, das Buch zuzuklappen und nach Hause zu gehen, einen Mittagsschlaf zu halten. Diese Information betrifft letztlich kein singuläres Ereignis, denn Karl bettet den Anfall in sein allgemeines schlechtes Befinden ein: «Mein Zustand ist derart, daß ich eigentlich alles Arbeiten und Denken für some time aufgeben müßte…»[49]

Und am 30. August 1873 berichtet er, daß er sich gestern an einem «Löffel Himbeerenessig» verschluckt habe und nur um Haaresbreite mit dem Leben davongekommen sei. Noch am nächsten Tag fühle er es «in allen Knochen»[50].

Die Schilderungen verraten die Schwere des Einbruchs, lassen keinen Zweifel am Vorgefallenen aufkommen. Anders bei Fredericks Geburtsanzeige: «…*konnte* [?] ich Dir mit dem *besten* [?] Willen nicht schreiben… da ich *solche* [?] Unterleibs*schwierigkeiten* [?] hatte…»[51]

Wenn Karl wirklich krank ist, hat er gar keinen Willen, an Friedrich zu schreiben, schreibt auch nicht oder nur ein paar Zeilen hingeächzt, ist «matt wie eine Fliege»[52] – oder er ergeht sich in ausführlichen Resümees darüber, was alles um und in ihm los war, noch los ist.

Auch über die Krankheiten seines Unterleibs – wenn sie wirklich stattgefunden haben – deckt Karl kein Feigenblatt des Schweigens oder der Andeutung: «Dabei übertriebnes Blutscheißen und sonstige Unannehmlichkeiten. Ich konsultierte natürlich auch meinen surgeon.»[53] «Sonst immer herumgelaufen, da die Beklommenheit im ‹Koppe› und die Schwierigkeit des Stuhls – mich Rückfall befürchten ließen.»[54]

3. Warum enthält der Satz eine Mitteilung über eine Geburt?

Die jeweiligen Arbeitsbehinderungen eines einzelnen Tages sind für Karl nicht der Rede wert. Wenn er Friedrich von Schreibschwierigkeiten berichtet, meint er immer langfristige. So äußert er sich schon in seinen Briefen an Arnold Ruge 1842; am 5. März erwähnt er seine monatelange Anwesenheit beim sterbenden Ludwig von Westphalen: «Während dieser Zeit war es daher unmöglich, was Rechtes zu thun.»[55]; am 27. April: «…wie sehr dieser Monat durch allerlei äusseren Wirrwarr mir das Arbeiten fast unmöglich machte»[56];

am 9. Juli: «6 Wochen mußte ich wegen eines neuen Todesfalls in Trier zubringen, die übrige Zeit war zerstückelt und verstimmt durch die Allerwidrigsten Familiencontroverse.»[57]

Eine andere Regel: Karl schreibt nie am Tage der Geburt seiner Kinder. Zu «Gestern aber konnte ich Dir mit dem besten Willen nicht schreiben» paßt eine ähnliche Stimmung aus Anlaß der Geburt seiner Tochter Eleanor: «Ich konnte gestern of course nicht an die ‹Tribune› schreiben und auch heute für einige Zeit à venir nicht, weil gestern zwischen 6 und 7 Uhr morgens meine Frau von einem bona fide traveller... genesen ist.»[58]

Am Tage der Geburt von Franziska, am 28. März 1851, schreibt er nicht, teilt das Ereignis erst am 31. März mit.

Am 6. Juli 1857 war zur Zeit des Schreibens Child noch nicht geboren – im Brief an Friedrich keine Notiz darüber. Karl gibt erst wieder eine Nachricht am 8. Juli, als Child gestorben war.

Geburten seiner Kinder regen Karl so auf, daß er unmittelbar danach nicht schreiben kann. Über den Tod der Kinder informiert er Friedrich indes unverzüglich, noch am selben Tag, so am 19. November 1850 (Heinrich Guido), am 14. April 1852 (Franziska), am 6. April 1855 (Edgar) und am 8. Juli 1857 (Child).

Auch wenn die Verbindung zu anderen Ereignissen in Karls Leben, zu anderen Formen seiner Mitteilung nicht hergestellt werden könnte, wenn nur diese eine Textstelle vom 16. Mai 1851 «Gestern aber...» übermittelt worden wäre, enthüllte sie – in Kombination mit einer Geburtsnachricht – eine diesen Fakt unterstützende Symbolik, die nicht auf Krankheit, sondern auf Konflikt und Geburt hinweist. Der Satz enthält drei Bilder: «Unterleibsschwierigkeiten» – «fast der Kopf sprang» – «wie dem Freiligrathschen Neger die Trommel».

Die unspezifischen «Unterleibsschwierigkeiten» sind Helenes Wehen.

«Fast der Kopf sprang» – Es war für Karl nicht zum Aushalten! Geburten überhaupt, in seiner Zwei-Zimmer-Wohnung! Drei Kinder wurden dort geboren: Franziska, Frederick und Eleanor (Heinrich Guido zuvor in einer vergleichbaren Enge woanders in London). Und nun diese Geburt, die Karl ganz besonders involvieren mußte! Sein und Helenes Kind!

Der Hinweis auf den Freiligrathschen Trommler ist das versteckteste und nach Entschlüsselung sicherste Indiz für eine Anspielung auf die Ereignisse um Helene und Karl.

Der Freiligrathsche «Neger» mit seiner «Trommel» ist die Hauptfigur in der Ballade «Der Mohrenfürst». Viermal taucht das Wort «Mohr» in dem Gedicht auf, wird dreimal für den schwarzen Fürsten benutzt.

Karl wurde von seinen engsten Freunden «Mohr» genannt – wegen seiner dunklen Hautfarbe, seiner schwarzen Augen, seiner ursprünglich schwarzen Hauptmähne und schwarzen Haare auf Arm und Handrücken.

Das Gedicht handelt von einem führenden Mohren, der in eine Schlacht zieht und seine «Geliebte» zurückläßt, gefangengenommen wird, in der Fremde als Sklave auf einem Marktplatz trommelt und an sein «Mädchen» denkt: «...daß er nimmer zum Lager gekehrt» – «...mit dumpfem Klang schlug er das Fell, daß es rasselnd zersprang.»[59]

Trommelplatzen – Fellzerspringen – eine Chiffre für den gesprengten Uterus, für ein zum Mutterleib herausgesprungenes Kind.

Von Krankheit ist in dem Gedicht keine Rede, statt dessen von Liebe zwischen Unverheirateten, von einer Schlacht, von Niederlage und Gefangenschaft – Fetzen, die Karl und Helene betreffen, ein bedachtsam ausgewähltes «mysteriöses» literarisches Kürzel der objektiven Bedingungen.

So ist der Hinweis auf dieses Gedicht nicht nur eine verschlüsselte Geburtsanzeige, sondern auch das einzige ausgeklügelt versteckte Zeugnis des Karlschen Eingeständnisses seiner Verwicklung: Der «Mohr» und das «Mädchen». Ein Führer in Gefangenschaft. Ein Mann, der nicht anders kann.

Ein Sklave seiner Situation, der zurückdenkt an die Momente seiner Freiheit.

In Karls Brief vom 16. Mai 1851 mit seinem Hinweis auf den Freiligrathschen «Mohrenfürsten» gibt es einen letzten, ungewöhnlichen und etwas Außerplanmäßiges herauslassenden Satz, mit dem Karl schließt: «Maintenant, mon cher, leb wohl. Von jetzt an wird die Korrespondenz wieder ordentlich ins Gleis kommen.»[60]

Da war etwas, das die ordentliche Korrespondenz aus dem Gleis geworfen hat. Nun ist das Außerordentliche endlich vorbei.

4. Warum verbringt Friedrich unbegründet zehn bis vierzehn Tage in London?

Am 21. Mai 1851 wartet Karl auf Friedrichs «Ankunft». Sogleich in Karls erstem Brief (21. Mai) nach seinem Schreiben vom 16. Mai geht er davon aus, daß Friedrich ihn bald besuchen wird: «Ich sitze jetzt immer von morgens 10 bis abends 7 auf der Bibliothek und verspare die Industrieausstellung bis auf Deine Ankunft.»[61]

In seiner Antwort vom 23. Mai bemerkt Friedrich, daß er seine Reise aufschieben muß: «Ich komme ca. 8 Tage später nach London als ich dachte, die Geschichte hängt von vielen kleinen Lumpereien ab.»[62] Friedrich wollte also noch Ende Mai kommen, kündigt sich am Dienstag, dem 3. Juni, für Samstag, den 7. Juni an: «Am Samstag komme ich nach London, wenn nichts dazwischen kommt.»[63]

Friedrich ist zehn bis vierzehn Tage in London. Er selbst spricht von vierzehn: «...ich war Anfang des Monats auch 14 Tage dort», schreibt er in seinem Brief an Joseph Weydemeyer vom 19. Juni 1851.[64]

Zehn bis vierzehn Tage London, ohne einen geäußerten Grund – auch keine Ferien wie zu Weihnachten, das Friedrich regelmäßig bei der Marx-Familie verbringt?

Das Unerklärte und Vorausgesetzte dieser Reise fällt auf.

Die Vorbereitungen der Besuche Karls in Manchester und

Friedrichs in London laufen nach einem Ritual ab. Die Freunde bitten um einen Besuch oder laden einander ein. Sie erörtern dabei dezidiert, warum gereist werden soll. Die Gründe von Karls Reisen nach Manchester: Werkzusammenarbeit mit Friedrich, Erholung von den Londoner Haushaltsanstrengungen, später Kurieren seiner Krankheiten. Friedrich fährt nach London als Weihnachts«engel» – so besprochen mit Jenny in seinem Brief vom 18. Dezember 1851.[65] Oder er reist in besonderen Missionen, die vorher «verhandelt» werden – wie bei seiner Reise im März 1851, als es nach der Schlägerei zwischen Karl-Freunden und Karl-Gegnern am 24. Februar[66] um Auseinandersetzungen der Kommunistenfraktionen geht. Karl insistiert am 1. März: «Es ist nur noch Ein Mittel, die Sache zu arrangieren, ohne es zum äußersten Skandal zu treiben, und das ist, wenn Du *unmittelbar*, aber ohne Verzug, *herkömmst.*»[67]

Lassen sich keine konkreten Verabredungen zu geplanten Reisen finden, dann besteht eine Lücke in den Zeugnissen – Briefe sind verlorengegangen oder vernichtet worden. Zwischen Manchester und London liegen Hunderte Kilometer. Die Freunde müssen einander ankündigen, wenn sie kommen wollen. Und bei den Ankündigungen besprechen sie die Gründe ihrer Reisen.

Nach Karls Aufenthalt Mitte bis Ende April 1851 in Manchester existiert kein Hinweis über eine zu erwartende Reise Friedrichs nach London. Ohne Einladung oder Verlangen Karls, ohne Ankündigung und Anfrage Friedrichs geht Karl seit dem 21. Mai davon aus, daß Friedrich nun bald kommt.

Will Friedrich die erste Industrieausstellung ansehen? Möglich. Aber Friedrich ist überaus beschäftigt, ist nächtelang mit Kontorarbeit überhäuft und soll nun zwei kostbare Wochen für die Industrieausstellung verplempern, die ihn so wenig zu interessieren scheint, daß er vor seiner Reise nach London in den Briefen vom 19., 23. Mai und 3. Juni kein Wort darüber verliert? Und zur zweiten Industrieausstellung 1862 äußert er sich nur abfällig. Da wird er auch für die erste kein überragendes Interesse gehabt haben: «...in London kann ich mich leider nicht aufhalten, die Zeit ist mir zu knapp gemessen, und die dumme Ausstellung ist mir vom Hörensagen so verhaßt geworden, daß ich mich ordentlich freue, sie nicht zu sehen.»[68] Friedrich ist ein Praktiker, ein Unternehmer, der nicht noch Industrieshows studieren muß – er kennt das meiste, das ausgestellt wird. Einmal die Pavillons durchschreiten und mit Karl über die Exponate spotten, ja, aber nicht einen ausgedehnten Londonaufenthalt dafür verwenden.

Es bedarf keiner ausführlichen Begründung dessen, was Friedrich, unbesprochen und zeugnislos vorausgesetzt, in London nach dem 15. Mai 1851 zu tun gehabt hat.

Der kapitalismusnahe Karl, welt-, lebens- und weiblichkeitsfremd, nicht begabt für die relativ einfachen Angelegenheiten des Geldverdienens und Schwangerschaftsverhütens, sollte einen so komplizierten Vorgang wie die Weggabe seines außerehelichen Kindes mit der Haushälterin nun ganz allein meistern? Wer hätte es sonst noch tun können? Jenny? Sie war in praktischen Dingen ebenso wie Karl eingeschränkt und diesem casus gegenüber besonders irritiert. Helene selbst, die Analphabetin?

Zur Adoption weggegeben, heißt es stereotyp in allen Arbeiten über Karl Marx, wenn das Thema gestreift wird. Wer die Adoption betrieben hat, wie und wann – keine Auskunft, kein Zeugnis darüber. Einzig Friedrichs unerklärter, langer Aufenthalt in London enthält einen Hinweis auf das, was geschah.

Da Karl schon am 21. Mai, knapp eine Woche nach der Geburt von Frederick, auf die Ankunft von Friedrich wartet, ist es klar, daß die Freunde in Manchester verabredet haben: Friedrich erscheint nach der Geburt von Helenes Kind in London und regelt, was zu regeln ist. Er hat es geschafft. Vom Ergebnis des schwierigen Unterfangens wissen alle. Helenes und Karls Kind verschwindet für Karl auf Nimmerwiedersehen bei der Familie Lewis.

Eine endgültige Trennung von der leiblichen Mutter kann es nicht gewesen sein, da Helene und Frederick nach 1883 einander regelmäßig begegnen. Möglich auch, daß vorher die Verbindung zwischen ihnen nicht völlig abreißt, Zeugnisse darüber – auch verschlüsselte – gibt es nicht.

Zwischen dem 16. und dem 19. Juni ist Friedrich zurück in Manchester. Seine und Karls Briefe enthalten von diesem Zeitpunkt an keine Auffälligkeiten mehr. Vom 16. Juni bis zum 13. Juli – pro Woche ein Brief. Die Korrespondenz kam etwas ins Stocken, weil Friedrich Engels senior Ende Juni/ Anfang Juli «8 Tage» beim Sohn in Manchester weilte, um nach dem Rechten zu sehen: Die Geldausgaben des Sohnes hatten den alten Engels irritiert.[69]

Im Juni, zur Zeit des angeblichen Geburtstags von Frederick, wird kein einziges störfallverdächtiges Wort verloren.

Verdächtig hingegen ist noch etwas scheinbar Nebensächliches – eine extreme Ungenauigkeit bei der ersten zeitlichen Fixierung von Friedrichs Brief, in dem er am Tage von Helenes Niederkunft gefühlsbeteiligt, wie gedankenübertragend, «irgend ein Pech» angenommen hat. Dieser Brief, geschrieben am 15. Mai 1851, enthält nur den Hinweis «Donnerstag». Die erste MEGA veröffentlichte ihn unter dem 9. Oktober 1856.[70] Nur noch ein anderer Brief wurde bei seiner Erstveröffentlichung – irrtümlich oder absichtlich – so weit weg von seinem Entstehungstag datiert.[71] In der Liste der Berichtigungen und genaueren Zeittaxierungen der MEW-Ausgabe finden sich Datumsschwankungen von Tagen, Wochen, selten Monaten. Ein «Irrtum» von fast fünfeinhalb Jahren kommt nur bei diesem Brief vom 15. Mai 1851 vor. Friedrich selbst hat ihn für ungefährlich gehalten und der Überlieferung anheimgegeben. Aber es geschah vielleicht eine «Schutzdatierung», die den Brief außerhalb erkenntniszündender Zusammenhänge irgendwo «abstellte». Die MEGA präzisiert: «Auf der ersten Seite oben befinden sich die drei Bleistiftvermerke ‹*Ungedruckt*› (links), ‹Mitte April 1857?› (später gestrichen) und ‹25 Oktober 1856› von unbekannter

Hand.» – «Die Datierung stützt sich auf den Zusammenhang mit Engels' Briefen an Marx vom 6. oder 7., 8. und 9. Mai 1851... und Marx' Brief an Engels vom 16. Mai 1851... Da der vorliegende Brief mit ‹Donnerstag› datiert ist, kann er nur am 15. Mai 1851 geschrieben worden sein.»[72]

Möglich, daß Eduard Bernstein, der für die erste Ausgabe der Briefe 1913 das Material strich, kürzte, ja retuschierte – er ließ zweihundert Schriftstücke ungedruckt –, Friedrichs Brief vom 15. Mai aussortierte, zur ‹Sicherheit› mit dem irreführenden «25 Oktober 1856» belegte und ihn dadurch ‹unschädlich› machte. Dieser Brief hat seine Enthüllungskraft erst mit Friedrichs vier weiteren Schreiben innerhalb der Woche vom 6./7. bis 15. Mai 1851 – mehr noch im Zusammenhang mit Karls Brief vom Tage danach, dem 16. Mai, mit der erlösenden Nachricht vom gestrigen Kopfsprung.

5. Warum wurde am 1. August ein falsches Geburtsdatum eingetragen?

Wer sollte die Geburt Fredericks anmelden, Karl, Jenny...? Am 1. August 1851, dem Datum des Eintrags im Geburtsregister vom St.-Anne-Westminster-District[73], war der Scheinvater Friedrich längst wieder in Manchester, konnte also den Londoner Behördengang nicht unternommen haben.

Die Schwierigkeiten, die sich für Helene, Karl und Jenny ergaben, brachten genug Aufregungen. Niemand hatte kurz nach der Geburt des Kindes ein Interesse, inmitten dieser Aufregungen an Register und Anzeigen zu denken. Stolze und glückliche Eltern gab es nicht, nur bedrohte, belastete, in Konflikt geratene. Die Anmeldung wurde im Trubel vergessen oder sollte vielleicht im Zuge der Vertuschung des Fakts ganz unterbleiben.

Vermutlich hat also Helene das Kind am 1. August alleine oder gemeinsam mit den Adoptiveltern angemeldet, oder Mr. und Mrs. Lewis haben es ohne Helene registrieren lassen.

Helene selbst war mit ihrem Geburtsdatum großzügig verfahren. Auf ihrem und dem Marxschen Familiengrabstein steht: «BORN JANUARY 1st 1823».[74]. Im Geburtsregister der Bürgermeisterei von St. Wendel ist ihre Geburt am 31. Dezember 1820, 1 Uhr nachts, festgehalten worden. Helenes Verjüngung um zwei Jahre kollidiert mit der Kinderchronologie in der Familie Demuth. Helenes nächstjüngere Schwester, Elisabeth, wurde entsprechend dem Geburtsregister von St. Wendel am 22. Juli 1823 geboren, ein halbes Jahr nach Helenes fiktivem Geburtsdatum.[75]

«Selbst die Altersangabe bei der Paßausstellung 1863 ist falsch», fand Heinz Monz heraus, «danach wäre Helena Demuth 1822 geboren.»[76]

Die Verschiebung von Fredericks Geburtstag um fünfeinhalb Wochen, von Donnerstag, den 15. Mai, auf Montag, den 23. Juni, kann aus Rücksicht gegenüber Karl und Jenny geschehen sein. Helene wollte den Zeitpunkt von Fredericks Entstehung nicht mit Jennys Abwesenheit in Zusammenhang bringen. Bei einer Zeugung Fredericks um den 23. September 1850 wäre die Vaterschaft eines fremden Mannes eher wahrscheinlich gewesen als bei einer Zeugung zu Beginn von Jennys Holland-Reise.

Haben die Adoptiveltern Lewis den Registereintrag vornehmen lassen, kann der 23. Juni 1851, ein Wochenanfang, den Beginn ihrer Übernahme des Kindes markieren.

Helene, Mitte Zwanzig

Helene

Verletzung der Weiblichkeit

Logik der Magd

Helene war Analphabetin, konnte also keine schriftlichen Zeugnisse hinterlassen. Für die Beantwortung einiger noch strittiger Fragen zum Fall der Vaterschaft ihres nichtehelichen Kindes wird es hilfreich sein, die sozio-psychologische Realität Helenes zu beleuchten. Denn über den Lebenskontext zur Zeit der Entstehung und Geburt ihres Kindes verbreitet die biographische Marx-Literatur falsche Vorstellungen:

Erste Abwegigkeit – Helene hätte ein Verhältnis mit einem Mann X gehabt, mit einem der Familie Marx fremden Liebhaber oder mit einem «im Hause» Marx aus und ein gehenden Bekannten.

Die siebenköpfig belegte Zwei-Zimmer-Elendswohnung in Soho – kein günstiger Ort fürs Stelldichein. «Es» müßte beim Kindsvater oder «auf freiem Feld», in einem Londoner Park, «passiert» sein.

Die zahlreichen Zeugnisse über Helene lassen diese Möglichkeit als äußerst zweifelhaft erscheinen.

Wilhelm Liebknecht kannte Helene gut, lebte 12 Jahre in unmittelbarer Nähe der Marxens, ging in ihrem Hause ein und aus, begegnete Helene Anfang Juli 1850. Er berichtet in seinen «Erinnerungen» von 1896: «Als ich Lenchen zum ersten Mal sah, war sie... zwar keine Schönheit, aber hübsch, wohl gewachsen und mit gar anmutigen und anmutenden Zügen. An Verehrern fehlte es ihr nicht, und sie hätte wiederholt gute

Partien machen können. Allein, ohne daß sie ein Gelübde gemacht hätte, war es für dieses treue Herz selbstverständlich,
daß sie bei Mohr und Frau Marx und den Kindern zu bleiben
hatte.»[1]

Um Helenes Lage besser zu verstehen, ist ein Blick auf die
Situation der Magd im 19. Jahrhundert notwendig.

Dienst- oder Hausmagd war ein weitverbreiteter Berufs-
stand für Frauen der untersten Klassen. Arbeiter- und Bauern-
töchter kamen zu städtischen Bürgerfamilien «in Stellung».
Magd war eine der wenigen Möglichkeiten für Frauen, sich
ihren Lebensunterhalt zu verdienen. Ihre Existenz bei der
fremden Familie – einquartiert meist in einem kleinen Zimmer
der «Herrschafts»-Wohnung – führte zu vielen Schwierigkeiten. Halb Kind des Hauses, halb Dienerin – einbezogen und
ausgegrenzt, beschützt und benutzt, vor allem ausgebeutet –,
war für die Magd ein sogenanntes Eigenleben nicht möglich.
Ein solches wurde bei den Anstellungsbedingungen meist direkt ausgeklammert. Offiziell hieß es: Kein Freund, kein
«Herrenbesuch», nur selten «Ausgang».

Zwei Formen der Existenz waren verbreitet, in denen
Frauen sich mit dem komplizierten Status der Magd arran-
gierten.

1. Die Berufsmagd: Purer Broterwerb, wechselnde Stellun-
gen unterschiedlicher Dauer, die davon abhing, wie «hu-
man» die «Herrschaft» das Leben der Magd «gestaltete».
Jahrelanges Arbeiten bis die Frauen die Beschäftigungen auf-
kündigten, heirateten oder/und in die Fabrik gingen, nach
anderen Formen des Lebensunterhalts suchten.

2. Die Daseinsmagd: Das wesentliche Stichwort, das Wilhelm Liebknecht in seiner Schilderung Helenes gibt, ist «Gelübde». Das Leben der Magd als Quasi-Nonne, ihr Eintritt in
einen fremden Personenverband, dort lebenslängliches Ver-
bleiben unter Verzicht auf die Verwirklichung eigener perso-
neller Kontakte außerhalb dieses Rahmens. Dafür eine Art
Familienanschluß, einen Hausschutz – «Übernahme» durch
die nächste Generation –, bis die Magd stirbt.

Alle Zeugnisse über Helene belegen, daß sie eine Daseinsmagd war. Helene ist 1850 seit zwanzig Jahren «treues Mädchen» in den Familien Westphalen/Marx, dient noch weitere drei Jahrzehnte bei Marxens, wird dann von Friedrich «übernommen», in dessen Haushalt sie bis zu ihrem Tod 1890 noch sieben Jahre wirkt.

Für libidinöse und soziale Auseinandersetzungen mit *einem* Mann hätte Helene 1850 schon fünfzehn Jahre lang Zeit und Gelegenheit gehabt. Sie hat die auf einen Mann bezogene Form des Frauenlebens nicht gewollt (nicht gekonnt). Ihre «Schwester-Tochter»-Lebensweise als Dienerin in einer fremden Familie hatte sie mit dem Schutzwall eines «Gelübdes» abgegrenzt.

Zweite Abwegigkeit – Helene hätte ein Verhältnis mit Karl gehabt, entweder hinter dem Rücken von Jenny oder mit Jennys Wissen und Billigung.

Beide Varianten setzen eine Helene voraus, die dem Bild, das von ihr übermittelt worden ist, kraß widerspräche. Alle Zeugnisse über Helene stellen sie so dar, daß ihr die Selbstverwirklichung in einem eigenen Liebesleben, die besitzergreifend erotische Konzentration auf einen Partner, fremd war. Jenny, Karl, Friedrich, die Töchter Jenny, Laura, Eleanor, Wilhelm Liebknecht, Karl Kautsky, der Schwiegersohn Paul Lafargue, geraten in eine Suada über die Selbstlosigkeit, wenn sie das Thema «Helene» berühren: «Fräulein Helene Demuth... widmete sich vielmehr der Familie Marx mit einer solchen Hingabe, daß sie sich selbst völlig vergaß.»[2] – «Im Hauswesen steht mir stets noch in alter treuer Gewissenhaftigkeit das Lenchen zur Seite.»[3] – «Sie hätte sich für ihn geopfert, für ihn und Frau Marx und jedes der Kinder hundertmal ihr Leben gegeben, wenn es nötig und möglich gewesen wäre – und sie *hat* ja ihr Leben gegeben.»[4] – «Bei Engels fand sie Ruhe, und bei ihm ist sie gestorben – ihr Selbst vergessend bis zuletzt.»[5] – «Fräulein Helene Demuth... hatte... ihre ganze mütterliche Sorgfalt ... ihr reiches Gemüt, ihre liebenswürdige Heiterkeit, ihre hingebende Selbstlosigkeit...»[6]

Konnten Helene und Karl hinter Jennys Rücken ein Verhältnis haben?

Schon im 19. Jahrhundert war eine nicht auf Rolle erpichte, nicht am Leben an der Seite eines Mannes interessierte und nicht als Mutter eigener Kinder sich verwirklichende Frau schwer vorstellbar. Sie sollte nicht sein.

In der Literatur des 19. und beginnenden 20. Jahrhunderts wucherten Geschichten über Mägde, die es auf ihre «Herren» abgesehen hatten. Die feinsten Blüten schlug Theodor Fontane in seinen Romanen «Effi Briest» und «Der Stechlin».

Bis heute teilt die Marx-Biographik diese Vorstellung, wenn sie bei Frederick von Karls Vaterschaft ausgeht: Helene in Karl verliebt, harrend der Gelegenheit, allzeit auf Sprung! Solche Altherren- und -damenphantasien stoßen sich besonders dann an der Realität, wenn der 23. September 1850 als Entstehungszeitpunkt Fredericks vorausgesetzt wird: Karl und Helene 1850, nach fünf Jahren des Zusammenlebens plötzlich von Glut füreinander erfaßt. Während Jenny zu Besorgungen außer Haus ist, müßte etwas geschehen sein. Die vier kleinen Kinder im Alter von einem bis sechs Jahren, ohne Helene auch außer Haus? Oder Lady-Chatterley-Leidenschaft – die Liebenden, der Kleinen nicht achtend, in einem der zwei Zimmer eingeschlossen, fallen übereinander her, sowie die «Herrin» die Weite gesucht hat. Das glaube, wer muß.

Diese Version kollidierte auch mit dem, was von Karl übermittelt worden ist, der sich nicht einmal traut, in seiner Wohnung, umringt von Männern, unanständige Lieder weiterzusingen, wenn er im Nebenzimmer überraschend seiner Töchter gewahr wird: «Wir jungen Flüchtlinge waren ein wildes Korps und liebten es u. a., Kraftlieder zu singen, und so geschah es eines Tages, daß einer von uns... das schöne, jedoch nicht gerade züchtige Lied vom ‹Jung, jung Zimmergesell› in Marx' Parlour anzustimmen begann. Frau Marx war nicht da – sonst hätten wir es nicht gewagt –, und von

Lenchen und den Mädchen war nichts zu sehen, so daß wir ‹unter uns› zu sein glaubten. Da wurde nun Marx, der anfangs mitgesungen oder richtiger mitgeschrien hatte, plötzlich unruhig, und gleichzeitig vernahm ich im Nebenzimmer ein Geräusch, aus dem hervorging, daß Menschen darin waren; Marx, der dies Geräusch offenbar auch gehört hatte, rutschte einige Augenblicke auf dem Stuhl hin und her, das Bild höchster Verlegenheit, bis er plötzlich aufsprang und uns mit feuerrotem Gesicht zuflüsterte oder zuzischte: ‹Still, still, die Mädchen!›... Wir lächelten etwas – er stotterte, man dürfe vor Kindern doch solche Lieder nicht singen. Und der ‹Jung, jung Zimmergesell› ist gleich ähnlichen Liedern niemals wieder im Marxschen Hause von uns gesungen worden.»[7]

Und Karl und Helene auswärts, im großen, weiten London alle Gelegenheiten zwischen Tür und Angel auskostend? So geschehen mit Haushaltsgenossen, die sich bereits seit 20 Jahren kennen?

Die Möglichkeit eines Verhältnisses hinter Jennys Rücken bricht sich an derart vielen Faktoren, daß sie noch weniger Sinn machte als ein Verhältnis zwischen Helene und einem fremden Mann.

In den intimen Angelegenheiten und den seelischen Bedingungen von Personen gibt es auch Präzisionen, die eine Aussagekraft haben, die jedoch für die rein maskulistische Beweisführungstechnik keine vergleichbare Reputation genießen wie papierene Belege.

Bei der Version eines Verhältnisses hinter Jennys Rücken wird ein wichtiger Teil von Helenes Realität außer acht gelassen – das in ihr wirkende Agens der Liebe und Loyalität gegenüber Jenny.

Eine Rivalität zwischen Magd und «Herrin», ein heimlicher Kampf um den «Gnädigen» wäre bei der Berufsmagd eher denkbar als bei der Daseinsmagd. Die Daseinsmagd hat Wilhelm Liebknecht nicht von ungefähr in die Nähe der Nonne gestellt. Diese Lebensform setzte eine *Entscheidung für Frauen* voraus, den Entschluß, von frühester Jugend an bis zum Lebensende im Verband von bevorzugt Frauen zu leben. Im Bereich des Haushalts spielten die «Herren» ja fast keine Rolle, da sie den ganzen Tag mit ihren Gesellschaftsangelegenheiten beschäftigt waren.

Von 1830 bis 1845 lebte Helene mit Caroline von Westphalen zusammen, davon 13 Jahre – 1830 bis 1843 – auch mit Jenny, seit 1845 wieder mit Jenny. Alle Beschreibungen Jennys, die Helene betreffen, widerspiegeln das ungetrübte Vertrauensverhältnis der Frauen zueinander («...welch einen Schatz ich an ihr habe. Sie ist in sechzehn Jahren durch Sturm und Wetter mit uns gesegelt»[8]). Alle Äußerungen von Jennys Töchtern geben ein beredtes Zeugnis ab vom innigen Einvernehmen zwischen ihnen und ihrer Wahlmutter Helene, das das Verhältnis Mutter–Töchter in den Schatten stellte. Die Kinder hatten für Helene viele Kosenamen: Nim, Nimmi, Nymy, Nimche.

Für die schon seit 20 Jahren im Frauenverband lebende Helene gab es keinen Grund, plötzlich ihre Loyalität zu Jenny, der Tochter ihrer Wohltäterin, aufzugeben. Caroline hatte ja so etwas getan, wie das Leben Helenes gerettet. Schon achtjährig war Helene von ihren Eltern zu einer «Herrschaft» weggegeben worden. Sie hatte bei ihrer ersten Stelle gelitten.

Konnte ein Verhältnis zwischen Karl und Helene mit Billigung Jennys bestehen?

Wollte hier und da eine Magd ihren «Herren» für sich haben, so war das mitunter einer «Gnädigen» recht, die sich freute, endlich mit den «Scherereien» nichts mehr zu tun haben zu müssen. Ihr Mann sollte dieses Kapitel mit einer ihr untergebenen Frau abmachen. Er blieb dabei im Hause, und der «Herrin» stand die Oberaufsicht über das Geschehen zu. Gegen diesen kurzweiligen körperlichen Zeitvertreib ihres Mannes hatte sie nichts. Es durfte aber nichts herauskommen. Bei einer Schwangerschaft wurde die Magd entlassen.

Jenny ist keine Frau, der der sexuelle Umgang mit ihrem Mann gleichgültig gewesen wäre, die nur wegen gesellschaftlicher Standards geheiratet hätte. Auch ist sie 1850 mit Karl noch nicht «fertig». Ein Verhältnis zu dritt – ausgeschlossen von Jennys seelischer Struktur und moralischen Vorstellungen her. Jede Seite ihrer Briefe aus der Zeit der Verlobung mit Karl und der ersten Ehejahre – 1850 war sie erst sieben Jahre mit ihm verheiratet – zeigt, daß sie ganz und gar in bürgerlichen Ideologien befangen ist: Ein Mann, eine Frau, standesamtlich getraut, ein Leben lang verheiratet – das war ihr Credo. Was abwich, wurde gegeißelt. Sie hat sich gegenüber Friedrich und seiner Lebensform mißbilligend geäußert und benommen, ja war zu spießigen Ausfällen fähig. Jenny läßt in Karls Briefen an Friedrich immer nur diesen grüßen, nicht auch seine Freundinnen, die muß Karl allein grüßen, wenn ihm das in den Sinn kommt.

Jenny grenzte Friedrichs Lebensgefährtinnen aus. Sie lud nur ihn zu Weihnachten ein. Seine Freundinnen mußten in Manchester bleiben. Jenny machte sich bis ins Alter darüber lustig, daß Friedrich zu seiner Freundin, Lizzy Burns, «meine Frau» sagte und so über sie ohne standesamtlichen Segen sprach.

Die bürgerliche Moral war für Jenny unantastbar. Wilhelm Liebknecht stilisierte sie zur «hohen Frau». Seine Äußerungen geben eine Sittenskizze der Familie Marx, werfen zugleich ein Licht auf den pantoffelheldischen Zug Karls als Ehemann: «In derartigen Dingen verstand übrigens Frau Marx noch weniger Spaß als er. Sie hatte einen Blick, der uns das Wort auf der Zunge gefrieren ließ, wenn sich ein Anflug von Keckheit bemerklich machte. Frau Marx hatte über uns vielleicht eine noch größere Herrschaft als Marx selbst. ‹Diese Würde, diese Höhe›, die zwar nicht die Vertraulichkeit, aber jede Ungehörigkeit, alles nicht Schickliche fernhielt, wirkte mit Zaubergewalt auf uns...» – «Frau Marx war die erste Frau, durch welche ich die erzieherische Kraft und Macht der Frauen erkennen lernte.»[9]

Zu welcher Verkrampfung diese «Höhe» führte, darüber berichtet ein anderer Zeuge: «Ein von mir verfaßtes... sozial-politisches Festspiel wurde aufgeführt. Unter den Anwesenden befand sich Marx mit seiner Frau und Engels mit seiner – Dame. Die beiden Paare waren durch einen großen Raum voneinander getrennt. Als ich zu Marx herankam, um ihn und seine Frau zu begrüßen, gab er mir durch einen Blick und ein vielsagendes Lächeln zu verstehen, daß seine Frau eine Bekanntschaft mit jener – Dame auf das strengste ablehne. In Fragen der Ehre und Reinheit der Sitten war die edle Frau intransigent. Die Zumutung, auf diesem Gebiet ein Zugeständnis zu machen, wenn eine solche an sie gestellt worden wäre, hätte sie mit Entrüstung zurückgewiesen.»[10]

Jenny war unversöhnlich, wenn es um Sitte, Ehre, «Reinheit» bei den Lebensgepflogenheiten von Karls engstem Freund ging. Absurd, ihr zuzutrauen, sie hätte mit Mann und Magd in einer ménage à trois gelebt!

Der mögliche Weg der Geschehnisse:

Fehlten einige Daten, besonders die Geburtsurkunde von Peter Gijsbert van Anrooy und die vielen entlarvenden Briefpassagen, wäre auch nach Betrachten der psychischen Konstitutionen der drei «Beteiligten» Jenny, Helene und Karl die Entstehung Fredericks Ende September 1850 äußerst unwahrscheinlich gewesen.

Statt dessen das Wahrscheinliche: Die liebende, eifersüchtige, ihren Mann besitzende Ehefrau Jenny ist Mitte August 1850 plötzlich weg, die keusche, an Männern nicht interessierte Magd Helene zum ersten Mal in ihrem Leben einige Tage mit dem Hausherrn und seinen Kindern allein. Der Ehemann Karl, vom ersten vollständig gemeinsam verbrachten Jahr mit seiner Frau entnervt, atmet auf. Jenny war Juli/August 1850 krank, außerdem zum fünften Mal schwanger – für den Marxschen Familienverband mehr eine Bedrohung als eine Freude. So sehr diese Bedrohung vom Mann verursacht wurde, das Ergebnis kommt bei der Frau zum Ausdruck und wird als eine Bedrohung durch sie wahrgenommen. Und Karl schickt diese kranke und schwangere und ihm zusetzende Frau weg auf eine weite Reise zum Kontinent, die sie mit Sicherheit ein paar Tage und Nächte von ihm fernhält. Da geschah etwas, ein Ausbruch, eine Entladung, eine Bemächtigung, im weitesten Sinne eine Vergewaltigung. Karl, enthemmt, befreit von der ihn monatelang einschränkenden Rücksichtnahme gegenüber Jenny, Helene schutzlos – das Verhältnis Karl–Helene nicht mehr als eine sexuelle Inanspruchnahme der Magd durch den «Herrn».

Für beide Arten der Magd waren die sexuellen Übergriffe der «Herrn» existenzgefährdend. Die Beschäftigungsmagd durfte solch einen Kontakt nicht haben. In ihren Arbeitsbedingungen wurde ihr meist jeglicher sexueller Umgang untersagt. Wenn durch das Einverständnis der «Herrin» eine Ausnahme bestand, mußte die Angestellte Schwangerschaften vermeiden.

Die Daseinsmagd wollte keinen sexuellen Umgang mit ihrem «Herrn», war nicht nur sozial bedroht, sondern auch noch psychisch verletzt.

Wäre Karl nicht der Vater von Frederick, hätte die Geburt dieses Kindes, das «Ereignis», das Jenny «nicht näher berühren will», der Familie Marx keine «äußren und innren Sorgen»[11] verursacht. Das Gegenteil wäre eingetroffen. Jenny hätte ihre Ende März 1851 geborene Tochter Franziska nicht zu einer Amme wegzugeben brauchen, hätte nach eineinhalb Monaten in der eigenen Wohnung eine Amme gehabt. Jedoch, Helene hätte nur dann als Amme tätig sein können, wenn ihr der Kontakt zum eigenen Kind erhalten geblieben wäre. Helene als Amme – das setzte eine glückliche Mutter voraus, nicht eine Frau, die im schwersten Konflikt ihres Lebens stand, die, um ihre soziale Existenz und ihr psychisches Wohlbefinden zu erhalten, dem Aufziehen ihres Kindes abschwören mußte. Weil Karl und Jenny Berührungsängste – Ehre- und Moralsorgen – gegenüber diesem Kind gehabt hatten, wurde Helene die Gewalt der Trennung von ihrem Sohn angetan.

Am Ende ihres Lebens litt Helene an Gebärmutterkrebs.[12] Krebs ist die Krankheit der Selbstlosigkeit. Als Todesursache

– Helene starb am 4. November 1890 – wurden Darmkrebs und eine Bauchfellentzündung angegeben.[13]

Beleidigung ihres Standes, gewaltsamer Bruch ihres Dienerinnengelübdes und Trennung von ihrem Kind, dem sie über dreißig Jahre lang nicht oder nur gestört begegnen konnte, gingen ihrem selbstschädigenden Ende voraus. Die Störung ihres Verhältnisses zu ihrem Sohn währte auch nach Karls und Jennys Tod noch fort. Als Helene zwischen 1883 und 1890 in Friedrichs Haushalt arbeitete, «durfte» endlich ihr Sohn zu Besuch kommen. Aber nur unter der Voraussetzung weiterwirkender Lügen und Demütigungen: «die alte Nim [Helene] stellte ihn mir als ihren Liebhaber vor u. er kam auch regelmässig jede Woche sie besuchen, merkwürdigerweise aber kam er nie beim Besuchsthor sondern immer durch die Küche herein…»[14]

So steht es in der Kopie des Briefes von Louise Kautsky-Freyberger. Der Wahrheitsgehalt dieser Äußerung wird noch immer bestritten, weil das Dokument eine Abschrift ist und kleine Irrtümer der Schreiberin angeführt werden können.

In allen Äußerungen über Karl lassen sich Irrtümer finden. Es wäre ein eigenes Buch wert, Irrtümer zusammenzutragen, die den Autoren und Autorinnen widerfahren, die das Thema «Marx» angegangen sind. Das Karl-Leben ist eine Maskerade. Er und Jenny blendeten Um- und Nachwelt mit einem falschen Schein, so daß keine einzelne Arbeit über sie komplett «richtig» werden kann. Wer an Detailirrtümern Anstoß nimmt, stößt zur Wahrheit des Ganzen nicht vor. Wahrheit entsteht durch In-Beziehung-Setzen von Unbezogenem.

Der Dienstbotenzutritt für Helenes Sohn paßt zu Friedrichs Reserve, ja Abwehr gegenüber dieser Person.

«…alle Arbeit, die ich seit dem Tode von Marx zu leisten fähig war, verdanke ich zum großen Teil dem Sonnenschein und der Hilfe, welche ihre Gegenwart in mein Haus brachte, in welches zu kommen sie mir nach Marx' Tod die Ehre erwies.»[15] – «Wir haben sieben glückliche Jahre hier im Hause zusammen verlebt.» – «Wenn während langer Jahre Marx, und in diesen sieben Jahren ich, Ruhe zum Arbeiten fand, so war das wesentlich ihr Werk.» – «Ihren wunderbar taktvollen Rat in Parteisachen werde ich auch schmerzlich entbehren.»[16]

Und für «Sonnenschein», «Hilfe», «sieben glückliche Jahre», «Rat», für «ihr Werk» wurde Helene die Ausgrenzung ihres Sohnes weiter zugemutet. Diese Nichtgegenseitigkeit korrespondiert mit der Tatsache, daß kein geschriebenes Wort Friedrichs über seine Beziehung zu seinem angeblichen Sohn existiert. Die Kränkung, die Karl mit dieser «Lösung» Friedrich angetan hatte, ihm, dem Kinderlosen, war unüberwindbar. Er mußte sie an Helene und ihren Sohn Frederick weitergeben.

In den mehr als 40 Bänden der Marx-Engels-Werke taucht Karls Sohn nur ein einziges Mal auf. Er unterschrieb mit «F. Demuth» – direkt über «F. Engels» –, inmitten anderer Namen auf einer Gemeinschaftskarte, die eine in London festfröhlich versammelte Gruppe von Genossinnen und Genossen an Natalie, die zweite Frau von Wilhelm Liebknecht, am 1. Juli 1894 nach Berlin schickte.[17]

Zwischen Tausenden von Seiten dieser eine kleine Hinweis auf seine Existenz: Frederick Demuth – gut verborgen im Personenregister der MEW als «Sohn von Helene Demuth», eingeklemmt zwischen den megalomanisch aufgeplusterten Elaboraten des leiblichen und des Strohmannvaters. Beide haben etwas mit ihm zu tun. Frederick entstand in einer wahlverwandtschaftlichen Viererkonstellation zwischen den Paaren, die zur Zeit der Jennyschen Abwesenheit Mitte August 1850 in London direkt nebeneinander lebten: Friedrich und seine Freundin Mary, Karl und Helene.

Frederick – also wirklich der Sohn von Karl *und* Friedrich, spannungsentladen hergestellt über das Transportmittel Helene.

Die Funktion der Frau als Durchreichmaterial für diversdiffuse Männertriebe ist Helene nicht gut bekommen.

Friedrich   Karl

Frederick

Jenny trat bei der Karl-Helene-Affäre als «Beteiligte» auf, ohne daß ihr Beitrag bisher im einzelnen zur Sprache gekommen ist.

Seit Mitte August 1850 sind bei ihr Veränderungen zu beobachten, die auf eine Verstörung ihres Verhältnisses zu Karl hinweisen: Tatsachen und emotionale Äußerungen belegen einen Einschnitt. Nicht in ihrer Beziehung zu Helene, sondern in ihrer Beziehung zu Karl lassen sich schon um den 18./19. August Spuren deutlicher Irritation verfolgen. «Ohne Lenchen hätt' ich gar keine Ruhe hier», schreibt sie in ihrem Brief aus Zaltbommel, der Schwesterfreundin Helene ungetrübt vertrauend.[1] Unruhe äußert sie – wenn auch mit den Werkzeugen des Unbewußten – gegenüber Karl.

Die Situation nach Jennys Rückkehr aus Holland, Ende August 1850, ist verheerend. Im November stirbt der Sohn Heinrich Guido als erstes von Jennys Kindern. Im März 1851 bringt Jenny ihre Tochter Franziska zur Welt. Im Mai dann die Geburt Fredericks. Im April 1852 stirbt Jennys zweites Kind, Franziska. Jenny beschreibt in ihren Erinnerungen diese Zeit als die schlimmste: «Die Jahre 1851 und 1852 waren für uns die Jahre der größten und zugleich kleinlichsten Sorgen, Qualen, Enttäuschungen, Entbehrungen aller Art. – In den Frühsommer des Jahres 1851 fällt noch ein Ereignis, welches ich nicht näher berühren will, das aber sehr zur Vermehrung unsrer äußren und innren Sorgen beitrug.»[2]

Jennys Ankopplung des Frühsommerereignisses an die «größten... Enttäuschungen» entblößt ein Trauma, das Jenny mit dem Ereignis bewußt in Zusammenhang stellt, oder das ihr unbewußt derart bezogen in die Feder kommt.

Alle ihre Kinder kränkeln als Babys und auch später als Jugendliche und Erwachsene – das zügige Sterben der Kinder beginnt erst nach Jennys Hollandaufenthalt.

Eine schwere Kränkung schlägt sich auf ihre Lieblinge nieder. Jenny bringt das in ihrem Brief an Joseph Weydemeyer vom 20. Mai 1850 selbst zum Ausdruck: «Ich weiß, wie jede Aufregung angreifend ist und den kleinen Würmchen schadet.»[3]

So krank war Heinrich Guido nicht, daß sein Tod nach Jennys Rückkehr aus Holland unvermeidbar gewesen wäre. Karl schreibt am Todestag seines Sohnes an Friedrich, 19. November 1850: «Plötzlich, durch einen der Krämpfe, die er oft gehabt hatte. Einige Minuten vorher lachte und schäkerte er noch. Die Sache kam ganz unverhofft.»[4]

Jenny ist sensibel, reagiert sofort auf soziale Unstimmigkeiten. Zwischen ihren erhalten gebliebenen, aufeinanderfolgenden Briefen des Jahres 1850 an Weydemeyer aus London im Mai und an Karl aus Zaltbommel im August besteht eine Diskrepanz. Die Zustände, die Jenny in London im Mai 1850 beschreibt, denunzieren die objektive Grausamkeit, und doch verläßt sie der Mut nicht. Ihr jüngstes Kind, Heinrich Guido, ist bedroht, aber es stirbt nicht, stirbt auch nicht in ihrer Abwesenheit, als Helene und Karl es versorgen, stirbt erst, als es ihm nach einem halben Jahr körperlich viel besser geht. Jennys Stimmung ist im Mai 1850 kämpferisch ungebrochen: «Glauben Sie nicht, daß mich diese kleinlichen Leiden gebeugt haben, ich weiß nur zu gut, wie unser Kämpfen kein isoliertes ist und wie ich namentlich noch zu den auserwählt Glücklichen, Begünstigten gehöre, da mein teurer Mann, die Stütze meines Lebens, noch an meiner Seite steht.»[5] Und sie zählt auf, was ihr «teurer Mann» alles durchmachen muß, schwelgt in «mein Mann...», fünfmal wiederholt sie auf einer halben Seite die triumphierende Formel «mein Mann». Dann öffnet sie einen Türspalt für einen Blick auf ihre heimisch-wohlige Atmosphäre: «Aber mein Mann... hat noch nie, selbst in den schrecklichsten Momenten, die Sicherheit der Zukunft, selbst den heitersten Humor verloren und war ganz zufrieden, wenn er mich heiter sah und unsere lieblichen Kinder um ihr liebes Mömchen herumschmeichelten.»[6] Jenny schließt den Brief mit ihrem Jubel über die drei älteren Kinder, die «prächtig» «gedeihen», «trotz alledem und alledem».[7] So öde und aussichtslos ihre «Lage» ist, das Wort «Angst» oder «Zukunftsangst» kommt nicht vor.

In Zaltbommel hat Jenny «Todesangst». Dort geschieht nichts Bedrohliches. Wegen der aufständischen Kämpfe des Vorjahres in Frankreich und Deutschland, die der Bankier Philips mit Karls Denken und Arbeiten in Zusammenhang sieht, fühlt er sich Jenny gegenüber unbehaglich. Er schmollt. Den angeheirateten Revoluzzerneffen will er in diesem Moment nicht unterstützen, was er übrigens in späteren Zeiten dann doch wieder einmal tun wird. In Jennys Brief vom 18./19. August 1850 ziehen schon zu Beginn bedrohliche Wolken auf.

«Nach einer sehr schlimmen, stürmischen Fahrt, 15stündigem Schaukeln auf der See und 15stündigem entsetzlichem Unwohlsein bin ich denn endlich gestern mittag hier bei Sturm und Donnerwetter und von einem Platzregen durchweicht, matt und beklommen eingerückt.»[8] Dann heißt es in der Mitte des Briefes: «so sank ich denn gestern abend mit einem bleibeladnen, schweratmenden Herzen, tränenaufgelöst in mein Bett, um die müden, zerquetschten, zitternden Glieder etwas auszuruhen. Ach, lieber, teurer Karl, ich fürchte, ich fürchte, ich habe die ganze Anstrengung umsonst gemacht...»[9]

Jenny schließt mit einem hysterischen Ausbruch: «Ich glaube, teurer Karl, ich kehre ganz resultatlos, ganz getäuscht, zerrissen, in Todesangst gefoltert, wieder zu Dir heim. Wenn Du wüßtest, wie mir nach Dir und den kleinen Köpfchen bangt. Ich kann nicht von den Kindern schreiben – die Augen fangen an zu zittern, und ich muß mich hier tapfer halten –. Also küsse sie, küsse sie, die kleinen Engel, tausendmal von mir. Ich weiß, wie Du und Lenchen für sie sorgen werden. Ohne Lenchen hätt’ ich gar keine Ruhe hier. Sie hat es jetzt gar zu schwer – ach, wie sehn’ ich mich in unser kleines Dasein zurück.»[10]

In einem Postskriptum blitzt noch einmal ihre Ahnung durch: «... mit welchem bangen, bebenden Herzen ich neben ihm sitze, mit welcher namenlosen Angst ich der Zukunft entgegensehe... und stürze mich lieber wieder in den weiten großen Ozean der Sorge and farewell.»[11] Ein unklarer Schlußsatz. Stürzt sie sich in den Ozean der «Sorge und des Abschieds», als stünde ihr ein Abschied bevor? Der Satz sagt nicht deutlich, welchen Abschied sie meint. Jenny kann in ihren Schilderungen und Stimmungsskizzen genau sein. Eindrucksvoll ihr Wort «Schellfischseelenduft!», mit dem sie das Familienfluidum beim holländischen Onkel trifft.[12]

Zweimal erscheint das Wort «bangt»: «Wenn Du wüßtest, wie mir nach Dir und den kleinen Köpfchen bangt.» – «...mit welchem bangen, bebenden Herzen ich neben ihm sitze, mit welcher namenlosen Angst ich der Zukunft entgegensehe...»

Beim ersten Mal ist «bangt» falsch benutzt worden, eigentlich müßte es heißen, «wie mir nach Dir verlangt». Nein, Jenny verlangt es nicht nach Karl, sie bangt um ihn, ihr ist bange vor Karl, sie hat «namenlose Angst» vor der «Zukunft» mit ihm.

Bei Karls und Helenes ungefährlichem Zusammensein – Frühjahr 1846 in Brüssel – dringt nicht ein Schimmer von Beunruhigung durch die Zeilen ihres Briefes an Karl. Im Gegenteil, der Brief vom 24. März 1846 strotzt vor Triumphgefühlen der Sicherheit: «Ich freue mich unendlich, daß Du mein theurer Karl immer den Kopf oben behältst und Herr Deiner Ungeduld und Sehnsucht bleibst. Wie lieb' ich Dich um dieser Tapferkeit willen. Du bist mein Mann! Das lob' ich mir noch! Mitten im Wirrwarr klar und ruhig bleiben und mit der Zeit zufrieden sein!»[13]

Die Zeugnisse Jennys über ihre materielle Not sind bis zum Sommer 1850 Aufschrei und Empörung, geschrieben aus dem Bewußtsein des geistig-seelisch-leiblichen Einklangs mit Karl. Hinterher klebt an ihr der immer dicker werdende Wrasen der Depressivität. In ihren «Umrissen» schreibt sie über ihre Rückkehr aus Holland: «Die Verzweiflung im Herzen, kehrte ich heim. Mein armer kleiner Edgar kam mir mit seinem freundlichen Antlitz entgegengesprungen, und mein Föxchen streckte die kleinen Ärmchen nach mir aus. Nicht lange mehr sollten mir seine Liebkosungen werden. Im November erlag das zarte Kind einem Krampfanfall, der Folge einer Lungenentzündung. Mein Schmerz war so groß. Es war das erste Kind, das ich verlor. Ach, ich ahnte damals nicht, welch andres Leid mir bevorstand, vor dem alles, alles in nichts versank.»[14]

Der letzte Satz bezieht sich auf den Tod ihres Sohnes Edgar im April 1855. Von Karl ist bei der Schilderung ihrer Rückkehr nicht die Rede. Karl ist nicht mehr die Stütze ihres Lebens, steht psychosexuell nicht mehr unangefochten an Jennys Seite.

Das nach der Hollandreise beginnende, viermalige Kindersterben spricht für etwas Unbewältigtes. Dafür spricht ebenfalls, daß Jenny nach dem «Ereignis» vom «Frühsommer» 1851 drei Jahre lang von Karl keine Kinder empfängt. Von 1843 bis 1850 war sie alle ein/zwei Jahre schwanger.

Der Anfang von Jennys Entkräftung liegt in der Zeit ihres Hollandaufenthaltes. Vorher gibt es keine Zeugnisse darüber. Die Brautbriefe zeigen Jenny manchmal in Unruhe und Ungeduld, in Wut über ihre elternhäuslichen Lebensumstände und Karls widersprüchliches Verhalten. Aber ihre Ausdrucksweisen von damals waren auch Werbestrategien gegenüber dem zögerlichen Karl, von dem sie sieben Jahre lang hingehalten wurde.

Alles, was aus dem Bewußtsein weggedrängt worden ist oder erst gar nicht in es eindringen kann, ist unbewältigbar. Die Jahre 51/52 zeigen Jenny dauerleidend und krank, «sehr krank» (31.3.51), «sehr angegriffen» (2.4.51), in «Tränenbächen ganze Nächte» (31.7.51). Jenny «geht unter», ist «leidend», «ihr Nervensystem angegriffen» (2.8.51), mit Karl überworfen (24.11.51). 1852 sieht die Chronik ihres Befindens genauso aus.

Jennys Zerrüttung beginnt im August 1850, weil zu dieser Zeit ein Konflikt schwelt, ihr eine Wunde zugefügt wurde, die nie heilte.

Karls außereheliche Vaterschaft kann mit an Sicherheit

grenzender Wahrscheinlichkeit bewiesen werden. Nicht hingegen läßt sich klären, ob Jenny davon gewußt und, wenn ja, wann es ihr mitgeteilt worden ist. Der Beginn von Jennys Zerfall spricht dafür, daß sie es nie, unmöglich jedoch bald nach ihrer Rückkehr erfahren hat. Denn jahrelang litt sie an etwas, das dem Gift des «Du sollst nicht merken» ähnelt.

Durch das Nichterfahren war Jenny schutzlos den drei Kränkungen ausgeliefert, die Karls Treuebruch für sie bedeuteten:

1. Verletzung ihrer Person: Hinter ihrem Rücken wurden ihre Ideale besudelt.

2. Ende der sexuellen Ausschließlichkeit: Ihr mit Karl geschlossener Liebeskreis wurde gebrochen, in ihren – nur für sie und Karl gebauten – Intimitätsraum eingedrungen.

3. Beschädigung ihres Karl-Bildes: Ihr «theurer Karl» hat nicht mehr «den Kopf oben» behalten, ist nicht mehr «Herr» seiner «Ungeduld und Sehnsucht». «Tapferkeit» adé. «Mitten im Wirrwarr» blieb Karl nicht mehr «klar und ruhig», hatte sich falsch und triebhaft benommen.

Und all das ist nicht als bearbeitbarer Fakt vor sie hingesetzt, sondern ihr verschleiert worden. Langsam sickerte es in sie ein, hat sie von Jahr zu Jahr paralysiert. Sie wußte (zunächst oder vielleicht immer) nichts, aber ihre Biographie wußte es von Anfang an.

Die Bedrohung Jennys durch Karls wahnsinnig machende Geldaktionen findet auch erst ab 1850/51 statt. Die Moneyverpuffphänomene beherrschen schon sieben Jahre lang die Ehe, zermürben Jenny während dieser Zeit jedoch nicht. Jennys Destabilisierung durch Karls ökonomische Achterbahn beginnt ab 50/51.

Das habituelle Leerrinnen des Haushaltssäckels ist ein Quälprogramm, das sich gegen Jenny richtet, der permanente Ausdruck von Karls generellem «Nein»-Verhalten.[15] Sie reagiert mit «Krampfanfällen»[16], preßt dann auf Karl, der auf Friedrich pressen muß. Nicht ein einziges Mal berichtet Karl, daß Helene ihm Vorhaltungen gemacht habe, Geld von irgendwoher zu beschaffen. Nichts darüber, daß die Töchter protestieren oder wimmern. Nur Jenny entnervt sich und Karl.

Die Finanzen sind im Frühjahr 1851 nicht so hoffnungslos, wie Karl sie generell hinstellt. Im März bekommt er vom Kölner Verleger Hermann Becker 50 Taler für die Veröffentlichung einer Aufsatzsammlung, von Friedrich 2 Pfund, Mitte April von dem Kölner Arzt und kommunistischen Freund, Roland Daniels, 50 Pfund, der eine Sammlung für Karl unter Kölner Freunden veranstaltet hat. Ende April wird die Haushaltskasse mit Barem von Friedrich aufgefüllt, das Karl – so die Regel – von seinem Besuch aus Manchester mitbringt. Darüber hinaus erhalten die Marxens zur gleichen Zeit noch 5 Pfund von Georg Weerth, im Mai von Friedrich 10 Pfund.

Karls und Jennys sich allmählich verfestigende Geldprobleme sind ein Ausdruck für ihre ab 1850 unlösbar gewordene Problematik ihrer Genitalität. Das Genitale erfährt ein nicht aufarbeitbares Trauma, rutscht «zurück» ins Anale, verschafft sich einen Durchbruch in den analen Gefechten, die sich die Partner nun liefern. – Mit Freud: Geld = Scheiße.

Die Schlammschlachten um das Goldene Kalb, veranstaltet von den gesamtbürgerlichen Menschen seit dem 19. Jahrhundert, sind ein Indiz für die Irritationen und Fehlentwicklungen, Deformationen und Erschöpfungen des Genitalen.

Die wechselnden Perioden Hausputzamok und Gesellschaftsapathie, die bei so vielen («Haus»-)Frauen beobachtet werden können, verraten das Fremdgehen der Ehemänner.

Die Situation der bürgerlichen Ehefrauen zeichnet sich aus durch genitale Unterversorgung – es läuft wenig bis nichts, die Ehemänner laufen in die Männergremien und -apparate und haben Abwechslungen mit Bordell- oder Nebenfrauen – und durch anale Überversorgung: Horten, Versichern, Pelz um die Schultern, Eigenheim im Grünen…

Karls Sondersadismus treibt die Überbetonung des Analen ins Doppelt-Negative: Kein Kapital – Geldtotschlag. Und doch, bei Karl geschieht das gleiche wie bei seinen bürgerlichen Klassengenossen – alles dreht sich ums Geld.

126

Zeitplan

16. August 1850: Jenny reist von London nach Zaltbommel (Holland) über Rotterdam

22./23. August 1850: Jenny kehrt aus Zaltbommel zurück

8.–17. März 1851: «verhängnisvolle Woche», in der Helenes Schwangerschaft für Karl zur Tatsache wird («zum Ausbruch kommt»)

28. März 1851: Geburt von Jennys und Karls fünftem Kind, der Tochter Franziska

31. März 1851: Karl berichtet von einem Geheimnis, das er Friedrich enthüllen will, er verschiebt Detailinformationen auf seinen nächsten Brief

2. April 1851: Rücknahme seines Vorhabens, Friedrich ein Geheimnis anzuvertrauen, Ankündigung seines Besuchs in Manchester

Etwa 17.–23. April 1851: Karl bei Friedrich in Manchester

6./7.–15. Mai 1851: fünf Briefe Friedrichs an Karl, der nicht antwortet, Friedrich ist wegen der Geschichte beunruhigt

16. Mai 1851: Karls Brief an Friedrich mit der verschlüsselten Nachricht von der Geburt Fredericks einen Tag zuvor, am 15. Mai 1851

7.–16. Juni 1851: Regelung der Adoptionsprobleme durch Friedrich in London

1. August 1851: Eintragung von Fredericks Geburt im Register der Kirchengemeinde St. Anne, mit der Angabe des Datums vom 23. Juni 1851

Mariannes
Wahrheit

Vertuschung eines Fakts

Jenny hat Ende 1862 eine unbehagliche Reise zwischen London und Paris hinter sich gebracht. Karl berichtet darüber in seinem Brief vom 24. Dezember 1862 an Friedrich: «Überhaupt war die Reihe Unglücksfälle, die sie durchzumachen, tragikomisch. Erst großer Sturm zur See; ihr Schiff kam davon, eins in ihrer Nachbarschaft... ging unter. Abarbanel wohnt vor Paris. Meine Frau durch Eisenbahn zu ihm. Es passierte Pech mit der Lokomotive, so daß 2 Stunden die Fahrt unterbrochen. Später stürzte ein Omnibus, mit dem sie fuhr. Und gestern geriet in London der Cab, worin sie saß, in die Räder eines andern. Sie stieg aus und kam per pedes an mit 2 Jungen, die ihren Koffer trugen.»[1]

Der angebliche Hauptzweck ihrer Reise, bei einem Bekannten Geld aufzutreiben, schlägt fehl. Jenny erwähnt die Episode in ihren Erinnerungen: «Um den fast unerträglich gewordenen Zuständen ein momentanes Ende zu machen, reiste ich um Weihnachten 1862 nach Paris, um dort bei einem frühern Bekannten... Hilfe zu suchen. In bitterer Kälte und von Sorgen erdrückt, kam ich bei dem guten Freunde an, um ihn vom Schlage berührt, kaum kenntlich wiederzufinden. Er starb einige Tage nach meinem Kommen. Ich kehrte hoffnungslos heim und hörte beim Eintritt in unser Haus die Schreckens- und Schmerzenskunde, daß unsre gute, liebe, treue Marianne, die Schwester Lenchens, einige Stunden vor meiner Heimkehr an einem Herzleiden sanft und selig wie ein großes Kind dahingeschieden war.»[2]

Die junge, 27jährige Frau, eine kräftige Bauerntochter – geboren 1835 –, arbeitete mindestens schon seit ihrem zwölften Lebensjahr im Haushalt von Jennys Mutter.

Jenny bittet Lina Schöler in ihrem Brief vom 17. Dezember 1847, die Freundin möge Mutter Caroline von Westphalen «eine ganz wohlfeile Schürze für ihr Mädchen» schicken, «(worauf Du für *Marianne* zu schreiben hättest)».[3]

Jenny erwähnt in ihren erhalten gebliebenen schriftlichen Äußerungen Helenes Halbschwester, Marianne Creu*tz*, neunmal.

Helene hat sechs Vollgeschwister. Sie selbst ist das fünfte der sieben Kinder, die ihre Eltern – Maria Katharina, geborene Creutz, und Michel Demuth – zwischen 1809 und 1826 miteinander bekommen. Der Vater stirbt am 17. Mai 1826, kurz nach der Geburt des jüngsten Kindes. Am 27. Juni 1835 brachte Maria Katharina Demuth im 43. Lebensjahr ihr achtes Kind zur Welt, ihre Tochter Marianne. Da ihr Ehemann schon 9 Jahre tot war und sie den Vater des Kindes nicht angab, wurde es im Geburtsregister der Bürgermeisterei von St. Wendel unter dem Namen Anna Maria Creuz eingetragen.[4]

Um ihr 10. Lebensjahr wird Marianne im Haushalt von Caroline von Westphalen in Trier eingestellt, übernimmt dort die Position Helenes, die im Frühjahr 1845 zu Jenny und Karl nach Brüssel gegangen ist. Marianne bleibt bei Caroline bis zu deren Tod 1856 und kommt 1857 zu Jenny nach London. Sie arbeitet von da an bis zu ihrem Tod 1862 im Marxschen Haushalt.

«Am 28. April 1857 beantragte ‹Maria Kreu*tz*, Magd, St. Wendel, 22 Jahre alt› in St. Wendel einen Paß nach London, ‹um dort in Dienst zu treten›. Schließlich konnte aufgrund der Geburtsangaben in London die Todesurkunde einer ‹Mary Kreuz› gefunden werden, wonach sie dort am 23. Dezember 1862 gestorben ist. Ihr Alter ist mit 26 Jahren, ihr Beruf als Hausgehilfin angegeben.»[5]

Im Nekrolog sagt Jenny von ihr: «Das gute, treue, fleißige,

sanfte Mädchen war seit 5 Jahren bei uns. Ich hatte sie liebgewonnen und hing so sehr an ihr, daß ihr Verlust mich tief und innig schmerzte. Ich verlor an ihr ein treues, anhängliches, freundliches Wesen, das ich nie vergessen werde.»[6]

Die nebulösen Formulierungen um den Tod von Marianne decken nicht sehr gekonnt ein Ereignis zu. Anstatt: «wie ein großes Kind» – «sanft und selig» – «an einem Herzleiden» – «dahingeschieden», hätte es heißen müssen: ein schon zu großes Kind, das sie unter ihrem Herzen trug, ist ihr durch einen unsanften Eingriff genommen worden, der ihr Blut vergiftete, wonach sie langsam starb.

Eine zweite außereheliche Schwangerschaft im eigenen Haus unter seinen «Mädchen» wollte Karl nicht riskieren. Einmal war ihm das Vertuschen geglückt. Seine ehelichen Kinder waren 1850/51 noch klein gewesen, die beiden Ältesten Jenny und Laura sind nun, 1862, halberwachsene Frauen. Wieder Friedrich der Vater, der in Manchester zur Zeit mit zwei Geliebten lebt? Das hätte niemand noch einmal geglaubt, auch die eigenen Töchter nicht.

Ab 19. August 1862 sind Jenny, die Töchter und Helene im Seebad Ramsgate. Jenny schildert in ihrem Brief vom 20. Februar 1859 an ihre Schwägerin, Louise von Westphalen, wie ihre Urlaube ablaufen, die sie in gleicher Personenverteilung auch 1860 und 1862 verlebt: «...an der See waren und den glühendheißen August sehr heiter und vergnügt verlebten. Ich selbst ging erst allein auf 8 Tage nach Ramsgate... Nach einer Woche brachte Lenchen die 3 Mädchen her... Während Lenchens Abwesenheit vom Hause hatte ihre jüngere Schwester [Marianne Creutz], die ich zur Hilfe von St. Wendel hatte kommen lassen und die nun schon seit 2 Jahren bei uns ist, den Haushalt geführt.»[7]

Karl bringt die Familie, besucht sie oder holt sie ab, so von Jenny auch für den Sommer 1863 beschrieben: «...an der See... Karl holte uns von da ab...»[8] Die meiste Zeit, die die Familie «an der See» verlebt, bleibt Karl in London, ist endlich ungestört, arbeitet – und nicht nur das. Marianne

132

teilt mit ihm das Haus. 1858, 60, 62 ist sie 23, 25, 27 Jahre alt.

Nach der Abreise von Jenny, Helene und den Töchtern (19. August 1862) jubelt Karl am nächsten Tag: «Wie froh war ich heute, daß Frau und Kinder fort...»[9]

Karl fährt am 28. August 1862 nach Holland, später weiter nach Deutschland zu Geldbittstellungen, kommt am 7. September nach London zurück. Die Familie ist «von Ramsgate» ebenfalls «zurückgekehrt...»[10] Karl wird noch im selben Monat von einem Anfall starker Familienvaterverantwortung übermannt und macht sein erstes und einziges Stellengesuch – bei einem Eisenbahnbüro.

Die Abtreibung des Kindes von Marianne läßt sich aus Karls Brief vom 24. Dezember 1862 errechnen, sie geschieht am Mittwoch, dem 17. Dezember 1862. Marianne «fing am Tage der Abreise meiner Frau an, unwohl zu werden. Dienstag Abend, 2 Stunden vor der Ankunft meiner Frau, war sie tot. Ich übernahm mit Lenchen zusammen während der sieben Tage die Krankenwartung.»[11] Der Eingriff mißlingt – das Übliche: Komplikation im schwierigen vierten Monat, Dr. Allen oder einem Engelmacher unterläuft ein Fehler. Sofort ist die prekäre Situation klar: «Allen had misgivings from the first day.»[12] Dr. Allen hat also Befürchtungen vom ersten Tag an gehabt.

Jenny war auf eine schlecht vorbereitete Reise geschickt worden, sollte Geld bei einem alten Mann, «einem frühern Bekannten» eintreiben und einen Verleger für die französische Übersetzung des bald zu erwartenden «Kapitals» gewinnen. Offenbar war Jenny bei dem Bekannten nicht einmal angesagt gewesen. Und die Verlegerkontakte wurden bislang zumeist schriftlich unterhalten, so mit Becker, Brockhaus, Duncker, Leske, Meissner... Es ging jetzt auch erst einmal nur um eine Eventualität: «Sobald meine Schrift heraus, wird sie *französisch* publiziert werden.»[13]

Die Zwecke zu Jennys Unternehmung wirken hergeholt. Kurz vor Weihnachten, da Friedrich die Familie Marx mit

Sonderrationen überraschen wird, soll sich Jenny wegen dringenden Geldmangels auf einen unsicheren Bittgang weit weg von London begeben? Friedrich hat schon im August 5 Pfund und im September 10 Pfund geschickt [14], im November für Karl eine an Lassalle fällige Rückzahlung von 60 Pfund übernommen, die Karl im Herbst von Lassalle erhielt. [15] Friedrich hat am 15. November auf Karls Bitte hin eine Fünf-Pfund-Note für «Kohlen... und ‹Lebensmittel›» geschickt, am selben Tag 24 Flaschen Wein angekündigt [16] und Ende November den Marxens 10 Pfund geschenkt, deren erste Hälfte Karl am 20. November bestätigt. [17] Karl ist zwischen dem 5. und 13. Dezember in Manchester bei Friedrich und in Liverpool, kehrt frisch versorgt mit Barem in Höhe von etwa 20 Pfund nach London zurück [18], «verteilt» am 15. Dezember 15 Pfund unter seinen Gläubigern. [19]

Friedrich bremst zwar in seinem Brief vom 15. November 1862 Karls Unersättlichkeit [20], will dessen inflationäre Forderungen stoppen. Das macht er zwischendurch immer wieder einmal [21], unterbricht den Fluß kurz, um ihn dann erneut in Gang zu setzen. Und mitten in einer normalen Zeit des Friedrichschen Fließens «schickt» Karl sofort nach seiner Rückkehr aus Liverpool und Manchester Jenny auf die Reise zu einem dubiosen Helfer?

Es sieht nach Überstürzung aus. Verborgene Absichten scheinen durch. Die Mission klingt auch in Jennys Worten nicht überzeugend: Den nur «*fast* unerträglich gewordenen Zuständen» soll «ein *momentanes* Ende» gemacht werden. [22] Jennys Reisekosten haben das Haushaltsgeld beträchtlich reduziert.

Und auf «tragikomische» Weise steuert während der Reise alles in Gefahren hinein, als ob die Dinge mitsprächen und Jenny etwas sagen, ja sie alarmieren wollten. Sie wäre mehrmals beinahe verletzt oder sogar getötet worden: Ihr Schiff ging in «großem Sturm» fast unter, dann «passierte Pech mit der Lokomotive... Später stürzte ein Omnibus, mit dem sie fuhr». Und schließlich «geriet in London der Cab, worin sie saß, in die Räder eines andern»[23].

Jenny hat eine schöpferische Nähe zu ihrem Unbewußten. Ihr unbewußter Zugang zur Welt ist direkt. Jener Bereich, der im 20. Jahrhundert eine große Bedeutung erlangen wird, ist ihr keine terra incognita. Das Wort «unbewußt» selbst kommt in ihren Erinnerungen vor.[24]

Zum Bestand des Frauenwissens gehört es, daß eine Frau fähig wird, sich selbst zu verletzen, wenn ihr Lebensgefährte etwas sie Verletzendes hinter ihrem Rücken tut. Eine Frau läuft in Gefahren hinein, sucht Gefahren, zieht Gefahren an zur selben Zeit, da ihr Mann ohne ihr Wissen die Beziehung zu ihr gefährdet. Bewußt ihr unerklärlich, gerät sie plötzlich ohne erkennbaren Anlaß in Panik, während in den Kreis, den sie mit einem Mann geschlossen hat, von ihm mit Hinterrücksaktionen eingebrochen wird.

Jenny reagiert nach Art dieser Zusammenhänge überdeutlich. Fünffach geschieht auf ihrer Reise von London nach Paris gefährlich Störendes. Objektive Vorfälle. Erst in der gedrängten Konzentrierung wird der Zusammenhang deutlich, in dem die Ereignisse mit Jennys Gefühl der Gefährdung stehen.

Einen Zusammenhang gibt es auch zwischen Jennys «Verhalten» 1862 und 1850, synchron zu den beiden Vorkommnissen von Karls gewaltvollsten «geheimen» Eingriffen in ihren Lebensbereich. 1850 – Bruch der leiblichen Gemeinschaft durch die Helene-Affäre. 1862 – Einbruch in Jennys Lebensgeschichte: Bedrohung und Raub der ihr ans Herz gewachsenen Freundin Marianne. 1850 ist Jenny «zerrissen, in Todesangst gefoltert»[25], 1862 «von Sorgen erdrückt», «hoffnungslos».[26]

Jeder Mensch stirbt an Herzstillstand, der durch viele Ursachen herbeigeführt werden kann. Bei Mariannes Tod wurde behauptet, daß eine Krankheit des Herzens selbst sein Versagen bewirkt habe. Ihrem Tod sei eine Herzkrankheit vorausgegangen.

In Jennys und Karls Äußerungen zu Mariannes Krankheit und Todesart lassen sich drei Merkmale spezifizieren, die mit dem Phänomen «Herzkrankheit» nicht übereinstimmen:

1. Marianne sei «an einem Herzleiden… dahingeschieden».[27]

2. Marianne wäre «schon vor einem Jahr an Herzkrankheit kuriert» worden.[28]

3. Marianne «fing… an, unwohl zu werden», «war» nach «sieben Tagen… Krankenwartung» tot.[29]

Unter der Generalisierung «Herzkrankheit» gibt es zwei Haupterscheinungsbilder, die für Mariannes Krankheit und Tod, besonders für die Begleitumstände ihres Sterbens nicht zutreffen.

1. Möglichkeit:

Ein angeborener Herzfehler oder eine dauerhafte, monate- und jahrelang während Herzkrankheit.

Ein Herzfehler von Geburt an? Seine Entdeckung erst im 26. Lebensjahr der Patientin – wie angeblich bei Marianne stattgefunden – wäre viel zu spät gewesen.

Eine im erwachsenen Alter vom Patienten bemerkte Herzkrankheit – zum Beispiel ein Herzklappenfehler, ein dekompensiertes Herz, Herzrhythmusstörungen… – konnte im 19. Jahrhundert nicht geheilt werden. Es gab keine Herzoperationen, keine Herzschrittmacher etc. Heute können Herzklappenerneuerungen operativ vorgenommen werden, die zur Genesung des Patienten führen. Herzkrankheiten im 19. Jahrhundert wurden von ärztlicher Hilfe begleitet, über Kuraufenthalte gemildert. Ausgeschlossen jedoch, daß eine solche Krankheit «kuriert», das heißt ärztlich derart behandelt wurde, daß von einer Heilung im Sinne einer gesundheitlichen Wiederherstellung hätte gesprochen werden können. Noch weniger ist ein sogenannter Rückfall möglich, den Karl mit der Formulierung suggerieren will: «Marianne…, die Allen schon vor einem Jahr an Herzkrankheit kuriert, fing am Tage der Abreise meiner Frau an, unwohl zu werden.»[30]

Die Variante einer angeborenen oder erworbenen, später aufgetretenen, langfristig wirkenden Herzkrankheit Mariannes wäre auch absurd in Anbetracht der Realitäten im Marxschen Haushalt. 1861/62, als die Herzkrankheit aufgetreten sein soll, war Marianne 26/27 und stand mindestens seit 16 bis 17 Jahren im Berufsleben. Es ist möglich, daß sie wie Helene schon um ihr achtes Lebensjahr von ihrer Mutter «in Stellung» gegeben worden war und bei anderen «Herrschaften» gedient hatte, bevor sie zu Caroline von Westphalen gekommen war. Magdsein bedeutete für eine Frau, einen 10- bis 12-Stunden-Arbeitstag absolvieren zu müssen.

Es existieren auch keine Zeugnisse über eine langfristige Herzkrankheit der zweiten Angestellten im Hause Marx. Andernfalls hätte die Familie schon vor fünf Jahren ein Pflegeheim eröffnen müssen. Herzpatienten wären nämlich nicht wie Marianne «lieb», «sanft», «gut», «anhänglich», «freundlich», «treu», «fleißig» – Jennys Ausschmückungen für die Qualität «arbeitsam». Herzpatienten sind anstrengend, gereizt, griesgrämig, retardiert, reduziert – «böse», «faul». Das Herz ist der Motor. Seine Erkrankung läßt die Menschen wie auf der Stelle tretend erscheinen.

Die schriftlichen Quellen sind bar jeder Andeutung von Mariannes Arbeitsunfähigkeit. Weder in Karls noch in Jennys Briefen findet sich eine Spur von Klagen darüber, daß die Familie von 1857 bis 1862 zusätzlich belastet worden wäre durch eine herzkranke Magd, der aus Gründen der Pietät gegenüber Jennys Mutter und aus Rücksicht gegenüber der Halbschwester Helene nicht hätte gekündigt werden dürfen. Kein Wort in Jennys «Umrissen» – drei Jahre nach dem Tod von Marianne verfaßt –, daß sie eine kranke zweite Magd im Hause gehabt hätte. Das «Herzleiden» Mariannes taucht in den «Umrissen» nur ein einziges Mal auf, zur Erklärung des plötzlichen Todes – von der naiven Jenny als Vokabular benutzt, weil George Allen, der behandelnde Arzt, diese Todesursache angeblich festgestellt hat.

So wenig eine langfristige Herzkrankheit plötzlich entsteht, verschwindet und innerhalb einer Frist von einem Jahr wiedererscheint, so ungewöhnlich wäre nach Ausbruch des Leidens dieses merkwürdig schnelle Sterben innerhalb von sieben Tagen. Eine wirkliche Herzkrankheit hätte monate-, wenn nicht jahrelang gedauert.

Genau betrachtet sagt Karl nicht einmal ausdrücklich, woran Marianne gestorben ist, was für eine Krankheit sie hatte, warum sie am Tage der Abreise Jennys plötzlich unwohl wurde. Er erweckt durch den Nebensatz «die Allen schon vor einem Jahr an Herzkrankheit kuriert» nur den Eindruck, daß auch jetzt *wieder* eine Herzkrankheit zum Unwohlsein und nach sieben Tagen zum Tod geführt habe. Karl teilt drei Merkmale über Mariannes Krankheit und Tod mit: 1. «Marianne... fing am Tage der Abreise meiner Frau an, unwohl zu werden.» – 2. «Die Krankenwartung» dauerte «sieben Tage», dann «war» Marianne «tot». – 3. Es muß etwas Bösartiges gewesen sein, da Dr. Allen «schlechte Prognosen von dem ersten Tage» an gehabt hat.

Nichts über den Grund des Ausbruchs der Krankheit, nichts über ihren Verlauf, nichts über den Prozeß des Sterbens, nichts über die eigentliche Todesursache. Die Todesursache muß also erst noch rekonstruiert werden.

2. Möglichkeit:

Ein plötzlicher Tod nach einer langjährig erkannten oder vom Patienten nicht registrierten Herzunregelmäßigkeit – zum Beispiel einer Herzerweiterung – oder nach einem oft psychosomatisch bedingten Herzinfarkt.

Friedrich berichtet von einem derartigen «Herztod» seiner vierzigjährigen Lebensgefährtin, Mary Burns, die wahrscheinlich die Belastungen der Dreierbeziehung zwischen ihr, Friedrich und ihrer jüngeren Schwester Lizzy nicht mehr ausgehalten hat. Friedrich schreibt am Mittwoch, dem 7. Januar 1863: «Mary ist tot. Gestern [Dienstag] Abend legte sie sich früh zu Bett, als Lizzy sich gegen 12 Uhr schlafen legen wollte, war sie schon gestorben. Ganz plötzlich, Herzleiden oder

Schlagfluß. Ich erfuhr es erst heute Morgen, am Montag Abend war sie noch ganz wohl. Ich kann Dir gar nicht sagen, wie mir zu Mute ist. Das arme Mädchen hat mich mit ihrem ganzen Herzen geliebt.»[31]

Noch andere Fälle eines plötzlichen Todes durch Herzversagen sind von berühmten Frauen im 19. Jahrhundert bekannt. Johanna Kinkel, die Frau des von Karl und Friedrich in «Die großen Männer des Exils» wegen seines bürgerlich-demokratischen Abweichlertums angegriffenen Schriftstellers, Johann Gottfried Kinkel, starb 1858 in London an einem unerwarteten Aussetzen der Herztätigkeit: «Da, gerade als das Glück ihnen wieder zuzulächeln schien, mußte Johanna aus dem Leben scheiden. Eine heftige Erkältung hatte sie auf das Krankenlager geworfen. Sie war trotz allem heiter und guten Mutes. Als ihr jüngster zehnjähriger Sohn, ein schöner, blühender Knabe, zu ihr kam, sagte sie liebevoll: ‹Wie soll man denn nicht auch guten Mutes sein, wenn man so ein Hermännchen hat!› Da scheint die Atemnot, die infolge ihres Herzleidens doppelt beängstigend wirkte, sie an das Fenster getrieben zu haben. Dort verlor sie vermutlich die Besinnung, stürzte hinaus und war sofort tot.» – «Natürlich dachten viele an Selbstmord... Die Obduktion ergab, daß das Herz sich zum Doppelten seiner natürlichen Größe ausgedehnt hatte, daß also wohl ein Herzkrampf eingetreten war.»[32]

Johanna Kinkel, geboren 1810, wurde 48.

Gisela Grimm von Arnim, die Tochter der Bettina von Arnim, starb 1889 in Florenz mit 62 Jahren an einem «erweiterten Herzen»[33].

Ein solcher plötzlicher «Herztod» bei Frauen unter 30 ist äußerst ungewöhnlich. Auch sprechen die mitgeteilten Daten zum Ableben von Marianne nicht für einen derartigen Tod. Der Tod nach erfahrbarem Herzleiden oder unerkannter Herzanomalie ist ein überraschender, dem drei Informationen zu Mariannes Sterben widersprechen. Unwohlbefinden und sieben Tage während Krankheit, «sanftes», «seliges» «Dahinscheiden» und «schlechte Prognosen» des Arztes «vom ersten Tage» an. Der Zusammenhang zwischen Krankheit und terminierbarem Tod ist bei Herzbeschwerden gerade vollkommen ungewiß, eine Verbindung zwischen beiden über sichere Negativprognosen nicht herstellbar. Es gibt keinen Ausbruch der Krankheit, der zum Anlaß von sofortigen schlimmen Befürchtungen ärztlicherseits genommen werden könnte, als wäre ein baldiges Sterben vorauszusehen, noch lassen sich «Herzleidende» in einer begrenzten Spanne von sieben Tagen zu Tode pflegen. Einerseits bedürfen sie längerer Pflege – meist von Jahren –, andererseits kommt alle Pflege zu spät.

Eine Embolie nach einem Schwangerschaftsabbruch wäre ebenfalls plötzlich aufgetreten, wogegen Mariannes «sanftes» und «seliges» «Dahinscheiden» spricht, wie auch die «bösen Ahnungen», die Dr. «Allen vom ersten Tage» an gehabt hat.

Das Krankheitsbild, das mit wenigen Bruchstücken von Karl und Jenny in ihren schriftlichen Äußerungen übermittelt wird, ähnelt dem einer Bauchfellentzündung (Peritonitis). Sie entsteht durch Eindringen von Krankheitserregern nach unfallbedingten Eröffnungen der Bauchhöhle, durch Verletzungen der Bauchdecke oder durch Stichverletzungen vom Unterleib her in die Bauchhöhle.

Bauchfellentzündungen waren zur Zeit, da es keine Antibiotika gab, ein Todesurteil. Die Sterbeperiode betrug fünf bis sieben Tage.

Abtreibungen wurden im 19. Jahrhundert am häufigsten durch Einnehmen von Giften oder, bei fortgeschrittenen Schwangerschaften, durch versuchtes Zerstechen der Embryos vorgenommen[34], wobei die Gebärmutter verletzt werden konnte.

Die Gebärmutter vergrößert sich während der Schwangerschaft zu einer riesigen Wundfläche, für deren Schutz der Muttermundkanal geschlossen ist. Um eine Abtreibung herbeizuführen, muß der Muttermundkanal aufgedehnt werden. Im 19. Jahrhundert gab es noch keine antiseptische Praxis. Auch bei Geburtshilfen kamen immer wieder durch kleinste Verletzungen im Unterleibsbereich Infektionen vor, die nach ein paar Tagen zum Tode der Mütter führten – sogenanntes Kindbettfieber. Ein Zusammenhang zwischen Eingriff und Infektion, die eine tödliche Blutvergiftung nach sich ziehen konnte, wurde nicht gesehen.

Zwischen 1855 und 1861 entdeckte der Wiener Gynäkologe Ignaz Philipp Semmelweis diesen Zusammenhang und veröffentlichte 1861 sein Buch «Die Ätiologie, der Begriff und die Prophylaxis des Kindbettfiebers». Doch jahrzehntelang wurde ihm nicht geglaubt. Er endete verkannt in einer Nervenheilanstalt bei Wien 1865, erst 47 Jahre alt.

Marianne erlag einem septischen Abort.

Wenn in das Spezialgebiet der Kardiologie eingestiegen werden würde – dem Prinzip «in dubio pro reo» (im Zweifel für den Angeklagten) folgend –, ließe sich möglicherweise eine Herzkrankheit finden, die doch unter Karls angegebene Merkmale subsumiert werden könnte, zum Beispiel eine akute oder chronische Myokarditis (Herzmuskelentzündung). Es gibt bisher keine völlig zufriedenstellende Klassifizierung aller Formen der Myokarditis. Fieberhafte Erkrankungen und Infektionen können zu einer Herzmuskelentzündung führen. In schweren Fällen kommt es zu einem Kreislaufzusammenbruch. Auch stehen zuweilen «Grunderkrankungen an der Haut, der Leber, den Nieren, der Lunge oder an sonstigen Organen» mit einer «sekundären Myokardbeteiligung» in einem Zusammenhang. Die Krankheit «dauert in der Regel 1–4 Wochen». – «Es drohen Embolien und ein plötzlicher Herztod.»[35]

Aber deckte sich Karls Nachricht vom 24. Dezember 1862 mit den wirklichen Begebenheiten, hätte er sie anders formuliert. Karl ist ein enthemmter Über-alles-Schreiber, schweift ab, schmückt aus, zieht Details heran, sowie sich ihm dazu die Gelegenheit bietet. Oder er ist gebremst, weil er schweigen muß.

141

Zu einer Herzkrankheit eines Freundes wird er mit einem einzigen Begriff deutlicher als bei Marianne mit einem ganzen Absatz: «Mein Freund Nicolas Outine, 35 Jahr' alt, hat nach ärztlicher Untersuchung einen Beginn von fettiger Degeneration des Herzens. Man hat ihm Karlsbad angeraten...», schreibt Karl am 21. September 1876 an seinen Arzt Ferdinand Fleckles in Karlsbad.[36]

Die Überzeugung, Marianne sei nicht an einer Herzkrankheit etc. gestorben, stützt sich selbstverständlich nicht nur auf die lapidaren Hinweise Jennys und Karls zum Tode von Marianne. Daß diesem Tod keine gewöhnliche Krankheit – weder am Herz noch an einem anderen Organ – vorausging, erweist sich erst nach genauer Betrachtung der Quellen zu diesem Vorfall, besonders nach textvergleichendem Studium und bei der Analyse anderer üblicher Reaktionen der Protagonisten zu Todesfällen im Hause Marx. Satzbau, Stil, die Art des Mitteilens und vor allem des Verschweigens, wie darüber hinweg und nebenher formuliert wird – all das lenkt den Verdacht auf etwas, das verheimlicht, unscharf ausgedrückt, ja verfälscht werden mußte.

Jenny kritisiert 1864 in ihrem Brief vom 29. November an Friedrich das Unwissen von Ärzten: «Wenn die Ärzte nicht wissen, was sagen, muß immer die ‹allgemeine› Herzkrankheit herhalten. Ich glaube, sein [Bruder Edgars] Leiden liegt vielmehr in Lunge und Hirn.»[37]

Ärzte reden von Herzkrankheit, wenn sie nicht wissen, was los ist. So benutzen Hinterbliebene den Begriff, wenn sie nicht wollen, daß herauskommt, was los *gewesen* ist.

Karl hat versucht, in seinem Weihnachtsbrief vom 24. Dezember 1862 schnoddrig abgerückt über eine «ereignisvollste Zeit» Friedrich Bericht zu erstatten. Etwas Unstimmiges tritt zutage, wenn der ganze Brief mit allen seinen Zwischentönen betrachtet wird:

Lieber Engels,

Seit ich von Dir, hatte ich a most eventful time of it.

Montag die Manichäer, die aber nicht alle verabredetermaßen kamen. Ich verteilte 15 £ unter ihnen. Dem schlimmsten gab ich einen Wechsel für 12 £, 6 Wochen (eigentlich, da ich das Datum von Ende dieses Jahrs datiert, 7 Wochen) Sicht, mich dem chapter of accidents anvertrauend.

Mittwoch meine Frau ab nach Paris. Gestern Abend kam sie zurück. Es wäre alles all right gewesen, wenn nicht grade vor ihrer Ankunft Abarbanel vom Schlag paralysiert, so daß er, obgleich sein Kopf in Ordnung, hilflos im Bett lag. Überhaupt war die Reihe Unglücksfälle, die sie durchzumachen, tragikomisch. Erst großer Sturm zur See; ihr Schiff kam davon, eins in ihrer Nachbarschaft (es war via Boulogne) ging unter. Abarbanel wohnt vor Paris. Meine Frau durch Eisenbahn zu ihm. Es passierte Pech mit der Lokomotive, so daß 2 Stunden die Fahrt unterbrochen. Später stürzte ein Omnibus, mit dem sie fuhr. Und gestern geriet in London der Cab, worin sie saß, in die Räder eines andern. Sie stieg aus und kam per pedes an mit 2 Jungen, die ihren Koffer trugen. Übrigens eins in Paris, wo sie Massol etc. sah, erreicht. Sobald meine Schrift heraus, wird sie *französisch* publiziert werden.

Nun aber das größte Pech. Marianne (Lenchens Schwester), die Allen schon vor einem Jahr an Herzkrankheit kuriert, fing am Tage der Abreise meiner Frau an, unwohl zu werden. Dienstag Abend, 2 Stunden vor der Ankunft meiner Frau, war sie tot. Ich übernahm mit Lenchen zusammen während der sieben Tage die Krankenwartung. Allen had misgivings from the first day. *Sonnabend* 2 Uhr ist das Begräbnis, wo ich 7 + ½ £ St. auf einem Brett dem undertaker zahlen muß. Dies muß also beschafft werden. Es ist dies ein schöner Christspektakel für die armen Kinder.

Salut.

Dein   K. M.[38]

Der erste und der letzte Absatz enthalten mehrere Auffälligkeiten.

Karl eröffnet den Brief mit einem abgerissenen, gehetzt wirkenden, unvollständigen Satz: «Seit ich von Dir, hatte ich a most eventful time of it.» Hatte Karl die ereignisreichste Zeit seines Lebens? Die fünf Unfälle Jennys auf ihrer Paris-Reise waren für Karl selbst nicht «höchst ereignisvoll». Was bedeutet «of it»? 1862 schreibt Karl längst fließend Englisch. Und doch geht er eigene, gleichsam deutsche Wege mit der fremden Sprache. Die Wendung «a most eventful time of it» bleibt befremdlich. Die ereignisreichste Zeit von allem? Von «es»? Das «es» bleibt unklar. Das Unaussprechliche, «it» = die Sache, «es», das Karl nicht in der Hand hat.

Die «Manichäer» – Gläubiger –, die Karl nachstellen, sind für ihn eine Lebensregelmäßigkeit.

Die englischen Wörter in dem Satz «mich dem chapter of accidents anvertrauend» übersetzen die MEW: «Spiel des Zufalls.»[39] «Accident» heißt aber auch Unfall. Mit dieser Formulierung leitet Karl von den Problemen um die Wechsel-Fälligkeiten über zu dem Kommenden, dem «Lauf des Schicksals» oder wörtlich Deutsch, zu dem «Kapitel der Un-fälle».

«Mittwoch meine Frau ab nach Paris» umschreibt kaum noch, daß Karl froh ist, Jenny endlich aus dem Haus expe-diert zu haben, «ab nach Paris!» – «Gestern abend kam sie zurück. Es wäre alles all right gewesen.» Alles wäre nach Plan verlaufen – von Karl und Friedrich Anfang Dezember 1862 während Karls Aufenthalt in Manchester ausgeklü-gelt: Jenny rechtzeitig ab, sofortige Vornahme der Abtrei-bung, aber nun kam ein Pech nach dem anderen. Ablenkend greift Karl erst einmal Jennys Reiseerlebnisse auf, bis er schließlich vom eigentlichen «event» der «ereignisvollsten Zeit» zu erzählen beginnt: «Nun aber das größte Pech.» Karl stellt eine gekünstelte Objektivität her und will gleich zu Anfang mit dem Schlenker «schon vor einem Jahr an Herzkrankheit kuriert» eine Aktualität zu einer Permanenz ummodeln.

«Ich übernahm mit Lenchen zusammen während der sie-ben Tage die Krankenwartung» ist ungewöhnlich im Karl-schen Verhaltensrepertoire. Die breiten Schilderungen über die Leiden seiner Haushaltsfrauen, allen voran Jennys, aber auch seiner Töchter und Helenes, zeigen ihn verärgert, ge-langweilt, in seiner Arbeit unterbrochen. Er wird «gestört

144

und muß zu» seiner «Frau zur Krankenleistung».[40] Sein «Haus ist ein Lazarett», die Krise «so störend, daß sie» ihn «zwingt, ihr» seine «allerhöchste Aufmerksamkeit zu schenken».[41]

«Krankenwartung», «sieben Tage» lang – davon ist bisher nicht die Rede, und das auch noch für das untergeordnetste Mitglied des Haushalts: «Ich übernahm mit Lenchen zusammen während der sieben Tage die Krankenwartung» zeigt Karl vollkommen involviert. Nur Helene und er selbst durften/mußten mit der sterbenden Marianne umgehen. Die Töchter Jenny und Laura waren 18 und 17 und hätten sich bestens zur «Krankenwartung» geeignet. Auch die Jüngste, Eleanor, war schon fast acht und hätte zum Pflegen und Betreuen hinzugezogen werden können. Aber alles das war Karl zu riskant. Es durfte nichts herauskommen. Er selbst mußte permanent um Marianne sein. Einzige Mitwisserin im Hause war Helene, die sich beim Geheimnisteilen schon bewährt hatte.

Geheimnisträger ist auch Friedrich.

Mariannes Tod ist der fünfte im Hause Karls, den er Friedrich mitteilt. Vorausgegangen war das Sterben der Kinder Heinrich Guido (19.11.1850), Franziska (14.4.1852), Edgar (6.4.1855) und Child (8.7.1857). Jedesmal springt Karl sofort zu Beginn des Briefes in die betrübliche Neuigkeit, schreibt anschließend meist kaum noch Erhebliches, beläßt es bei der Todesmitteilung. So macht er es auch ein Jahr später, am 2.12.1863, mit der für ihn unbedenklichen Nachricht vom Tod seiner Mutter.

Beim Tod Mariannes schickt er – in der Druckfassung des Textes – 21 Zeilen voraus mit letztlich unbedeutenden Informationen, ehe er über das eigentliche Ereignis in seinem Hause berichtet.

Die Dramaturgie des Briefes stellt Jennys Reise und Mariannes Tod in einen Zusammenhang, Karl rahmt Mariannes tödliche Erkrankung mit Jennys Abfahrt und Ankunft ein, so wie es auch in Wirklichkeit gewesen war.

Die Nachricht vom Tode Mariannes enthält nicht das kleinste Zeugnis eines Bedauerns.

Da Friedrich der Adressat dieses Briefes ist, werden noch einige Unstimmigkeiten unter den Mitteilungen über Marianne offensichtlich.

Marianne lebt seit fünf Jahren im Marxschen Haushalt. Friedrich kennt sie, da er alle paar Monate bei Karl in London zu Besuch ist.

Jenny belegt in ihrem Brief von Anfang April 1861 an Friedrich dessen Vertrautheit mit der personellen Zusammensetzung des Marxschen Haushalts, bezeugt, daß Friedrich längst weiß, wer Marianne ist. Sie erwähnt sie kommentarlos.[42]

Warum setzt Karl, als er Mariannes Namen nennt, erläuternd «Lenchens Schwester» hinzu?

Friedrich müßte auch wissen, daß diese junge Haushälterin schon seit mindestens einem Jahr herzkrank ist, wenn sie es wirklich wäre. Die zweite Spezifizierung Mariannes als die, «die Allen schon vor einem Jahr an Herzkrankheit kuriert», wäre demnach ebenso überflüssig wie die Erläuterung «Marianne (Lenchens Schwester)».

Es gibt nur eine Marianne. Mit der Bezeichnung «Lenchens Schwester» distanziert sich Karl von seinem Haushaltsmitglied, es ist nicht «unsere Marianne», sondern sie wird eindeutig in Helenes Bereich verwiesen. Kein Gedanke einer Nähe darf aufkommen. Karl stellt Helene deutlich zwischen sich und Marianne.

Auffällig die Briefpause vom 20. November bis zum 24. Dezember 1862 – eine keineswegs für die ganze Zeit natürliche Lücke. Besonders verdächtig ist das Fehlen einer Ankündigung von Karls Reise Anfang Dezember zu Friedrich nach Manchester. Die letzte überlieferte Nachricht stammt von Karl an Friedrich – 20. November 1862, acht Zeilen, nur eine kurze Mitteilung u. a. über erhaltenes, von Friedrich geschicktes Geld[43]. Von Karls bevorstehender Reise nach Liverpool und Manchester zwischen 5. und 13. Dezember weder in diesem Brief noch in denen davor ein Wort.

Karl war im November in besonders gedrückter Stimmung, schrieb am 7.11.1862 an Ferdinand Lassalle, seine Situation sei grauenhaft: «Ich denke, das Substantielle in unserer Freundschaft ist stark genug, um auch solchen chock ertragen zu können. Ich gestehe Dir, sans phrase, daß ich, als Mann auf dem Pulverfaß, eine Kontrolle der Umstände über mich erlaubte, die einem animal rationale nicht ziemt. Jedenfalls wäre es aber nicht großmütig von Dir, diesen status animi, in dem ich mir am liebsten eine Kugel durch den Kopf geschossen, als Jurist und Prokurator gegen mich geltend zu machen.»[44]

Die Geldverhältnisse Karls waren nicht außergewöhnlich miserabel – wie die «Abrechnung» aus dem Herbst 62 gezeigt hat –, sondern durch Friedrichs Einsatz ganz gut lebbar. Überdies war Karl in gesundheitlicher Bestform und seine kreative Endphasensteigerung für das «Kapital» geradezu euphorisch.

Schon am 18. Juni 1862 berichtet er seinem Freund Friedrich, der wieder einmal 50 Pfund herübergeschoben hatte: «Im übrigen arbeite ich jetzt stark drauflos, und sonderbarerweise ist mein Hirnkasten unter all der misère ringsherum besser im Gang als seit Jahren.»[45] Diese Stimmung wird bis Anfang 1863 nicht zurückgenommen. Am 7. August 1862 übersieht Karl den Umfang seiner neuen ökonomischen Schrift, die er Ende des Jahres «Das Kapital» nennen wird: «Ich denke, daß meine Schrift 30 Bogen stark werden wird.»[46] «...sobald meine Schrift erschienen.»[47] «Indes geht es doch by and by zu Ende.»[48]

Karl ging es im November 1862 weder pekuniär, noch gesundheitlich, noch kreativ so übel, daß er sich eine Kugel durch den Kopf hätte schießen müssen. Die krassen Wendungen «chock», «Mann auf dem Pulverfaß», «Kontrolle der Umstände über mich erlaubte», «Geisteszustand, in dem ich mir am liebsten eine Kugel durch den Kopf geschossen» sind zur Beschwichtigung von Ferdinand Lassalle gedacht, der mißtrauisch geworden war und seine vor ein paar Monaten

Karl geborgten 60 Pfund sofort zurückhaben wollte (Ferdinand Freiligrath schickte sie – von Friedrich zur Verfügung gestellt bekommen – Anfang November nach Berlin zurück). Aber Karl ist ein transparenter Schreiber, der alles herausläßt, was in ihm steckt, nur auf verschlungenen, grammatikalisch und fremdsprachengemischt seltsamen und für eventuell kontrollierende Beamte versteckten Wegen. Die Drastik im Brief an Lassalle muß von etwas besonders Entsetzlichem herrühren, das ihn im Kern getroffen hat. Außer der diesmal im dritten Monat offensichtlich gewordenen Schwangerschaft seiner Hausmagd Marianne passiert zur Zeit in Karls Leben nichts existentiell Bedrohliches, das Anlaß sein könnte, sich die Kugel zu geben.

Das unheimliche Geschehen, das Karl im Weihnachtsbrief 1862 wegzustecken versucht, kommt noch deutlicher zum Ausdruck, wenn Friedrichs direkte Reaktion auf Karls Brief einbezogen wird:

> Manchester, 26. Dezember 1862.
> Lieber Mohr,
> Lupus gab mir Deinen Brief gestern, und ich schicke Dir inliegend O/I 85335, Manchester, 28. Jan. 1862 £ 5. Bank of England, M. 97. £ 5. – Note der Boston Bank, zahlbar bei Masterman's in London. Leider hat der alte Hill keine £ 10 in Bank of England-Noten, doch ist die andre auch cash.
> Die Ereignisse in Deinem Haus und auf der Reise Deiner Frau sind wirklich wunderbar und was wichtiger ist, von *ganz speziellem Pech*. Doch ist jedenfalls die Aussicht auf französische Publikation vortrefflich. How is this to be managed? Und hast Du von Brockhaus gehört?
> Ich fürchte, der brave Burnside bekommt Prügel am Rappahannock. Er muß eine ganz besondre Neigung dazu verspüren, da er sich nicht entschließen kann, mehr als 40000 Mann auf Einmal aufs Spiel zu setzen. Übrigens wundert's mich, daß die Confederates sich dort schlagen und nicht lieber langsam bis Richmond zurückgehn und dort schlagen; möglich, daß dies noch geschieht.
> Viele Grüße
> Dein   F. E.[49]

Kaum merklich in Alltagsmitteilungen verpackt, steht der einzige Satz dieses Briefes, in dem Friedrich sich auf die Karl-Botschaft bezieht: «Die Ereignisse in Deinem Haus und auf der Reise Deiner Frau sind wirklich wunderbar und was wichtiger ist, von *ganz speziellem Pech*.»

Friedrich ist beim Schriftverkehr im Gegensatz zu Karl ein braver Replikator. Er nimmt zu allem, was der Freund schreibt, genau Stellung. Auf drei der vier ihm zuvor von Karl mitgeteilten Todesfälle im Hause Marx reagiert Friedrich normal, der Situation angemessen ausführlich. Im vierten Falle, zum Tod des achtjährigen Sohnes Edgar am 6. April 1855, ist nichts überliefert. Zwischen 20. Juli 1854 und 12. Dezember 1855 sind Friedrichs Briefe über eineinhalb Jahre hinweg verlorengegangen oder vernichtet worden.

Die drei erhalten gebliebenen Reaktionen Friedrichs auf Todesnachrichten Karls unterscheiden sich inhaltlich und formal wesentlich von dem einen, fast schon ironischen Satz über Mariannes Tod.

Im November 1850 kondoliert Friedrich mit einem eigenen Brief an Jenny zum Tod ihres Sohnes Heinrich Guido. Karl dankt ihm für diesen Brief: «Dein Brief hat meiner Frau sehr wohlgetan.»[50]

Auf den Tod von Franziska schreibt Friedrich am 20. April 1852: «Ich habe mit Bedauern gesehn, daß sich meine Befürchtungen wegen Deines kleinen Mädchens nur zu schnell bestätigt haben.»[51]

Den Tod der Tochter Child am 8. Juli 1857 erwähnt Friedrich anteilnehmend drei Tage später in seinem Brief vom 11. Juli 1857: «Der Inhalt Deines Briefs hat mich sehr erschüttert trotz des Mysteriums, denn ich weiß, es muß Dir hart kommen, eh Du so schreibst. Den Tod des Kindes kannst Du stoisch hinnehmen, Deine Frau schwerlich. Wie es *ihr* geht, schreibst Du nicht, ich schließe das Beste daraus, aber laß es mich doch *positiv* wissen, rechte Ruhe darüber hab ich sonst doch nicht, Deine mysteriösen Andeutungen lassen in dieser Beziehung zu vielen Vermutungen Raum. Geht es ihr nur gut, so ist es am Ende doch am besten, daß die Sache vorüber ist.»[52]

Im Gegensatz zu solchen, an Friedrich gewohnten Stellungnahmen ist sein Kommentar zum Tode von Marianne undurchsichtig. Das Streifen der «Ereignisse» ließe einen uneingeweihten Leser des Briefes nicht wissen, worum es geht. «Wirklich wunderbar» bezieht sich auf Jennys viermalige Lebensrettung innerhalb der Kette ihrer Unglücksfälle. Nur das «ganz spezielle Pech» – von Friedrich unterstrichen – berührt Mariannes Tod. Aber eindeutig ist es nicht.

Die Unangemessenheit, ja Häme dieser Formulierung als Reaktion auf einen Todesfall ist unübersehbar.

Friedrichs Antwort ist ein Komplizenbrief. Jenny *soll* nichts wissen. Die Polizei *darf* nichts wissen. Karl gestaltet seine ganze Freundschaft zu Friedrich mit unzähligen Episoden hinter Jennys Rücken. Diese Art des Umgangs mit ihr wird in dem Briefwechsel zuweilen auch offen ausgesprochen: «Sie weiß natürlich nichts von den hier stattgehabten Vorfällen.» – «Sie hatte natürlich keine Ahnung von dem, was ich schrieb.» – «Meiner Frau halte ich natürlich den ganzen Dreck geheim.» – «… da Deine Frau nichts wissen darf, ist's besser, Du kommst her…»[53]

So kann Friedrich nicht schreiben, wie er will und über das, was er weiß. Der Fall ist alarmierend heikel. Friedrich möchte nicht Gefahr laufen, daß Jenny davon durch einen Blick in seinen Brief Kenntnis erhält.

Verschlüsselung war allemal geboten: Tod infolge von Abtreibung ist ein absolut geheimzuhaltendes Geschehen. Schon die Abtreibung selbst – etwas Unbenennbares. Sie war im England des 19. Jahrhunderts selbstverständlich strafbar: «Wenn eine Frau ein lebendiges Kind im Leibe hat und es durch einen Trank oder auf andere Art tötet, oder wenn eine andere Person sie schlägt, so daß das Kind im Mutterleib stirbt, und sie von einem toten Kind entbunden wird, so ist das zwar kein Mord, aber, wie es die alten Gesetze nennen, ein homicidium oder unvorsätzlicher Totschlag.»[54]

Das Nächstauffällige: Karl und Friedrich, im Wissen darum, daß sie beobachtet werden und ihre Post immer wieder Stichprobenkontrollen unterliegt, senden wichtige oder «gefährliche» Briefe über Dritte, wenn sie sicher sein wollen, daß ein Brief den Empfänger wirklich erreicht oder die Nachrichten behördenunverträglich sind.

Karls Brief vom 24. Dezember 1862 wurde über Wilhelm Wolff, genannt «Lupus», transportiert, wurde Wolff entweder persönlich mitgegeben oder an ihn, der in Manchester wohnte, von einem unauffälligen Absender geschickt. Friedrich antwortete am 26. Dezember: «Lupus gab mir Deinen Brief gestern...»

Die Bestätigung Friedrichs vom Geheimkurier mißt diesem Brief nachträglich eine Sonderfunktion bei, die er vom ausgesprochenen Inhalt her nicht zu haben brauchte:

1. Absatz: Karl erzählt vom Abzahlen seiner Schulden,

2. Absatz: Karl erzählt von den Reiseerlebnissen seiner Frau,

3. Absatz: Karl erzählt vom Tod seiner herzkranken Magd.

Nirgendwo etwas Besonderes, Geheimzuhaltendes, wenn eben diesem Tod nicht etwas anderes unterläge, das Karl auf keinen Fall an den Staat dringen lassen will.

Er ist sogar noch vorsichtiger, er scheut den Gang zur Behörde. Nicht er meldet den Tod seiner zweiten Haushälterin, sondern überläßt diesen peinvollen Gang Helene. Im Sterberegister von 1862 des Subdistrict of Kentish Town in the county of Middlesex ist der Tod einer «Mary Kreuz» am 23. Dezember 1862 beurkundet worden. «Anstelle der Unterschrift der den Tod anmeldenden Person ist in der Eintragung ein x sowie der Vermerk ‹The mark of Helen Demuth Present at the death› angegeben.»[55]

Erst die Information, daß Karls Weihnachtsbrief über einen Dritten befördert wurde, schlüsselt die seltsame Kennzeichnung Mariannes im dritten Absatz auf. Für Friedrich hätte es nur der Todesnachricht bedurft. Sofort hätte er gewußt, was losgewesen wäre. Doch Karl formuliert nicht nur polizeifrisiert, sondern auch noch drittendicht. Die Ausschmückungen «Lenchens Schwester» und «die Allen schon vor einem Jahr an Herzkrankheit kuriert» sind als eine – im voraus abgesicherte – Erklärung der Geschehnisse für jeden beliebigen Dritten gedacht. Im Zweifelsfall muß Karl gegenüber Wilhelm Wolff etwas beschönigen.

In seiner Antwort vom 26.12.62 über den Postweg will Friedrich weder lügen, noch zum Vorgefallenen unverschlüsselt Stellung nehmen. Ein unverdächtiger Tod hätte einen anderen Friedrich gezeigt. Anteilnehmend hätte er zunächst das Faktum benannt, dann wären Kommentare mit spezifizierten Tröstungen gefolgt, wie schlimm für Jenny es sei, die Haushälterin Marianne zu verlieren, die sie «zur Hilfe von St. Wendel hatte kommen lassen und die [1859] nun schon seit 2 Jahren bei» ihr war.[56] Bei einer wirklich herzkranken Patientin hätte Friedrich eine Bemerkung fallenlassen, daß es eher eine Erlösung sei, von langen Leiden endlich abberufen worden zu sein. So äußerte er sich in seinem Brief vom 15. März 1883 an Friedrich Adolph Sorge über den Tod von Karl: «Alle mit Naturnotwendigkeit eintretenden Ereignisse tragen ihren Trost in sich, sie mögen noch so furchtbar sein. So auch hier.»[57]

Daß es sich bei Marianne nicht um einen «naturnotwendigen» Tod handelt, verrät Friedrich noch durch den Zusammenhang, in den er dieses Ereignis mit anderen stellt. Ohne Überleitung, mitten im Text, erwähnt er nach dem «ganz speziellen Pech» «die Aussicht auf französische Publikation» und die Kontakte zu Brockhaus, der zunächst als Verleger für «Das Kapital» vorgesehen war.

Friedrich rückt drei Unternehmungen zusammen. Beim ersten gab es Pech, beim zweiten vortreffliche Aussichten, das dritte ist noch unklar. Der Passus behandelt das «Ereignis» in Karls Haus als etwas Absichtsvolles, das durch ein «ganz spezielles Pech» mißglückte. Engels ist Kaufmann. Er zieht Bilanz: 1. Abtreibung = minus, 2. französische Übersetzung =

plus, 3. der Posten «Brockhaus» steht noch aus. Friedrich muß Karl mahnen.

Die Frage «How is this to be managed?», zwei Sätze nach dem «ganz speziellen Pech», macht klar: So ist es bei Managements. Nicht alle glücken.

«Unglücksfälle in meiner Familie» – so begründet Karl in seinem ersten Brief an Ludwig Kugelmann vom 28. Dezember 1862 seine verspätete Reaktion: «Freiligrath hat mir vor einiger Zeit einen Brief mitgeteilt, den er von Ihnen erhalten. Ich hätte früher geantwortet, wenn nicht eine Reihe von Unglücksfällen in meiner Familie mich für some time schreibunfähig gemacht.» [58]

Jennys Unglücksfälle [59] auf ihrer Reise von London nach Paris stand sie allein durch. Karl war zu Hause geblieben. Nur der eine Krankheits- und Todesfall Mariannes hat ihn seit dem 17. Dezember «schreibunfähig» gemacht. In dem Versteck der wolkigen Mehrzahl «Reihe von Unglücksfällen» nimmt Karl einen Tag nach Mariannes Beerdigung [60] Zuflucht vor dem ihn kompromittierenden Tod seiner Magd.

In ihren erhalten gebliebenen Briefen erwähnt Jenny Marianne nach dem Tod noch fünfmal. Am 16. Juli 1864 berichtet sie Ernestine Liebknecht von ihrem Umzug März 64 in das neue luxuriöse Haus: «Sie glauben nicht, wie schrecklich mir seit dem Tod unsrer kleinen Marianne das alte Haus geworden war und wie glücklich wir uns alle in den neuen, heitern Räumen fühlen.» [61]

Dieser Satz zeigt Jenny abermals als ein Medium, das auch in seiner *Sprache* etwas verrät, wovon es eigentlich nichts weiß, nichts wissen soll.

Jenny ist es nach dem Tod von Marianne unheimlich in ihrem eigenen Haus. Ein «sanftes», «seliges» «Dahinscheiden» hätte diese unangenehme Nachwirkung auf sie nicht hinterlassen. Über «Schrecken» in den eigenen vier Wänden gibt es von Jenny keine vergleichbare Äußerung beim Verlassen ihrer vorigen Wohnung, in der sie bis 1856 lebte. Dort waren zwei ihrer Kinder gestorben – Franziska und Edgar –, dort wurde ihr Stiefsohn Frederick geboren. Dieser Ort hätte ihr genug Grund geben können zu sagen, «wie schrecklich» nach dem Tode ihrer Kinder und nach dem sie irritierenden «Frühsommerereignis» die alte Wohnung für sie geworden war.

Aber Leid und Verzweiflung sind etwas anderes als durch Unheimlichkeit ausgelöster Schrecken.

Schon in Jennys erstem überlieferten Zeugnis zum Tod von Marianne – drei Wochen danach – stellt sie gleich zu Anfang eine Stimmung des Unheimlichen her (16. Januar 1863):

«... stand ich den Tag vor Weihnachten ... an der Thüre unsres kleinen alten home's. Gleich beim Eintreten bemerkte ich eine auffallende Stille; Jennychen und Laurachen kamen mir bleich u. verstört entgegen u. Tussichen [Eleanor] fand ich in Thränen aufgelöst; da ward mir denn die schmerzliche Kunde, daß unsre gute, treue kleine Marianne ein paar Stunden vor meiner Rückkehr an einer Herzkrankheit verschieden war. Ich brauche ... nicht erst zu sagen wie tief u. innig wir das gute, treue liebe Mädchen betrauern, wie sie uns überall fehlt u. wie wir uns wirklich Alle sehr schwer in ihren Verlust fügen können. Sie können sich auch Helen's tiefes Leid denken, die Schwestern hatten sich so lieb u. wirklich – man mußte dem heiteren, harmlosen, dem guten, braven Wesen gut sein. Am Weihnachtsabend ward sie in den dunklen Sarg gebettet u. am Sonnabend darauf von Lehnchen, Karl u. den lieben Mädchen auf ihrem letzten Gange hinaus zu ihrer letzten Ruhestätte begleitet. – In stiller Trauer u. Wehmut begingen wir die Festtage... – das ganze Haus war still u. traurig u. noch bis heute ist die schmerzliche Stimmung nicht verhallt...»[62]

Drei Tage danach resümiert Jenny die emotionale Bedeutung, die Marianne für die Familie Marx gehabt hat (19. Januar 1863): «... wer vermöchte auch besser unser tiefes

Leid zu ermessen als Sie u. Ihr lieber Mann [Ernestine und Wilhelm Liebknecht] – Sie kannten das liebe, gute, treue Geschöpf mit ihrer kindlichen Heiterkeit u. tiefen Anhänglichkeit an uns Alle. Sie können denken wie sie uns fehlt.»[63]

Die Tochter Jenny unterstreicht es noch (15. Februar 1863): «Unsere arme kleine Marian, ich bin zu traurig, über sie zu sprechen. Wir alle, und die arme kleine Tussy ganz besonders, haben mit ihr unseren besten Freund verloren.»[64]

Am 2. November 1863 verweist Jenny auf die Funktion Mariannes im Marxschen Haushalt und gibt indirekt einen Beleg für die ungebrochene Arbeitsfähigkeit dieser Magd: «In den unteren Regionen waltet Lehnchen als Oberaufseherin einer alten Waschfrau, die jetzt alle 14 Tage zur Hilfe kommt, seit dem Tode unsrer lieben, guten, treuen kleinen Marianne...»[65]

Am 10. Dezember 1864 schreibt Jenny ein letztes Mal Ernestine Liebknecht über Marianne: «Vor 2 Jahren saßen wir weinend um unsre arme kleine Marianne herum, die eben ihr liebes junges Dasein ausgehaucht hatte. Am 2ten Feiertage geleiteten wir sie zu ihrer letzten Ruhestätte in kalter, fremder Erde.»[66]

Mariannes «Schicksal» ist kein Einzelfall. Was im Hause Marx geschah, war eine 19. Jahrhundert-Regel, besonders verbreitet in der zweiten Hälfte, im prüden viktorianischen Zeitalter. Bei der bürgerlichen Oberschicht, zu der die Familie Marx gehörte, bemächtigten sich die «Herren» und deren Söhne reihenweise des jüngeren weiblichen Personals.

Der sexuelle Nießbrauch der Hausmädchen ist für die Männer der herrschenden Klasse einfach gewesen, ersparte ihnen Geld für Nebenfrauen, war vor allem mit weniger Aufwand der Geheimhaltung vor Gemahlin und Kindern möglich, machte keine Umstände, brachte für die «Herren» kaum Gefahren. Sie «blieben» zu Hause, hatten dort ihre sexuelle

Abwechslung und kehrten dabei mühelos den Ehrenmann hervor. Es drang von ihrer «Haustätigkeit» ja nichts nach draußen.

Die Mägde wurden nicht gefragt, mußten den «Verkehr» mit den «Herren» hinnehmen als mehr oder weniger unumgängliche Teilpflicht ihrer Tätigkeit, ganz gleich, in welche Schwierigkeiten und Ängste sie dadurch gerieten. Im Falle einer Schwangerschaft wurde ihnen gekündigt. Sie sahen sich zu ihrer «Schande» auch noch ihrem Elend ausgeliefert: das Kind abtreiben oder bekommen, es allein aufziehen, als Schwangere keine neue Stelle finden, Selbstmord – der letzte Ausweg...? Oft mußten sie zurückkehren in ihre – meist bäuerlichen – Familien, um dort ein geduldetes Dasein zu fristen.

Karl ist der Typ des krassesten Doppelmoralisten, den die bürgerliche Gesellschaft noch heute bei allen Männern von Einfluß erzwingt. Karl spielt jedoch nicht nur Moral, er hat sie im Blut! Er äußert sich schäbigst über alle Formen der Abweichung von der Sitte, geißelt alles, worin diese Abweichung zum Ausdruck kommt. Das Sichtbarwerden der Abweichung ist das Wesentliche, das ihn in Harnisch versetzt. Zuwider ist ihm die Möglichkeit des Nichtverheiratetseins, des Zusammenlebens einer älteren Frau mit einem jüngeren Mann, des Verhältnisses von einem Mann und zwei Frauen, des Lebens als alleinstehender Mann mit multiplen Kontakten oder mehreren Beziehungen zu Frauen.

Die Briefe, die Karls Mißbilligung der Lebensweise seines nächsten Freundes Friedrich enthielten, korrespondiert zwischen ihm und Jenny, wurden später von der Tochter Laura vernichtet.

Kaum ein anderer revolutionär tätiger Mann des 19. Jahrhunderts stellt seine geballte Ladung Norm so dar wie Karl. Friedrich lebt über Jahre hinweg in einem Verhältnis mit den Schwestern Mary und Lizzy Burns. Michael Bakunin bindet sich nicht. Wilhelm Liebknecht führt hintereinander zwei Ehen. Ferdinand Lassalle erkämpft für die zwanzig Jahre ältere Sophie Gräfin von Hatzfeldt eine Scheidung zu ihren Gunsten und teilt mit ihr Tisch und Bett. Von der in Karls Augen losen Sophie Hatzfeldt redet er kaum anders als mit schwersten Despektierungen ihrer Person: «Es gibt kein schrecklicheres Saumensch als die Gräfin Hatzfeldt!»[67], «...das alte Saumensch Hatzfeldt...»[68], «...die alte Hure Hatzfeldt...»[69]

Seinen Töchtern mutet Karl alle jahrhundertgewohnten vorehelichen Einschränkungen zu, gebärdet sich bei ihrer Verheiratung fast mädchenhandelnd.

Die Front gegen erkennbar werdende Abweichungen bei der Lebensgestaltung kann Karl so gut zur Schau stellen, weil er selbst zu keiner solchen Äußerung gegen die Norm fähig ist.

Eine psychische Besonderheit macht ihn extrem empfänglich für diese unsichtbare Abweichung, die sexuelle Befriedigung des (groß)bürgerlichen Mannes mit Angehörigen seines Personals. Karl ist verklemmt, sein Geschlechtsleben inzestuös-infantil. Er hat nie einen Blick auf «fremde Frauen» geworfen. Karl kann nur zu Hause. Es gibt keine Andeutung von ihm oder über ihn, daß er sich aufgemacht hätte, um zu einem außerhalb engster Bekanntschafts- und Verwandtschaftsbezüge liegenden sexuellen Erlebnis durchzudringen. Nicht einmal in seiner Studentenzeit ein «Hörnerabstoßen», nur Männerdiskussionen und nächtliches Stubenhocken. Er heiratet eine Quasischwester – Jenny, die ihm Nahe von Jugend auf, seine Verlobte ab Achtzehn. Frauen müssen ihm zugeführt werden. Er kann ihnen nicht «begegnen», geschweige denn, sie «erobern». Er nutzt die Gelegenheit Helene. Er nutzt die Gelegenheit Marianne. Dann ist er noch von den schönen Augen seiner 19 Jahre jüngeren Cousine Antoinette Philps beeindruckt. Flirts, wenn er in Holland zu Gast ist – einmal pflegt Nanette den Cousin während seines späteren Karbunkelleidens (Jahreswende 1863/64). Er schreibt ihr einige Briefe, wenn er auf Reisen ist. Mehr läuft da nicht.

Karl fühlt diese sexuelle Zurückgebliebenheit, ja Gefangenschaft. Er macht sich mit seiner Hetze gegen nicht so eingeschränkte Männer Luft. Er wird gegen alles von seinen Auffassungen Abweichende ausfällig, aber er tobt gegen Männer, die sexuelle Beziehungen zu außerfamiliären, außerhäuslichen Frauen anbahnen können. Der Weltmann Lassalle, frauenheldisch und gesellschaftsgewandt, wird noch während seines Besuchs bei Karl niedergemacht. Der Hausherr schreibt hinter dem Rücken des Gastes an Friedrich – 30. Juli 1862 –: «Der jüdische Nigger Lassalle... Er ist nun ausgemacht nicht nur der größte Gelehrte..., sondern außerdem Don Juan... Dabei das wüste Fressen und die geile Brunst dieses ‹Idealisten›. Es ist mir jetzt völlig klar, daß er, wie auch seine Kopfbildung und sein Haarwuchs beweist, – von den Negern abstammt, die sich dem Zug des Moses aus Ägypten angeschlossen (wenn nicht seine Mutter oder Großmutter von väterlicher Seite sich mit einem nigger kreuzten). Nun, diese Verbindung von Judentum und Germanentum mit der negerhaften Grundsubstanz müssen ein sonderbares Produkt hervorbringen. Die Zudringlichkeit des Burschen ist auch niggerhaft.»[70]

Der Sponti-Revolutionär, August Willich, zuerst kommunistischer Halbbruder und später Feind Karls, ist ihm sexuell ein Dorn im Auge: «Willich hat ein ganz hübsches Abenteuer erlebt», schreibt Karl an Friedrich am 22. Mai 1852, «Frau von Brüning, bei der er freie Tafel hatte, gefiel sich darin, mit diesem alten Bock, wie mit den übrigen Exlieutenants zu kokettieren. Eines Tags stürzt das Blut unsrem Asketen in den Kopf, er macht einen tierisch-brutalen Angriff auf Madame und wird mit Glanz zum Hause hinausgeschmissen. Verlorne Liebe! Verlorne Tafel! Nous ne voulons plus de jouisseurs.»[71]

Am 30. August 1852 schreibt Karl an Friedrich: «Willich verlumpt ganz. Kein Mensch pumpt ihm mehr darauf, daß ‹Es› losgehn soll. Sein Freund Schärttner hat ihm vor einigen Tagen coram publico erklärt, daß nun das ‹freie› Fressen und Saufen aufhören müsse. Er wurde rot wie ein Puter und der unerbittliche Schärttner nötigte ihn, die Theorie sofort in Praxis setzend, die eben genoßnen Potts bar zu zahlen. Einigen, aber nicht zureichenden Halt findet Willich noch im Vögeln der alten Hausphilisterin, bei der er wohnt. Auch das ist notorisch geworden. Niemand glaubt mehr an dieses Sancho Pansas Asketik. Wenn er mit Johann etc. schreibt, ‹die Zeit der Feder ist vorbei, die Zeit des Schwerts gekommen›, so heißt letzterer Passus in plain German: ‹Die Zeit des *Fechtens* ist gekommen.›»[72]

Jenny plaudert in ihren «Umrissen» eine Episode aus, die den moralischen Zuschnitt Karls entblößt: «...war Willich bei uns eingetroffen und hatte sich gleich als kommunistischer frère et compagnon bei uns eingenistet. Frühmorgens erschien er schon als echter Don Quijote in dem grauen wollenen Wams mit einem roten Tuch statt Gürtel um die Taille gebunden und mit preußischem Wiehern in unserm Schlafzimmer, um sich in lange theoretische Debatten über den so ‹natürlichen› Kommunismus des breitesten zu ergehen. Karl machte dem Versuch kurzen Prozeß. Ebensowenig kam er bei mir an, als er versuchen wollte, den Wurm, der in jeder Ehe stecke, auch bei uns herauszulocken.»[73]

Karl macht kurzen Prozeß. Frauentausch, Fremd-«Fechten» und Wirtinnen-«Vögeln» gibt es bei ihm nicht. «Wir wollen keine Genießer mehr», sagt er im Brief vom 22. Mai 1852.[74] Er mimt den reinen Heldenmann und ehrbaren Familienvater. Und hinter Jennys und aller Rücken, in einem Moment absoluten Schutzes vor fremden Blicken, entblößt er die Fratze seiner speziellen Haushaltstriebbefriedigung.

In einer Fußnote ihres Nachwortes zu dem Band «Töchter berühmter Männer» macht Luise F. Pusch eine Anmerkung zu dem im Buch enthaltenen Aufsatz von Klaus Goch über «Eleanor Marx»: «Hellhörig geworden durch die Lektüre von Alice Millers Ausführungen über die Inzest-Leidensgeschichte Virginia Woolfs[75], wurde ich beim Lesen der Biographie von Eleanor Marx... den Verdacht nicht los, daß Karl Marx seine Tochter vielleicht deswegen die Ehe mit Lissagaray so strikt und starrköpfig verbot, weil er einfach eifersüchtig war und selbst ein Verhältnis mit ihr (gehabt?) hatte. Schließlich war er bei der Befriedigung seiner sexuellen Bedürfnisse keineswegs ‹zimperlich› und scheute selbst extreme Folgen in seiner unmittelbaren familiären Umgebung nicht. Klaus Goch stimmte mir zu, diese Vermutung habe sich ihm beim Studium der Marxschen Familiengeschichte auch aufgedrängt, nicht nur für Eleanor, sondern auch und vor allem in bezug auf ihre ältere Schwester Laura (die ebenfalls Selbstmord beging): Da er den Verdacht aber nicht schlüssig beweisen könne, wolle er dazu lieber schweigen.»[76]

Das Dreifach-Versteck dieser Passage (Fußnote in einer Nachbemerkung zu – u. a. – einem Aufsatz) entblößt ein weiteres Mal die im deutschen Sprachbereich übliche Zurückhaltung gegenüber Karl Marx, die in einer feministischen Arbeit unverständlich ist. Karls Verbrechen gegenüber Eleanor findet spätestens ein Jahrzehnt nach dem Verbrechen gegenüber Marianne statt. Eleanor ist 16/17, lernt Lissagaray Anfang der siebziger Jahre kennen und lebt ein Jahrzehnt lang in einem verzweifelten «Verlobungs»-Kampf um diesen Mann, den Karl für sie als Partner biesterig irrational ablehnt.

Wissenschaftliche Arbeiten über sexuell mißbrauchte Frauen[77] belegen, daß die in ihrer Jugend von ihren Vätern und nahverwandten oder -bekannten Bezugspersonen wie älteren Brüdern, Onkeln und Freunden der Familie sexuell mißbrauchten Mädchen später keine Fähigkeit zum Selbstschutz entwickeln können. Diese Frauen sind in besonderer Weise gewalttätigen Männern erneut ausgeliefert. Ihr Wiederholungszwang, auf Gewaltverhalten einzurasten, und ein vom Vater/Mann nicht abgegrenztes Ich lassen die mißbrauchten Mädchen während ihres erwachsenen Lebens immer wieder in Messermänner laufen, die sie physisch oder psychisch erneut mißbrauchen, quälen und ausbeuten.

Alle drei Karl-Töchter zeigen dieses Verhalten. Sie liefern sich an die zweifelhaftesten und scheußlichsten Exemplare der kommunistischen Bewegung aus.

160

Die älteste Tochter Jenny wird zehn Jahre lang von ihrem Mann, Charles Longuet, gequält, sechsmal geschwängert, zermürbt, geschlagen, bis ihre Leiden in einer der ekelhaftesten Krebsarten – dem Blasenkrebs – sich einen autoaggressiven Durchbruch verschaffen.

Die Jüngste, Eleanor, durchläuft nach Karls Tod eine Hölle mit ihrem Lebensgefährten, Edward Aveling, den viele Zeitgenossen als äußerlich und innerlich widerwärtig beschreiben. Shaw verewigt ihn in seinem Stück «Arzt am Scheideweg». Aveling treibt Eleanor in den Selbstmord, erpreßt sie vorher um ihre sämtlichen Geldmittel und beschafft auch noch das Gift «für sie» aus der Apotheke.

Laura verliert ihre drei Kinder im frühen Alter, führt eine einigermaßen balancierte Ehe mit dem Lebenslangpensionär, Eltern- und Engelsschnorrer, Paul Lafargue («Das Recht auf Faulheit»), von dem sie in den gemeinsamen Selbstmord gezwungen wird, als es keine Geldmittel mehr zu erbetteln gibt.

Aus dem Verhalten, den Lebensläufen und den Krankheitsgeschichten – insbesondere denen von Jenny und Eleanor – könnte rückgeschlossen werden, daß Karl seine Töchter in ihrer Jugend sexuell mißbraucht hat. Latent inzestuös in extremem Ausmaß war sein Verhältnis zu seinen Töchtern zweifellos. Sie können unter ihm nicht atmen, sich nicht entwickeln. Alles was sie auf dem Wege zu einer eigenen Identität und selbstbestimmten Erotik versuchen, schlägt fehl. Jenny(chen) wird jahrelang «dünner», hat ebensolang einen unheilbaren Husten. Eleanor flattert, hetzt, hat psychotische Anfälle, Nervenzusammenbrüche, durchleidet Phasen der Verzweiflung und endet in schweren Depressionen.

Mehr als Anhaltspunkte und Verdachtsmomente lassen sich über Karls Verhältnis zu seinen Töchtern nicht zusammentragen. Vermutungen und Rückschlüsse bleiben unbewiesen. In der Wirkung aber läßt sich der Unterschied zwischen manifestem und latentem Inzest, zwischen dem vollzogenen Geschlechtsakt und dem permanenten sexuellen Begehren, gerichtet auf die eigenen Kinder, kaum ausmachen.[78]

Der Nachweis eines praktizierten inzestuösen Verhältnisses zwischen Personen des vorigen Jahrhunderts wird noch dadurch erschwert, daß die mißbrauchten Frauen die in ihrer Jugend gegen sie verübten Gewalttaten «vergessen», zum Überleben verdrängen mußten. Sind die Zeugnisse, die Karls Affären mit Helene und Marianne belegen, spärlich – der Fall Marianne liegt an der Grenze zwischen Indiz und Vermutung, Wahrheit und Wahrscheinlichkeit –, so wird es kaum oder kein Beweismaterial über Karls Verhältnisse mit seinen Töchtern geben. Wer aber einen Verdacht hat, wem sich Vermutungen aufdrängen, der sollte nicht zimperlich sein, sondern ihnen nachgehen, bis etwas Schlüssiges zutage gefördert worden ist.

Karl Marx verdient keine Schonung, nur weil er ein einmaliger Durchdenker seiner Gesellschaft war. Im Gegenteil, sein Persönlich-Gesellschaftliches muß genauer als das anderer Männer angeschaut werden, weil er mit Heilsbotschaften und mit Vorstellungen sozialer Veränderungen aufgetreten ist, die mißlingen, wenn ihr Visionär im Unheil steht, wenn er selbst – unveränderbar reaktionär – in alten Umständen befangen ist.

Die Indizienkette zu Karls Affäre mit Helene hat ein paar – mit keiner Andersdeutung auswechselbare – Glieder, die für die Indizienkette zu Karls Affäre mit Marianne fehlen: die Ähnlichkeit zwischen Vater und Sohn, die lebenslängliche Verbannung Fredericks aus Karls Leben, der Geschwisteraffekt Eleanors für Frederick, die Kopie des Briefes von Louise Kautsky-Freyberger mit Privatdetails, die ein Karlfeind, dem es vielleicht zuzutrauen gewesen wäre, einen solchen Brief zu fingieren, nicht hätte erfinden können.

Im Falle Mariannes ist bisher nur gesichert: bei ihrer Krankheit und ihrem Tod ging es nicht mit rechten Dingen zu.

Wer Karl Marx auf dem Marmorsockel sehen möchte, kann jedes rückschließende Folgern unterlaufen: Die Ursache des Todes von Marianne – anstatt unglaubwürdiger Herzkrankheit mißlungene Abtreibung – ist zwar plausibel, aber hat Mariannes Schwangerschaft wirklich etwas mit Karl zu tun? Hätte er auf der Abtreibung nicht auch bestehen müssen, wenn er nicht der Vater des Kindes gewesen wäre? Alle Realitäten um die Gelübdemagd – die die seit 17 Jahren in den Westphalen-Marx-Familienverbänden lebende Marianne ebenfalls war – beiseitegeschoben, sie hat «es» vielleicht doch einmal versucht, und da ist sogleich etwas passiert. Karl wollte allem Gerede aus dem Wege gehen. Die Geheimnistuerei zwischen ihm und Friedrich in den Dezemberbriefen geschah nur, um den Führer nicht zu belasten, den Reinen rein zu halten, ihm einen bösen Leumund zu ersparen.

Ach, war nicht der Frauenheld Ferdinand Lassalle um die Zeit der Schwängerung Mariannes in Karls Haus während seines Besuches in London vom 9. Juli bis zum 4. August? Er hätte der Vater sein können! Aber – ein so aufgedeckter Frauenheld, der neben seiner Geliebten Nr. 1, Sophie Hatzfeldt, noch offizielle Zweit- und Dritt-Affären hat, der sich 1864 wegen einer Frau duellieren und an den Folgen des Duells sterben wird, ein solcher mitten im Gesellschaftsfeld erotisch Tätiger, von Geliebten Umkränzter «brauchte» es eigentlich nicht bei der Magd des Freundes zu versuchen. Aus seiner «geilen Brunst», die Karl an ihm beschrieb, machte er keinen Hehl.[79]

Wem am Verdacht von Lassalles Vaterschaft gelegen ist, der muß sich noch zwei weitere Einwendungen gefallen lassen. Die Ortsfrage: Es hätte passiert sein müssen zu einer Zeit, da Tag und Nacht das Haus voll war, die strenge, «hohe» Jenny, Karl, Helene und drei Töchter – zwei davon halberwachsen – Marianne umringten. Die Fruchtbarkeitsfrage: Sollte der in Frauenangelegenheiten durch und durch bewanderte, vor der zweiten Magd im Hause Marx nicht haltmachende Lebemann bei einem linkerhand absolvierten Dutzendkontakt gleich ein Kind gezeugt haben?

Die Folgen einer innerhäuslich oder außerhäuslich, auf jeden Fall Karl-unabhängig entstandenen Befruchtung Mariannes hätte ihn ebenso handeln lassen müssen, wie er nach einer Schwangerschaft, verursacht durch ihn selbst, gehandelt hätte. Denn die Aufzucht eines weiteren Kindes in der Familie sollte aus «Sparsamkeit» nicht sein. Marianne wollte bei den Marxens bleiben. Der fremde Vater hatte das Weite gesucht. Also war Abtreibung das Nächstliegende, im England des 19. Jahrhunderts keine Rarität. «In England blüht die Abtreibung wie andernwärts...» – «Auf Zeitungsannoncen hin, in denen von einem Erpresser zuverlässige ‹Frauenmittel› empfohlen waren, meldeten sich in weniger als zwei Jahren über 12000 Frauen, die dann von demselben Individuum Drohbriefe erhielten, Geld zu zahlen oder von den Behörden verfolgt zu werden», wird in einer medizinischen Zeitschrift von 1898 berichtet.[80]

Bei so vielen «Interessentinnen», es muß genauer heißen, bei Frauen, die durch Männer in eine lebensbedrohliche Lage gebracht wurden, wucherte das Geschäft mit der Abtreibung. Es war leicht zu haben.

Auf seiten der «armen, kleinen» Marianne gibt es durch ihren frühen Tod keine weiteren Indizien mehr, dafür jedoch Schwerwiegendes auf seiten Karls. 1863, im Jahr nach ihrem Tod, erfährt sein Leben eine radikale Wendung. Eine Veränderung geht mit ihm vor, führt zu einer tiefgreifenden Zäsur in seiner Biographie. Die Veränderung betrifft seinen Körper und seinen Geist gleichermaßen. Karl erlebt in den nächsten 20 Jahren bis zum Tod, 1883, seine schlimmsten Peinigungen.

Vor 1863 ist Karl fast ein normaler Mann. Er erleidet schwerere und leichtere, vor allem vorübergehende Krankheiten. Weil er ein Schriftsteller ist, sich besonders für sich selbst interessiert, schreibt er – sowie er die Gelegenheit dazu hat – alles auf, was ihn betrifft, auch seine Krankheiten. Sein Briefwechsel mit Friedrich ist in dieser Hinsicht ein einzigartiges Dokument. Aus ihm und anderen Zeugnissen läßt sich

eine nahezu lückenlose Chronik von Karls Krankheiten er-
schließen.

Um zu zeigen, welch verstörende Wirkung «die Ereignisse» vom Dezember 1862 in Karls Haus auf ihn gehabt haben, muß seine gesamte Krankheitschronik möglichst vollständig aufgerollt werden. Denn erst durch einen Vergleich
seiner Krankheiten vor und nach Dezember 1862 kann ein
Verständnis für die Art seiner Verstrickung entstehen. Besonders wichtig ist die Chronik vor dem Fall «Marianne» – ein
Abschnitt von 26 Jahren. Bei Kenntnis sowohl dieser Periode
als auch der ihr folgenden zwei Jahrzehnte bis zu Karls Tod
wird der gewaltige Einschnitt deutlich.

Arnold Künzli hat in seiner Marx-Psychographie behauptet, Karl sei «immer» krank gewesen.[81] Die bahnbrechende
Arbeit Künzlis, der zum erstenmal eine Schneise durch den
Dschungel der psychischen Verdrängung des Marxismus geschlagen, der den Marxisten die psychische Frage gestellt, das
Gesamtwerk und die Gesamtperson Karls psychisch beleuch-
tet hat, konnte sich nicht mit Einzelheiten abgeben, mußte
daher immer wieder Fehler riskieren. Sie sollen ihm nicht vorgeworfen, aber sie sollen auch nicht übernommen werden.
Da es hier um einen Ausschnitt geht, um Karls Verhalten gegenüber seinen drei «Beziehungs»-Frauen – so würde es
heute heißen –, und dieser Ausschnitt mikroskopisch vergrößert werden muß, um alle Phänomene sichtbar werden zu
lassen, sind Genauigkeit und Vollständigkeit unverzichtbar.

Wie sich zeigen wird, war Karl bis zu seinem 44. Lebensjahr, 1862, manchmal krank. Erst von seinem 45. Lebensjahr
an ist Karl ein von Krankheit gezeichneter Mann.

Zeitplan

19. August 1862: Jenny reist mit Helene und den Töchtern Jenny, Laura und Eleanor in das Seebad Ramsgate

19.–28. August: Karl bleibt mit Marianne allein im Haus in London

28. August – etwa 7. September: Karl ist unterwegs in Zaltbommel (Holland) und Trier, um bei Onkel und Mutter Geld aufzutreiben, was mißlingt

10. September: Rückkehr von Jenny, Helene und Töchtern aus Ramsgate

7. November: Karl hätte sich «am liebsten eine Kugel durch den Kopf geschossen» (Brief an Lassalle) – Erkenntnis von der Schwangerschaft Mariannes in der zehnten Woche

5.–13. Dezember: Karl reist nach Liverpool und Manchester (zu Friedrich)

17. Dezember: Jennys Abreise nach Paris. Vornahme der Abtreibung bei Marianne mit blutvergiftenden Folgen

23. Dezember: Marianne stirbt zwei Stunden vor Jennys Rückkehr aus Paris

27. Dezember: Beerdigung Mariannes

Differenz der Chroniken

Hauskrankheiten

Von 1836 bis 1861 gibt es mannigfache Zeugnisse von Karls körperlichen Schwankungen. Sein Körper ist ein Seismograph aller möglichen Schwierigkeiten. Karl hat Zustände, erlebt Unpäßlichkeiten, ist krank, macht vielfältige «Zipperleins» durch, es widerfahren ihm Arbeits- und Beziehungswehen – das Autorenübliche. Sein Körper registriert die sozialen und psychischen Spannungen vielleicht deutlicher, als der Körper anderer Männer das gemeinhin tut. Karl leistet sich Schwächen und breitet sich ausführlich über sie aus.

Er beschreibt die Wechselwirkung zwischen Körper, Seele und menschlicher Gemeinschaft schon in seinem großen – einzig erhalten gebliebenen – Brief an seinen Vater (10. November 1837): «Daß bei diesen mancherlei Beschäftigungen das erste Semester hindurch viele Nächte durchwacht, viele Kämpfe durchstritten, viele innere und äussere Anregung erduldet werden mußte, daß ich am Schlusse doch nicht sehr bereichert hinaustrat und dabei Natur, Kunst, Welt vernachlässigt, Freunde abgestossen habe, diese Reflektion schien mein Körper zu machen, ein Arzt rieth mir das Land...» – «Aus Verdruß über Jenny's Krankheit und meine vergeblichen, untergegangenen Geistesarbeiten, aus zehrendem Aerger, eine mir verhaßte Ansicht zu meinem Idol machen zu müssen, wurde ich krank...»[1]

Mutter Henriette bezieht sich ein Jahr zuvor im Frühjahr

1836 auf Karls «unwohl seyn»[2], ängstigt sich in ihrem Brief vom 15./16. Februar 1838: «…deine krankheit nens du eine Herzerweitterung…»[3]

Am 10. Februar 1842 berichtet Karl Arnold Ruge, er habe das Bett hüten müssen: «…daß mein Manuscript in einigen Tagen eintreffen wird. *Bauers* Brief, der die *endliche* Absendung desselben anordnete, fand mich an einer schweren Krankheit daniederliegend, weßhalb er mir erst vor einigen Tagen überreicht wurde.»[4]

Moses Hess erwähnt in seinem Brief vom 28. Juli 1846 an Karl dessen «Anfall von Brustkrampf», der, «wie es scheint, eine Folge Deiner wiederholten Aufregung wegen der westphälischen Geschichte war…»[5] Kurz danach entschuldigt sich Karl bei seinem Verleger Carl Friedrich Leske: «Ich bin wegen meiner sehr angegriffenen Gesundheit genötigt, während des Augusts in Ostende Seebäder zu nehmen…»[6]

1847 schildert Karl in seinem Brief an Friedrich vom 15. Mai einen Aderlaß, den er über sich hat ergehen lassen müssen: «Ich kann Dir nicht mehr schreiben. Vor ungefähr zwölf Tagen ließ mir der Breyer zu *Ader*, aber statt an dem *linken*, am *rechten* Arm. Da ich fortarbeitete, als sei nichts vorgefallen, eiterte die Wunde, statt zu vernarben. Die Sache hätte gefährlich werden und mir den Arm kosten können. Jetzt ist's so gut wie geheilt. Aber der Arm noch schwach. Darf nicht angestrengt werden.»[7]

1849 bezieht sich Ferdinand Lassalle in seinem Brief vom 26. März an Karl auf dessen Erkrankung: «Aufrichtig, mein Lieber, hat mich betrübt, daß Du an einer Leberkrankheit leiden sollst. Und in Betracht dessen verzeihe ich Dir auch die Indifferenz Deiner Ztg. für mich. Hoffentlich ist das Uebel von keinem *Belang*. Du willst in's Bad reisen?»[8]

Karl an Ferdinand Freiligrath am 5. September 1849: «Ich kann Dir nur einige Zeilen schreiben, da ich seit 4–5 Tagen eine Art von Cholerine habe und schrecklich matt bin.»[9]

Am 30. Juni 1850 bittet Karl die Versammlung der französischen Emigranten in London um Entschuldigung für sein

Fernbleiben: «Eine Indisposition verhindert mich, zu Ihnen zu kommen.»[10]

Ab November 1850 beginnt der zwanzigjährige regelmäßige Briefverkehr zwischen Karl und Friedrich. Beide waren im Spätsommer 1849 nach London emigriert. Karl bleibt in London. Friedrich zieht im November 50 nach Manchester, steigt dort in eine Niederlassung der väterlichen Firma ein.

Am 2. Dezember 1850 berichtet Karl dem Freund: «Ich war einige Tage ernstlich unwohl, und so erhälst du diesen Brief... später, als mein Wunsch war.»[11]

Erst nach dreieinhalb Monaten erfährt Friedrich wieder etwas über Karls Kranksein, am 17. März 1851: «Ich habe eine Woche nicht geschrieben. Einmal hatte ich selbst die Grippe zur Wahlverwandtschaft.»[12]

Anfang Januar 1852 muß Karl zwei Wochen lang das Bett hüten, worüber Jenny am 9. Januar an Joseph Weydemeyer schreibt: «Mein Mann ist seit 8 Tagen sehr leidend und hütet größtenteils das Bett. Er hat es aber trotzdem möglich gemacht, die beifolgende Fortsetzung seines Aufsatzes fertigzumachen...»[13]

Karl lüftet in einem eigenen Brief an Weydemeyer zwei Wochen später das Geheimnis seiner Bettlägerigkeit: «Leider hat mir mein Unwohlsein diese Woche noch nicht erlaubt, an Dich zu schreiben... Seit Jahren hat mich nichts so niedergeworfen, wie diese verdammte Hämorrhoidalkrankheit, selbst die letzte französische Blamage nicht. Enfin, ich werde jetzt um so wohler sein, so hart es war, 4 Wochen von der Bibliothek gewaltsam abgesperrt zu sein.»[14]

In Karls Brief an Friedrich vom 24. Januar 1852 die gleiche Stimmung: «Ich habe poor Weydemeyer natürlich seit Deiner Anwesenheit nur noch einen Artikel schicken können. Die Hämorrhoiden haben mich diesmal mehr angegriffen als die französische Revolution. Ich will sehn, was ich die nächste Woche fertigbringe. Auf die Bibliothek zu gehn, erlauben die hintern Verhältnisse noch nicht.»[15]

Jenny entschuldigt Karl in ihrem Brief vom 27. Februar

1852 an Joseph Weydemeyer: «Mein Mann hat seit einer Woche durch anstrengende Nachtarbeiten, da er am Tag in Hausgeschäften laufen muß, so wehe, angegriffene Augen, daß er Ihnen heute gar nicht schreiben kann und ich die ganzen Sekretariatsfunktionen übernehmen muß.»[16]

Am 4. November 1852 läßt Karl Jenny an Friedrich schreiben: «Ich muß die paar Zeilen an Dich heute diktieren, da die perfiden Preußischen [Hämorrhoiden] mich am Sitzen hindern.»[17]

Eineinhalb Monate später geht es Karl in Anbetracht der «hintern Verhältnisse» noch nicht besser: «Ich habe Dich während der ganzen Zeit mit Hämorrhoiden akkompagniert. Nur bleiben sie bei mir diesmal, da sie glücklicherweise in die magre Kuhzeit fielen, ohne die ‹perfide› Entwicklung. Im Notfall mußt Du Blutigel anwenden. C'est le grand moyen.» – «Entschuldige, wenn ich diesmal nicht mehr schreibe. Ich habe ein Kopfweh von allen 10 Teufeln.» (14. Dezember 1852)[18]

«Lieber Engels! Ich war sérieusement unwohl; namentlich erlaubten mir die ‹perfiden Preußischen› weder zu stehn, noch zu sitzen, noch zu liegen»,[19] beginnt Karl seinen Brief vom 23. Februar 1853 an Friedrich.

Am 10. März 1853 erzählt Karl dem Freund ausführlich über seine «Leberentzündung»: «Ich war diese Woche ein Haar nah am Krepieren. Nämlich eine Leberentzündung oder wenigstens dicht dran vorbeistreifend. Dies ist erblich in meiner Familie. Mein Alter ist dran gestorben. Seit den 4 Jahren, wo ich in England bin, hatte sich die Sache nicht wieder gezeigt und war wie verschwunden. Doch die Krise ist nun überstanden und, was das beste ist, sans médecin. Doch noch etwas matt.»[20]

Im Mai 1854 erlebt Karl eine «Geschichte – jetzt vierzehn Tage alt – [sie] hatte die Krise erreicht. Ich konnte wenig sprechen, und selbst das Lachen tut mir weh von wegen großer Eiterbeule zwischen Nase und Mund, die heute morgen wenigstens auf ganz raisonnable Dimensionen reduziert. Auch sind die gewaltsam angeschwollnen Lippen wieder annähernd auf ihren frühern Umfang reduziert etc., kurz alle Symptome baldiger Besserung da. Der Teufel soll solche Sch- 14 Tage am Kopfe durchmachen. Da hört aller Witz auf. In den letzten 8 Tagen mußte ich Lesen und Rauchen total aufgeben und heute warte ich auf Freund, um zu erfahren, ob versuchsweise wieder eine Zigarre geraucht werden kann.» (22. Mai 1854)[21]

Am nächsten Tag schmückt Jenny die Situation in ihrem Brief an Friedrich vom 23. Mai noch aus: «Lieber Herr Engels! ... Karl war ungeheuer froh, als er den verhängnisvollen Doppelknock des Briefträgers hörte. Voilà Frederik, 2 Pfund, gerettet! rief er aus. Leider ist er noch sehr, sehr leidend und trägt mir auf, Ihnen zu sagen, daß er Lazarus und das scheppe Pitterchen zugleich sei.»[22]

Karl macht es sich im Laufe seiner Freundschaft mit Friedrich mehr und mehr zur Gewohnheit, auf Vollständigkeit bedachte Krankenberichte nach Manchester zu schicken:

«Ich bin daran verhindert worden, während 4–5 Tagen zu schreiben, also auch Dir, durch eine starke Augenentzündung, die noch nicht ganz beseitigt ist... Ich habe mir das Augenübel dadurch zugezogen, daß ich meine eignen Hefte über Ökonomie durchlese...» (13. Februar 1855)[23]

«Ich erst die Augenscheiße, die jetzt ziemlich beseitigt; dann einen solchen ekelhaften Husten, daß ich einige Flaschen Medizin saufen und einige Tage sogar das Bett hüten mußte.» – «Der Doktor erklärt, daß mir Luftveränderung nötig, da ich seit 2 Jahren die precincts of Soho Square nicht verlasse. Ich würde daher gerne Manchester heimsuchen, ehe meine Frau wieder nach Trier reist.» «Jedenfalls muß ich – natürlich erst, nachdem hier alles wieder in Ordnung – einmal für kürzere Zeit hier fort, da die leibliche Verdumpfung mir auch das Hirn stultifiziert.» (3. März 1855)[24]

«Zum Glück hatte ich seit dem Begräbnis [des Sohnes Edgar] so tolle Kopfschmerzen, daß Denken und Hören und Sehn mir vergangen ist.» (12. April 1855)[25]

«Ich schreibe Dir diese paar Zeilen unter scheußlichen Zahnschmerzen, die mich schon seit einer Woche verfolgen.» (26. Juni 1855)[26]

«Heute die sechste und definitive Medizinbottle geleert. Im ganzen wieder auf dem Strumpf, nur noch höchst perfide Hämorrhoiden.» (18. Januar 1856)[27]

«Zweitens aber weißt Du, wie einem Menschen zumute ist, den die Hämorrhoiden tanzen machen. *Und dieser Mensch bin ich.*» (8. Mai 1856)[28]

«Ich war diese Woche arbeitsunfähig, teils durch den trouble im Haus, teils durch einen in dieser Form noch nicht bei mir stattgehabten Rückenrheumatismus.» (23. Mai 1856)[29]

«Ich bin zu diesem Entschluß, über Schottland zu Dir zu reisen, aus doppeltem Grund gekommen: 1. *Medizinischen*, weil ich weiß, daß die Seefahrt mich auf den Strumpf bringen wird, und mein Rheumatismus ist erst seit vorgestern verschwunden. Dabei übertriebnes Blutscheißen und sonstige Unannehmlichkeiten. Ich konsultiere natürlich auch meinen surgeon.» (5. Juni 1856)[30]

«Infolge dünner Tinte und mehrnächtigen Schreibens das eine Auge mir so inflammiert, daß das Schreiben lästig.» (10. Januar 1857)[31]

«Ich selbst hatte seit einigen Wochen infolge scharfer Nachtarbeiten Augenentzündung. Das Wasser» – eine «Augentinktur» – «hat mich in ein paar Tagen restauriert...» (9. April 1857)[32]

In Momenten besonderer körperlicher Schwierigkeiten läßt Karl Jenny die Feder führen: «Lieber Herr Engels, Ein Invalid schreibt für den andern per ordre du mufti. Der Chaley hat den halben Kopf weh, schreckliche Zahnschmerzen, Ohren, Kopf, Augen, Hals und Gott weiß was noch für Wehen. Weder Opiumpillen noch Kreosot wollen helfen. Der Zahn muß heraus, und er will nicht recht daran.» (12. April 1857)[33]

Neun Tage später nimmt Karl seine bodyconfessions selbst

wieder auf: «Durch Befolgung des christlichen praeceptums – ‹ärgert Dich Dein Zahn, so reiße ihn aus›, habe ich mir endlich Ruhe verschafft: zugleich entdeckt, daß dieser verfluchte Zahn die Grundsuppe aller übrigen Gebresten bildete, die mich seit Monaten verfolgten.» (21. April 1857)[34]

«Zu Deinem Trost kann ich Dir mitteilen, daß ich seit drei Wochen und bis auf den heutigen Tag mit Medizin und Pillen überschwemmt worden bin infolge meiner alten und, wie ich glaube, erblichen livercomplaints. Nur mit der höchsten Anstrengung habe ich das ‹Marktliche› – ich meine die *Tribune* – besorgt und war sonst quite disabled. Um die Zeit nicht ganz zu verlieren, habe ich faute de mieux der dansk sprog mich bemächtigt und eine enorme Staatshämorrhoide: ‹Af mit Livs og min Tids Historie› af Orsted (der Exminister) geöffnet. Austern zu öffnen wäre jedenfalls amüsanter gewesen. Ich habe indes nach des Doktors Versprechen Aussicht, in nächster Woche wieder Mensch zu werden. Einstweilen bin ich noch gelb wie eine Quitte und viel verdrießlicher.» (22. Mai 1857)[35]

«Starker Husten dazu und Haussorgen, schwere.» (29. Juni 1857)[36]

«Ich selbst habe seit 3 Wochen wieder mediziniert und erst heute wieder damit aufgehört. Ich hatte die Nachtarbeiten – begleitet zwar nur mit Limonade auf der einen Seite, aber auf der andern with an immense deal of tobacco – zu sehr übertrieben.» (Um den 16. Januar 1853)[37]

«Ich bin seit zwei Wochen wieder very sickly und mediziniere auf die Leber los. Das anhaltende Arbeiten bei Nacht und viel kleinlicher Ärger bei Tag, resulting from the economical conditions of my domesticity, unterwerfen mich in der letzten Zeit häufig den Rückfällen.» (29. März 1858)[38]

«Ich bin so unwohl von der Gallengeschichte, daß ich diese Woche weder denken, noch lesen, noch schreiben, noch irgend etwas machen kann, save die articles für die *Tribune*. Diese dürfen natürlich nicht ausfallen, da ich *so bald als möglich* auf die Hunde ziehn muß. Das Unwohlsein ist aber fatal, da ich nicht anfangen kann, die Sache für Duncker auszuarbeiten, bis ich wohl und wieder vigour und grasp in den Fingern fühle.» «Der Gallendreck macht mir schwer, die Feder zu führen, und das Herabsenken des Kopfs auf das Papier macht mich schwindlig.» (2. April 1858)[39]

«Die wenigen unvermeidlichen Artikel an die ‹Tribune› diktierte ich meiner Frau, aber selbst das nur möglich durch applying strong stimuli. Ich hatte noch nie eine so heftige attaque des Leberleidens, und for some time eine Verhärtung der Leber war befürchtet. Der Doktor wollte, ich sollte reisen, aber d'abord war das unverträglich mit dem state of finance, und zweitens hoffte ich von einem Tag zum andern, mich wieder an die Arbeit setzen zu können. Der beständige Drang, ans work zu gehn, und dann wieder die Unfähigkeit, so zu tun, half die Sache verschlimmern. Indes seit einer Woche geht's besser. Ich bin indes noch nicht fähig zu arbeiten. Wenn ich mich ein paar Stunden hinsetze und schreibe, habe ich ein paar Tage ganz brach zu liegen. Ich erwarte bei allen Teufeln, daß dieser Zustand mit nächster Woche ein Ende nimmt. Er konnte nie ungelegner kommen als jetzt. Ich habe offenbar den Winter das Nachtarbeiten übertrieben. Hinc illae lacrimae.» (29. April 1858)[40]

Karl folgt dem Rat der Ärzte, verbringt im Mai 58 einen mehrwöchigen Urlaub bei Friedrich, stellt seine Gesundheit vor allem mit Reiten wieder her. Er gibt Ferdinand Lassalle einen eindrucksvollen Bericht über seine körperlichen Bedingungen. Mit der Schilderung wirbt er um Verständnis dafür, daß er den Abgabetermin seines Buches «Zur Kritik der politischen Ökonomie» verschieben mußte:

«Nachdem ich mehrere Wochen total unfähig war zu schreiben, nicht nur in a literary, but in the literal sense of the word, und ich vergebne Anstrengungen gemacht hatte, anzubäumen gegen die Krankheit; nachdem ich ferner mit Medizin überschwemmt worden war und alles to no use, erklärte mein Doktor positiv, ich müsse Luftveränderung haben, zweitens alle intellectual labour drop for some time und end-

174

lich Reiten als Hauptkur brauchen. Meine Krankheit war an und für sich nicht gefährlich – Leberverlängerung, aber sie trat diesmal mit spezifisch widerlichen Symptomen auf und hat außerdem in meiner Familie eine bösartige Meinung, da sie den Ausgangspunkt der Todeskrankheit meines Vaters bildete. Well. Mit größtem Widerstreben gab ich endlich dem Drängen des Arztes und der Familie nach, reiste nach Manchester zu Engels, ergab mich dem Reiten und andern körperlichen exercises und bin nach vierwöchentlichem Aufenthalt von dort endlich nach London zurückgekehrt, vollständig restauriert. Die Krankheit – unter meinen Verhältnissen überhaupt eine sehr kostspielige luxury – kam um so ungelegner, als ich mich an die Ausarbeitung für den Druck des ersten Heftes gesetzt hatte. Ich werde an diese nun mit Eifer gehn. Von Deiner Freundschaft erwarte ich, daß Du den Buchhändler genau unterrichtest über diese adventures. Von meinem Gemützustand während dieser Krankheit kannst Du Dir leicht eine Vorstellung machen, wenn Du bedenkst, daß diese Leberleiden an sich hypochondrisch stimmen und nun noch allerlei häusliche Umstände wie auch der Querstrich durch die Publikation hinzukamen, mir das Leben zu verleiden. Ich bin jetzt wieder meinem gewöhnlichen Humor wiedergegeben.» (31. Mai 1858)[41]

Friedrich gegenüber erfolgt am selben Tag nur ein kurzes Statement, das Karls Eingewöhnungswackligkeit in London nach seiner Rückkehr aus Manchester hervorhebt:

«Ich habe in der letzten Woche nur zwei Artikel für die *Tribune* geschrieben. Sonst immer herumgelaufen, da die Beklommenheit im ‹Koppe› und die Schwierigkeiten des Stuhl – mich Rückfall befürchten ließen.» (31. Mai 1858)[42]

«...meine Abstraktionskraft nicht länger standhält, vielleicht infolge mehr heruntergekommener Körperlichkeit, gegen den Hausjammer.» (15. Juli 1858)[43]

«Das Unwohlsein, woran ich litt, bevor ich noch Manchester verließ, war wieder – den ganzen Sommer durch – chronisch, so daß alles Schreiben mir außerordentliche Überwindung kostet... Übrigens bin ich seit about eight days viel besser und ist mir überhaupt die kältere Jahreszeit günstiger.» (21.September 1858)[44]

«Ich habe Zahnweh vom Teufel und kann daher heute nicht weiter schreiben.» (2.November 1858)[45]

«Seit 10 Tagen scheußliche Zahnschmerzen und Geschwüre im ganzen Maul, d.h. Entzündungen von Zahnfleisch etc. Hence very bad humour, da dies mir noch zu den andern Störungen hinzukommt.» (10.November 1858)[46]

«Zum Glück hab' ich den sog. Momms, und damit brauche ich den Mann nur im Haus zu empfangen, während ich alles Herumtreiben als Kranker abweisen kann.» (15.Februar 1859)[47]

«Ich konnte diese Woche meiner Absicht nicht nachkommen, weil, infolge der Hitze, eine Art Cholera mich überkam. Ich brach von morgens bis abends. Heute wieder schreibfähig...» (22.Juli 1859)[48]

«Ich bin von einem Brechen, das jetzt zwei Tage nacheinander gedauert hat, so matt wie eine Fliege und kann daher nur einige Zeilen schreiben.» (8.August 1859)[49]

«Ich habe an Itzig about zehn Seiten geschrieben, davon acht über den Kölner Prozeß, zwei über Fischel. Es wird mir schwer genug, da ich noch immer nicht auf dem Strumpf und beständig mediziniere.» (2.Juni 1860)[50]

«...mein Unwohlsein hatte seit drei Wochen jede Korrespondenz verhindert.» (14.Juni 1860)[51]

«Ich bin noch immer, wie der rote Wolff das nannte, ‹sehr leidend›, obgleich ich seit ungefähr einer Woche aufgehört habe zu medizinieren. Ich mache indes jeden Tag auf Allens Befehl ‹Zwangsmärsche› und werde wohl endlich im Lauf dieser Woche wieder auf den Strumpf kommen.» (25.Juni 1860)[52]

«Ich bin immer noch nicht recht auf dem Strumpf. Wenn einen Tag besser, ist es den andern wieder schlechter.» (9.Juli 1860)[53]

«Mein langes Schweigen erkläre Dir aus meinem beständigen scheußlichen Leberzustand, so daß ich alle freien Momente zur Arbeit benutzen muß.» (27. August 1860)[54]

«Ein Umstand, der mir sehr nützlich, war ein scheußlicher Zahnschmerz. Ich ließ mir vorgestern den Zahn ausziehn. Der Kerl (Gabriel heißt er) hat zwar die Wurzel ausgezogen, nach großen physical pains, die er mir gemacht, aber ein Stück Splitter stehnlassen. So ist mein ganzes Gesicht weh und geschwollen, Hals halb zu. Dieser physische Druck befördert sehr die Denkunfähigkeit und daher Abstraktionskraft, denn, wie Hegel [sagt], das reine Denken oder reine Sein oder *Nichts* identisch.» (28. November 1860)[55]

«‹Ideen› habe ich in diesem Moment platterdings keine über nichts, wohl aber ‹öklüchen› Kopfschmerz.» (5. Dezember 1860)[56]

«Ich bin seit 2 Tagen bettlägerig und mediziniere, aber Allen sagt, es sei nichts von Konsequenz, und in 3 – 4 Tagen würde ich wieder auf dem Strumpf sein. Es sei Folge des excitement etc.» (18. Dezember 1860)[57]

«Du siehst, was ich für ein Pechvogel bin. Seit vorigem Mittwoch (just a week ago) stellte sich mit Verkältung und Husten bei mir ein stechender Schmerz an der Stelle der Leber ein, so daß ich nicht nur beim Husten, sondern auch beim Drehen des Kadavers von einer Seite zur andern körperliche pains fühlte. Dies schien mir auf Entzündung zu deuten. Es war das erstemal, daß ich dergleichen dolor fühlte, obgleich Allen sich oft und dringend danach erkundigt hatte. Diesmal – namentlich, da ich ohnehin eine erschreckende doctorbill nebst andren bills auf dem Buckel habe – habe ich mich selbst so far kuriert. Die Kur war einfach – Nichtrauchen, Castoroil [Rizinusöl], bloß Limonade trinken, wenig essen, gar nichts Spirituoses, nichts tun, das Haus hüten (da die kalte Luft mich gleich husten macht). Ich bin noch nicht ganz hergestellt und gewissermaßen schwach.» (8. Januar 1861)[58]

«Montag hatte ich einen Rückfall, und da es Dienstag nicht besser ward, mußte ich wieder zu Allen meine Zuflucht nehmen, bin also in diesem Augenblick under medical treatment. Das Bücken, das beim Schreiben notwendig ist, macht mir Schmerzen, und so schob ich es immer auf. Du siehst, ich bin so geplagt wie Hiob, obgleich nicht so gottesfürchtig.» (18. Januar 1861)[59]

Dieser erste Teil der Chronik der Marxschen Krankheiten – vor der großen Zäsur – umspannt 27 Jahre seines Erwachsenenlebens – vom achtzehnjährigen Jüngling bis zum Mann im Alter von 44 Jahren. Keineswegs war Karl ständig krank. In acht Jahren (1839, 40, 41, 43, 44, 45, 48, 62) findet sich kein Hinweis auf irgendeine Krankheit. In zwölf Jahren (1836, 37, 38, 42, 46, 47, 49, 50, 51, 53, 54, 61) werden lediglich Unpäßlichkeiten bezeugt, die wenige Wochen andauern. In den fünf Jahren 1852, 55, 56, 57, 59 werden Krankheiten registriert, die sich über eine Dauer von drei bis vier Monaten erstrecken. Nur im Jahre 1860 fühlte Karl sich fünf Monate lang unwohl; und 1858 kämpfte er gar sieben Monate lang mit körperlichen Schwierigkeiten.

In diesem einzigen Jahr schlägt Karl sich mehr als die Hälfte der Zeit mit Krankheiten herum, wobei es ihm während der Sommermonate Juni, Juli, August 58 lediglich unspezifiziert schlecht geht: «Das Unwohlsein… war… den ganzen Sommer durch… chronisch.»[60]

Die Gründe, die häufig als Ursache von Darnieders benannt werden, sind «Unwohlsein», Grippe, Lebergeschichten, Irregulation des Verdauungstrakts (Brechen, Durchfall), Hämorrhoiden, Augenentzündungen, Kopf- und Zahnschmerzen.

Einmalige Vorkommnisse: «Herzerweiterung» (?), Aderlaß, Eiterbeule, Rheuma, Ziegenpeter («Momms»).

Jeder menschliche Körper hat sogenannte Schwachpunkte oder Schadstellen. Das «Material», das wir mitbringen, besteht nicht nur aus «Stärke», sondern auch aus «Schwäche». Ob aus einer Schwäche eine Krankheit wird, hängt von der Lebensweise des Menschen ab, die mit den «Schwachpunkten» harmonieren oder kollidieren kann. Im ersteren Fall wird die Schwäche vom Betroffenen nie oder kaum zur Kenntnis genommen.

Karl setzte sich einer Lebensweise aus, die mit seinen «Schwachpunkten» kollidierte. Er ging rücksichtslos mit seinem Körper um. So unempfindlich er für dessen Bedürfnisse war, so nervös weitschweifig registrierte er die Folgen des Raubbaus. «Daher jene Tränen» hinterher, wie er im Brief vom 29. April 1858 an Friedrich lateinisch Selbstkritik übte, nachdem er über die Stränge geschlagen hatte.[61]

Der wiederholte Hinweis auf eine ererbte Leberschwäche läßt sich nicht eindeutig verifizieren. Karl selbst starb nicht an einer Lebererkrankung. Die Todesursache des Vaters ist nicht präzise übermittelt worden. Heinrich Marx wurde in seinem letzten Lebensjahr monatelang «von einem empfindlichen Husten heimgesucht», den er auch in Bad Ems nicht zu kurieren vermochte.[62] Henriette, die Mutter, schildert das rätselhafte Befinden ihres Mannes und die ärztlichen Reaktionen: «Wir habben die beste Hoffnung das es mit den liebe vatter besser geht der Husten hat baynah ganz nachgelassen der liebe vatter leidet an gicht schmerzen so das die Ärzte glauben der Husten sey ein gicht husten nur ist es schlim das der gutte vatter gahr kein lust um essen hat und so das Herstellen beschwert der gutte vatter mus schon 2 monatte das Bett hütten und durch das Unwohlseyn ziemlich Reizbaar geworden...» (15.–16. Februar 1838)[63]

Der Vater stirbt «überraschend» am 10. Mai 1838 an «allgemeiner Auszehrung»[64]. Jenny berichtet in ihrem Brief an Karl nach dem 10. Mai 1838: «Es war der 3. Mai, den 7. reistest Du, am 10. war Er nicht mehr. Es war zu viel.»[65]

Karls Leberanfälle sowie seine Augenentzündungen stehen mit seiner anhaltenden Nachtarbeit in Verbindung.

Schlechtes Licht und vom Zigarrenrauch verqualmte Luft, mühsames Schriftentziffern – kein Wunder, daß die Augen überbelastet sind.

Unser Körper gehorcht einer inneren «Uhr». Für jedes Organ gibt es bevorzugte Zeiten. Die Regeneration der Leber soll zwischen ein und drei Uhr nachts stattfinden. Verbringen wir diese Zeit chronisch nicht schlafend, wird die Arbeit der Leber behindert, wenn nicht unmöglich gemacht. Alle Nachtarbeiter wissen, wie gesundheitsschädigend sich längerfristiges Tag-Nacht-Verdrehen auswirkt.

Karl selbst gibt Hinweise über den Zusammenhang zwischen exzessiver Nachtarbeit und Leberzuständen: «Ich hatte die Nachtarbeiten... sehr übertrieben»[66] – «...mediziniere auf die Leber los. Das anhaltende Arbeiten bei Nacht...»[67] – «Ich habe offenbar den Winter das Nachtarbeiten übertrieben.»[68]

Nach zwei Vorspielen – 1849 und 1853 – bemerkt Karl Leberauffälligkeiten 1857, 58, 60, 61. Quälend werden sie in den Jahren 1858 und 1860.

Karls Körperreaktion in der Zeitspanne zwischen 1836 und 1861 ist keine Abnormität, gehört sich so für einen sensiblen Menschen. Karl schont sich nicht: Rauchen, Saufen, Fressen scharfer «ungesunder» Sachen, Nachtarbeiten, allgemein antiorganische Lebensgewohnheiten – er bewegt sich zu wenig, wäscht sich ungern...

Für seine körperliche Verfassung ist Karls Maßlosigkeit mehr verantwortlich als die schlechten Umwelteinflüsse. Karl wird «kränker», seine Lebergeschichten häufen sich, seit die Familie 1856 in dem Haus am Stadtrand wohnt, «in der schönsten und gesundesten Gegend um London, nicht fern von dem... durch Schönheit der Lage und Reinheit der Luft berühmten Hampstead Heath»[69].

Die länger anhaltenden Beschwerden Karls beginnen 1857, Höhepunkt 1858, Wiederholung zweites Halbjahr 1860 bis Januar 1861.

Karls Gesundheitskiller Nr. 1 ist die Nachtarbeit. *Seine* «geile Brunst» geht auf das Wort. Er muß, er will – in Ruhe gelassen von der tagsüber rumorenden vielköpfigen Familie – sich ihm nachts ganz und gar hingeben. Er spottet einmal über das, was er mit Texten macht. Als Wilhelm Liebknecht ihn bittet, aus Anlaß des bevorstehenden Gründungskongresses der Sozialdemokratischen Arbeiterpartei in Eisenach – 7. bis 9. August 1869 – das «Kommunistische Manifest» zu bearbeiten, lästert er das Ansinnen: «Ich... *muß* das ‹Kommunistische Manifest› umficken!»[70]

Karls ungewöhnliche Belastungen machen Augen, Leber und andere Organe nicht immer «kritiklos» mit. Doch die zwischen 1836 und 1861 erwähnten körperlichen Schwierigkeiten gehören in den Bereich der Hausleiden, die regelmäßig auch mit Hausmitteln kuriert werden können. Karl dramatisiert zwar seine Krankheiten, sie sind aber nicht wirklich dramatisch, nicht einmal die «Leberentzündung» im März 1853, obwohl Karl hier das einzige Mal in Panik gerät und Alarm schlägt: «...ein Haar nah am Krepieren...» – «...mein Alter ist dran gestorben.» Immerhin hat Karl die Krise «ohne Arzt» überstanden.[71]

Die Krankheitsberichte sind während der Zeitspanne von 27 Jahren zumeist flott und beiläufig hingeworfen. Manchmal steigert Karl sich ins Grotesk-Komödiantische. Sein Stil wirkt aufgebauscht. Die körperlichen Tiefs werden nicht selten ohne ärztliche Hilfe, ja manchmal ohne Medikamente durchschritten. Karl kommt auch mit seinen Leberkalamitäten oft selbst zurecht, diszipliniert sich zu Diätplänen, fragt über Friedrich lässig bei einem Manchester Arzt um Rat: «Du kannst übrigens einmal den Gumpert fragen, was bei so akuten Vorfällen zu tun, sollten sie sich wiederholen.»[72] Sie wiederholen sich mit der Zuspitzung «nah am Krepieren» bis 1863 nicht.

Im Jahre 1862 gibt es keine Anzeichen körperlicher Misere. Im ersten Halbjahr geht es ihm trotz üblichen finanziellen Seiltanzes leiblich-geistig sehr gut: «Im Übrigen arbeite ich jetzt stark drauflos, und sonderbarerweise ist mein Hirnkasten unter all der misère ringsherum besser im Gang als seit Jahren», schreibt er an Friedrich am 18. Juni 1862.[73]

Die knackige Geist- und Körperstimmung – das flotte Wegarbeiten des schwersten seiner Bücher («Das Kapital») – hält auch noch die zweite Jahreshälfte an. Die Hochphase dauert nun schon achtzehn Monate lang: «Ein wirkliches Wunder ist es, daß ich noch so, wie es der Fall ist, mit den theoretischen Arbeiten vorgehn konnte.»[74]

Sprengung des Rahmens

1863 wird Karl zum ersten Mal lebensgefährlich krank. Das Jahr beginnt sogleich übel, läuft stetig auf die Katastrophe zu, die Karl im November 63 fast umbringt und aus der er sich nie wieder wirklich befreien kann.

Der Tod von Marianne hat eine tiefgreifende und nachhaltige Wirkung auf Karls Körper und Geist. Mit Ausnahme der Tode von Jenny, Dezember 1881, und Tochter Jenny, Januar 1883, die sein Ende beschleunigten, geht von keinem Ereignis eine vergleichbare Irritationskraft aus wie von Mariannes Sterben. Es gibt keinen anderen Fakt um diese Zeit – Ende 62, Anfang 63 –, der eine ähnlich paralysierende Dynamik hätte entfalten können. Nicht das elende Sterben seines geliebten Sohnes Edgar, nicht der Tod seiner Eltern oder seiner drei kleinen Kinder und vier Enkelkinder hatten einen vergleichbaren Eindruck auf Karl hinterlassen.

Sein Befinden ist seit 1863 wirklich alarmierend. Die Zeugnisse haben einen anderen Klang als die Malaisenchronicles über seine bisherigen Zustände zwischen dem 18. und 43. Lebensjahr. Jenny spricht von «Lebensgefahr». Karl berichtet, daß er «schon mit einem Fuß unter der Erde» steht.[1]

«...seit ungefähr 12 Tagen war *alles* Lesen, Schreiben und Rauchen mir strictly untersagt. Ich hatte eine Sorte von Augenentzündung, mit sehr widerlichen Affektionen der Kopfnerven verknüpft. Die Sache ist so weit in Ordnung, daß ich in diesem Augenblick mich zum erstenmal wieder ans Schreiben wage. In der Zwischenzeit stellte ich allerhand psychologische Träumereien an, wie einem wohl beim Blindsein oder Verrücktsein zu Mut sein mag.» (13. Februar 1863)[2]

«Meine ‹Leber› ist sehr geschwollen und außerdem habe ich Stiche beim Husten, fühle mich nicht ganz behaglich beim Drücken.» (21. Februar 1863)[3]

«Du weißt, daß ich ein paar Wochen durch Augenkrankheit fast ganz am Lesen und Schreiben verhindert.» (24. März 1863)[4]

«Mein langes Schweigen wird Dir at once klar sein, wenn Du Dir eine sehr geschwollne Leber mit all its ‹appurtenances› versinnbildlichst. Ich habe seit about 12 Wochen mehr von diesem nonsens ausgestanden als je vorher. Und Du glaubst nicht, wie das auf das Morale eines Menschen einwirkt, die Dumpfheit im Kopf und die Paralysis in den Gliedern, die man fühlt. Namentlich kann man sich zu nichts entschließen... Diese Geschichte machte mir alles Schreiben so unmöglich...» (29. Mai 1863)[5]

Jenny beschreibt in ihren «Umrissen» noch deutlicher die Vorgewitterstimmung: «...Karl fühlte sich im höchsten Grade unwohl. Von einem Besuche, den er bei Engels machte... kam er durchaus nicht besser zurück. Wir brachten abermals drei Wochen an der See in Hastings zu... Karl holte uns von da ab, sah aber sehr leidend aus und war fortwährend unwohl, bis dann im November desselben Jahres die schreckliche Krankheit, ‹Carbuncle›-Krankheit, ausbrach. Am 10ten November ward ein furchtbares Geschwür operiert, und von da schwebte er noch längere Zeit in Lebensgefahr. Vier volle Wochen dauerte die schwere Krankheit, die mit den heftigsten körperlichen Schmerzen verbunden war. Zu diesen physischen Leiden gesellten sich noch die nagendsten Sorgen, geistigen Foltern aller Art. Beinahe am Rande des Abgrunds stehend...»[6]

In Jennys Brief um den 24. November 1863 an Wilhelm Liebknecht schildert sie die Situation mit einer Drastik, die an Deutlichkeit nichts zu wünschen übrigläßt. Nie vorher hat sich Karls Körper benommen wie ein verwundeter, «Gift und

Galle» speiender Drache: «Mein teurer Karl war während 3 Wochen *todkrank* an einer der gefährlichsten und schmerzhaftesten Krankheiten – einem carbuncle am Rücken...» – «Karl war schon seit Monaten leidend, das Arbeiten ward ihm unendlich schwer, und um sich etwas Erleichterung zu verschaffen, verdoppelte er das gewöhnliche Maß des Rauchens und verdreifachte das der verschiedenen Sorten Pillen, blue and antibilious etc. Vor 4 Wochen ungefähr bekam er ein Blutgeschwür auf die Backe, es schmerzte sehr, wir wurden aber Herr desselben durch die gewöhnlichen Hausmittel. Es war noch nicht ganz verschwunden, da brach ein ähnliches auf dem Rücken aus. Obgleich die Schmerzen außerordentlich waren, die Geschwulst auch täglich zunahm, so waren wir dennoch töricht genug zu glauben, wir konnten es durch Aufschläge etc. zum Weichen bringen. Nach deutscher Idee entzog sich mein armer Karl noch fast aller Nahrung,... und lebte von Limonade. Endlich, nachdem die Geschwulst die Größe einer Faust angenommen, der ganze Rücken verkrümmt war, ging ich zum Allen. Ich vergesse nie den Blick des Mannes, als er den Rücken sah, er winkte mir und Tussychen, das Zimmer zu verlassen, Lenchen mußte Karl halten, und da schnitt er tief, tief eine große klaffende Wunde, das Blut strömte hinaus. Karl war still und ruhig und zuckte nicht. Nun fingen heiße Aufschläge an, die wir jetzt seit 14 Tagen Tag und Nacht wie Uhrwerk von 2 Stunden zu 2 Stunden fortgesetzt haben. Zugleich verordnete der Doktor 3–4 Gläser Portwein, 1 halbe Flasche Bordeaux täglich und das Vierfache vom gewöhnlichen Essen. Es galt, die heruntergekommene Kraft aufrechtzuerhalten, um den furchtbaren Schmerzen und dem Aufzehren des starken Eiterabflusses Widerstand zu leisten.»[7]

Nach diesem ersten «Befall» bleibt Karl jahrelang in seiner Karbunkulosis gefangen. Reisen, die ihn gemeinhin befreien, aufatmen lassen, haben auf ihn nun keinen dauerhaft lösenden Einfluß mehr.

Am 30. November 1863 stirbt seine Mutter. Seinen eigenen

Zustand, in dem er sich befindet, beschreibt er todesnah: «Vor 2 Stunden kam Telegramm, daß meine Mutter tot ist. Das Schicksal verlangte einen vom Hause. Ich selbst stand schon mit einem Fuß unter der Erde. Unter den gegebnen Verhältnissen ich jedenfalls noch nötiger als die Alte.»[8]

Karl reist Anfang Dezember 1863 nach Trier, um so schnell wie möglich in den Genuß des mütterlichen Erbes zu kommen. Über Holland möchte er zurück nach London, berichtet Friedrich Ende Dezember kurz hintereinander von neuen Ausschlägen: «Der Karbunkel ist den Weg allen Fleisches gegangen, aber mein Buckel ist jetzt nachträglich noch arg geplackt von Furunkeln, und ich habe z. B. gestern die ganze Nacht kein Auge in Folge dieser Lumpenhunde schließen können...»[9]

«Letzten Mittwoch schrieb ich Dir über die wieder ausgebrochne Furunkulosis und die ‹bitter› verpaßte Nacht. Nächsten Tag entdeckte Dr. van Anrooy, daß neben den Furunkeln auch ein verdammter Karbunkel, ziemlich genau unter dem Platze des alten, sich neugebildet hatte. Seit der Zeit – abgesehn von dem unangenehmen moralischen Eindruck dieser Entdeckung – habe ich bis zur Stunde viel widerliche Schmerzen durchgemacht, namentlich des Nachts... Der Dr. hat mir die angenehme Aussicht eröffnet, daß ich bis tief in den Januar mit der Fortsetzung dieser ekelhaften Krankheit zu tun haben werde... Indes ist dieser zweite Frankenstein auf meinem Buckel by far nicht so ingrimmig, wie der erste in London war. Du siehst das schon daraus, daß ich schreiben kann.» – «Eben wollte ich den Brief an Dich kuvertieren, als der Dr. eintrat und mich ohne Umstände wieder operierte. Die Sache war fertig in no time und now things will go on swimmingly.»[10]

Karl wird bis tief in seine letzten Lebensjahre mit «dieser ekelhaften Krankheit zu tun haben»:

20. Januar 1864: «Dies ist eine christlich perfide Krankheit. Als ich Deinen Brief bekam... denselben Abend noch brach ein großer Furunkel über meiner linken Brust unter

dem Hals und ein Antipode desselben auf dem Rücken auf... Aber ein paar Tage später erschien wieder ein Karbunkel am rechten Bein, dicht unter dem Platz, von dem es bei Goethe heißt: Und wenn er keinen Hintern hat, wie will der Edle sitzen. Dies ist nun das schmerzlichste und genanteste Geschwür, das ich noch hatte... Einstweilen kann ich weder gehn, noch stehn, noch sitzen, und selbst das Liegen wird mir verdammt schwer... Außer dem Karbunkel unter dem Hintern, mußt Du wissen, hat sich ein neuer Furunkel auf dem Rücken gebildet und ist der auf der Brust erst am Zuheilen, so daß ich wie ein wahrer Lazarus (alias Lassalle) an allen Ecken zugleich geschlagen bin.»[11]

11. März 1864: «Was mich außerdem zurückhielt during the two last weeks – some new and unexpected furuncles breaking through different parts of the body.»[12]

19. April 1864: «Bis vor about 8 Tagen dauerte die Furunkulosis fort, was mich sehr ‹verdrießlichte› und mir erst seit ein paar Tagen erlaubte, meine Arbeit wieder anzufangen.»[13]

26. Mai 1864: «Zu meiner sehr ‹angenehmen› Überraschung entdecke ich heute Morgen (ich konnte schon die Nacht vorher nicht schlafen) wieder zwei ‹artige› furuncles auf meiner Brust. Konsultiere den Gumpert, was ich tun soll. Eisen will ich jetzt nicht nehmen, da ich ohnehin Blutwallungen nach dem Kopf habe. Zu Allen will ich auch nicht gehn, da ich nichts mehr fürchte als den Wiederbeginn einer förmlichen Kur, die mich jetzt im Arbeiten stören würde, und ich muß doch endlich fertigmachen. Trotz allem, was die Leute mir über mein gesundes Aussehen sagten, habe ich doch fortwährend something wrong gefühlt und die große Entschlossenheit, die ich aufbieten muß, um schwierigere Themata zu bearbeiten, gehört auch zu diesem Gefühl der Nichtadäquatheit.»[14]

25. Juni 1864: «Ich hatte Rückfälle von furuncles und bin erst seit 14 Tagen wieder ganz frei. Da mich diese lästige Krankheit sehr am Arbeiten hinderte – der Arzt mir außer-

dem angestrengte und vielstündige geistige Arbeit untersagt hatte...»[15]

1. Juli 1864: «Ich mediziniere seit about 10 Tagen wieder und habe heut noch außerdem Art Influenza. Daher not able today for better writing.»[16]

4. Juli 1864: «Immer noch Influenza bis in Nase und Maul etc., so daß ich weder rieche noch schmecke. In dieser Zeit, wo ich ganz arbeitsunfähig...»[17]

25. Juli 1864: «Zu meiner keineswegs angenehmen Überraschung zeigte sich, daß der furuncle vielmehr ein ganz bösartiger carbuncle war, außerdem so schamlos, sich dicht über dem penis zu entwickeln. Ich war so about 10 Tage gezwungen, meist im Bett zu liegen – und in dieser Hitze! Das Zeug heilt hier rasch zu; indes habe ich in der Tat alles Vertrauen verloren durch die unerwartete Wiedererscheinung der Krankheit in so bösartiger Form.»[18]

31. August 1864: «Seit ein paar Tagen bin ich wieder werktätig. Bis dahin war ich immer noch geplackt mit Unwohlsein und incapable.»[19]

4. November 1864: «...vorgestern, wo wieder neuer Karbunkel unter der rechten Brust erschien. Ich will diesmal, wenn die Sache nicht rasch vorübergeht und nicht isoliert bleibt, Gumperts Arsenikkur brauchen.»[20]

14. November 1864: «Ich habe beinahe 8 Tage in Folge des Karbunkels großenteils *im Bett* zubringen müssen. Die Sache ist jetzt im *Zuheilen*. Jedoch geniert mich, da der Karbunkel grade unter der Brust, das beim Schreiben nötige Vorbiegen des Oberkörpers noch.»[21]

29. November 1864: «Nur hatte ich, zum großen Schrecken der ganzen Familie, Anfang dieses Monats wieder einen sehr bösartigen Karbunkel unter der linken Brust, der 2–3 Wochen mich quälte.»[22]

29. November 1864: «Ich war seit 14 Monaten beinahe beständig und oft lebensgefährlich krank an Karbunkeln. Jetzt ziemlich ausgeheilt.»[23]

2. Dezember 1864: «Ich fürchte wahrhaftig, ich fühle wie-

der in der rechten Lende einen beginnenden Karbunkel. Der
Allen weiß von der Sache nichts, da ich mich seit einiger Zeit
selbst behandelt habe. Käme ich nun zu ihm von wegen der
Arsenikgeschichte, die man doch ohne Arzt nicht anfangen
kann und auf die er vielleicht nicht einmal eingeht, so macht
er mich scheußlich herunter, daß ich so lange hinter seinem
Rücken karbunkelte!!»[24]

25. Februar 1865: «...Neuausbruch der Krankheit... Ich
habe das Rezept machen lassen und schon genommen das
Powder, wünschte aber doch Gumperts Meinung drüber.
Die Sache ist sehr lästig. Der Unterschied vom vorigen Jahr
ist aber der, daß mein Kopf *nicht* affiziert ist und ich (*soweit
nicht das längere Sitzen physisch lästig*) durchaus arbeitsfähig bin. Übrigens fühl' ich am ganzen cadaver, daß das Zeug
wieder an allen Ecken ausbrechen will.»[25]

4. März 1865: «Ich bin an verschiednen empfindsamen
und ‹lästigen› Teilen mit dem alten Übel geplagt, so daß mir
Sitzen schwer.»[26]

13. März 1865: «...Fortdauer der furuncles...»[27]

9. Mai 1865: «...ich immer noch nicht ganz ausgeheilt.»[28]

20. Mai 1865: «...und die carbuncles immer noch da
sind...»[29]

Ab Mitte 1865 revoltiert mit den eitrigen Auswüchsen
nicht nur Karls Haut, auch sein Verdauungstrakt macht sich
mit Konteraktionen bemerkbar. Karl speit wirklich Galle:

24. Juni 1865: «Ich habe während dieser ganzen Zeit fortwährend an Gallerbrechungen gelitten...»[30]

31. Juli 1865: «...Gallenzustände habe ich seit 3 Monaten wieder fast tägliches Erbrechen, wie früher in Brüssel.»[31]

5. August 1865: «Ich habe während des warmen Wetters
beständig Tag und Nacht bei offnem Fenster gearbeitet.
Folge: Rheumatismus im rechten Arm, speziell Schulter-
blatt, der sehr schmerzlich und mir das Schreiben, namentlich aber jede *Hebebewegung* erschwert. Wie öklich die Sache, kannst Du daraus sehn, daß ich instinktiv schreie, wenn

ich in Ungedenken nachts im Bett den Arm hebe. Weiß Gumpert irgendein nostrum hierführ?»[32]

9. August 1865: «Ich mediziniere seit ein paar Tagen und bin ganz und gar auf dem Hund, ganz arbeitsunfähig. Allen sagt jedoch, daß ich in wenigen Tagen wieder auf dem Strumpf sein werde. Es ist Gallengeschichte und Folge der ‹sauren› Arbeit des Denkens in dem hot weather.»[33]

19. August 1865: «Ich bin immer noch sick, obgleich Allen die liverbeschwerden beseitigt. Aber nun kam eine Art Influenza, deren Ende er mir in 5–6 Tagen verspricht und die in der Tat von allen Dingen das lästigste, as far as mental activity is concerned. Ich hoffe, damit habe ich my dept to nature abgetragen.»[34]

8. November 1865: «Die ganzen angenehmen Umstände sind mir einigermaßen in den Bauch gefahren, so daß ich mir hier sofort Gumperts Medizin wieder machen ließ.»[35]

10. Februar 1866: «Diesmal ging es um die Haut. Meine Familie wußte nicht, wie sérieux der cas war. Wenn sich das Zeug noch drei- bis viermal in derselben Form wiederholt, bin ich ein Mann des Todes. Ich bin wundervoll abgefallen und noch verdammt schwach, nicht im Kopf, sondern in Lende und Bein... In diesem Augenblick hab ich noch allerlei kleinen Nachwuchs am Leib, der schmerzlich, aber in keiner Art mehr gefährlich. Mir war das Ekelhafteste die Unterbrechung meiner Arbeit, die seit 1st January, wo mein Leberleiden verschwunden war, famos voranging. Von ‹Sitzen› war natürlich keine Rede. Es geniert mich noch in diesem Augenblick. Aber liegend habe ich doch, wenn auch nur während kurzer Intervalle im Tag, fortgeschanzt. Mit dem eigentlich theoretischen Teil konnte ich nicht vorangehn. Dazu war das Hirn zu schwach.»[36]

13. Februar 1866: «Gestern lag ich wieder brach, da ein bösartiger Hund von Karbunkel an linker Lende ausgebrochen. Hätte ich Geld genug, das heißt mehr > – 0, für meine Familie, und wäre mein Buch fertig, so wäre es mir völlig gleichgültig, ob ich heute oder Morgen auf den Schindanger

geworfen würde, alias verrecke.» – «Ich begann die Abschreiberei und *Stilisierung* Punkt ersten Januar, und die Sache ging sehr flott voran, da es mir natürlich Spaß macht, das Kind glattzulecken nach so vielen Geburtswehn. Aber dann kam wieder der Karbunkel dazwischen, so daß ich bis jetzt nicht weitergehn... konnte.»[37]

14. Februar 1866: «Der Karbunkelhund ist in Arbeit...»[38]

2. März 1866: «...daß mit diesem letzten bösartigen Hund die Reihe der Karbunkel am Ende ist, for this season... Diese letzte Attacke war infam. Sie machte nicht nur allem Arbeiten ein Ende, sondern auch allem Lesen...»[39]

Karl begibt sich März–April 1866 auf einen vierwöchigen Seeurlaub nach Margate, schreibt von dort an Friedrich:

6. April 1866: «Ich habe mich sehr hier erholt und nicht das geringste Zeichen von Wiederkehr der infamen Karbunkel. An der Stelle, wo der letzte und bösartigste war, ist noch ein wenig wundes Gefühl. Vielleicht ist er zu früh zugeheilt und steckt noch ein Atom Eiter hinter der Zuheilungshaut. Indes bei den warmen Seebädern und dem rough Waschtuch, womit ich mich abtrockne, wäre in diesem Fall der Dreck wohl aufgegangen; und in der Tat, seit zwei Tagen, scheint auch dies letzte Wundmal ganz zu verschwinden. Der einzige drawback ist ein schmerzlicher, hier wiedergekehrter Rheumatismus in der rechten Schulter, der mich sehr am Schlafen stört. Ich bin jetzt bald 4 Wochen hier und habe rein der Gesundheit gelebt. Es ist Zeit, daß dies bald aufhört.»[40]

Nach London zurückgekehrt, setzt sich der Rheumatismus noch mehr durch, plagen Karl Zahnschmerzen, machen ihn weitere Gebresten arbeitsunfähig, kommen innerhalb von drei Monaten die Karbunkel wieder zum Vorschein:

23. April 1866: «Mein langes Schweigen wirst Du Dir einfach erklärt haben aus einem Gemütszustand, gepfropft auf unaufhörlichen Zahnschmerz und Rheumatismus seit mehr als 2 Wochen. Heute scheint jedoch ein Wendepunkt eingetreten. Da der rheumatische Schmerz, namentlich des Nachts stark, sehr mit meinem Schlaf und der ganzen Hausordnung

interferierte – infolge wovon ich verschiedne Male Erbrechungen hatte –, hielt ich es für gut, mit dem Arsenik aufzuhören, resp. zu suspendieren. Ich werde ihn jetzt aber wieder (wenn der Wendepunkt wirklich eingetreten) fortsetzen. Von irgend furunkel- oder karbunkelartigen Unwesen auch nicht die geringste Spur, und ich habe nicht den geringsten Zweifel, daß, nach Beseitigung dieser incidents, die mehr mit dem Wetter zusammenhängen, ich völlig restauriert bin. Es ist aber wahrhaftig auch hohe Zeit, da ich bereits soviel Zeit verloren habe.»[41]

10. Mai 1866: «No carbuncles whatever! Der verfluchte Rheumatismus und das Zahnweh haben aber mich arg gequält, bis erstrer endlich dem Einreiben mit purem Alkohol nachzugeben scheint. Auch muß ich Dir offen sagen, daß ich mich immer noch etwas *schwach* im Kopf fühle und die Arbeitskraft erst *sehr allmählich* wiederkehrt. Vielleicht war das der Unterbrechung der Arsenikkur, die ich nach Deinem letzten Schreiben wieder begann, zuzuschreiben.»[42]

7. Juni 1866: «Was den körperlichen Zustand betrifft, so ist glücklicherweise nichts Karbunkelhaftes wieder erschienen. Dagegen war ich genötigt, zu Allen zu gehn wegen Leberleiden, da Gumpert nicht hier ist und diese Sache nicht von der Ferne aus zu behandeln. Arsenik habe ich fast noch eine ganze bottle stehn, aber seit diversen Wochen nicht mehr genommen, weil meine jetzige Lebensweise nicht dazu paßt.»[43]

9. Juni 1866: «Welches immer der Drang der Ereignisse, meine Arbeit ist bis jetzt seit meiner Rückkehr von Margate schlecht vorangegangen, infolge rein körperlicher Zustände. In den letzten Wochen war ich so herunter, daß ich selbst die International Association nicht mehr besuchen konnte. Ich habe mir gestern Gumperts Rezept (für die Leber) machen lassen, da Allens Geschichten mir nichts halfen. Außerdem habe ich mir einen Zahn ausreißen lassen, um den Zahnschmerzen ein Ende zu machen, und wahrscheinlich muß noch ein zweiter folgen.»[44]

7. Juli 1866: «Was zunächst meinen Gesundheitszustand betrifft, so habe ich während der letzten zwei Wochen wieder *ordentlich geschanzt* und hoffe Ende August mit dem ersten Band, den ich selbständig erscheinen lasse, fertig zu werden, wenn ich diesen Gesundheitsgrad behalte. Ich bin allerdings gezwungen, Gumperts Lebermedizin täglich fortzunehmen, da ich sonst sofort brachläge. Frage: Ist das (jetzt seit vielen Wochen *beseitigte*) *Arsenik* damit verträglich? Ich frage das, weil seit 4 Tagen wieder ein Karbunkelanfang über dem rechten Brustknochen sich zeigt.»[45]

21. Juli 1866: «Der Karbunkel hat sich glücklich wieder von selbst verzogen. Schwer aber hatte und habe ich in der jetzigen Hitze von der liver zu büßen.»[46]

7. August 1866: «...mein Gesundheitszustand verbessert, obgleich er täglich auf- und abschwankt.»[47]

23. August 1866: «Ich habe hier und da neue Karbunkelanfänge, aber sie verschwinden immer wieder, zwingen mich aber, meine Arbeitsstunden sehr within limits zu halten.»[48]

8. November 1866: «...habe mir auch... einen schönen Karbunkel nicht weit vom penis wieder zugezogen.»[49]

10. November 1866: «Es war wirklich in diesem Sommer und Herbst nicht die Theorie, die die Verzögerung bewirkt, sondern die körperlichen und bürgerlichen Verhältnisse. Es sind jetzt grade 3 Jahre, daß der erste Karbunkel operiert wurde. Seit der Zeit hat das Zeug nur in kurzen Intervallen aufgehört und von *allen* Arbeiten sind... rein theoretische am unpassendsten, wenn man diesen Teufelsdreck im Leib hat. Was den jetzigen Kerl betrifft, so wird er in Zeit von about 14 Tagen wegkuriert sein.»[50]

8. Dezember 1866: «...den Karbunkeldreck erst seit ein paar Tagen wieder los bin...»[51]

19. Januar 1867: «Was das Körperliche betrifft, so seit einigen Wochen besser, ein paar kleine Karbunkel an linker Lende, aber unbedeutend. Nur schreckliche Schlaflosigkeit, die mich sehr restless macht, aber wohl mehr psychische Gründe hat.»[52]

2. April 1867: «Ich hatte mir vorgenommen, Dir nicht zu schreiben, bis ich Dir das Fertigsein des Buches anzeigen könnte, was jetzt der Fall ist. Ich wollte Dich auch nicht ennuyieren mit den Ursachen des abermaligen Aufschubs, nämlich Karbunkeln am Hintern und in der Nähe des penis, deren letzte Reste jetzt verblühn und die mir nur unter großen Schmerzen sitzende Position (also schreibende) erlaubten. Arsenik nehm ich nicht, weil es mich zu dumm macht und ich wenigstens für die Zeit, wo das Schreiben möglich war, den Kopf beisammenhaben mußte.»[53]

Karl reist am 10. April 1867 nach Deutschland und bringt das fertige Manuskript des «Kapitals» zu seinem Verleger, Otto Meißner, nach Hamburg. Auf dieser Reise schreibt er Friedrich drei Briefe. Die Eiterschwaden sind weg. Die Stimmung platzt vor Gesundheit: «Höchst tolles Wetter und Sturm. Mir war, nach dem langen Verschluß, dabei so kannibalisch wohl als wie 500 Säuen.» (13. April 1867)[54] «Ich habe mich außerordentlich erholt. Keine Spur des alten Übels. Dazu trotz schwerer Verhältnisse, guter Humor, ohne Leberanschläge.» (24. April 1867)[55] «… keine Zeit, ‹den düstren Wegen des eignen Ich› nachzuspähen…» – «Ich habe großes Gaudium hier…» (7. Mai 1867).[56]

Friedrich schreibt dem Freund zweimal Tröstliches und legt mit seinen Karl-stützenden Sätzen eine Fährte, die in eine falsche Richtung weist: «Das Buch hat sehr viel dazu beigetragen, Dich kaputt zu machen, ist es erst abgeschüttelt, so wirst Du auch wieder ein ganz andrer Kerl werden.»[57] – «Es ist mir immer so gewesen, als wenn dies verdammte Buch, an dem Du so lange getragen hast, der Grundkern von allem Deinem Pech war und Du nie herauskommen würdest und könntest, solange dies nicht abgeschüttelt. Dies ewig unfertige Ding drückte Dich körperlich, geistig und finanziell zu Boden, und ich kann sehr gut begreifen, daß Du jetzt, nach Abschüttelung dieses Alps, Dir wie ein ganz andrer Kerl vorkommst, besonders da die Welt, sobald Du nur erst wieder einmal hinein kommst, auch nicht so trübselig aussieht wie vorher.»[58]

Die Prognosen Friedrichs scheinen für eine Weile zu stimmen. Karl kommt von Deutschland nach London zurück, ist trotz «bedeutender Schulden», «Familienjammer», «Kollisionen» zwischen ihm und Jenny und deren «Hetzjagd»[59] gesund, beschäftigt sich drei Monate lang emsig mit der Druckfahnenkorrektur seines Buches «Das Kapital».

Mitte September besucht Karl in Manchester Friedrich. Zurück in London ist er grippig. Und wenig später melden sich erneut die eiternden Signale. Friedrichs Prognose ging fehl. Furunkel und Karbunkel verschwinden nicht, brechen alle paar Wochen aufs neue hervor.

4. Oktober 1867: «Nach meiner Rückkehr von Manchester war ich fast bis jetzt bis zum Fieberhaften schnupfenkrank. Ich habe mir den cold erwischt bei dem Eisenbahnmalheur.»[60]

19. Oktober 1867: «In den letzten Wochen war es mir positiv unmöglich, mehr als vielleicht 2 Stunden zu schreiben. Außer dem Andrang from without der Hauskatzenjammer, der mir immer auf die Leber schlägt. Ich wurde wieder schlaflos und hatte das Vergnügen, in der Nähe des membrum 2 Karbunkelchen aufblühn zu sehn. Glücklicherweise sind sie verblüht. Meine Krankheit kommt immer aus dem Kopf.»[61]

2. November 1867: «Ich habe in der letzten Zeit zwar keine entwickelten carbuncles, aber beständige Anfänge, die immer wieder verschwinden, but fret me. Daneben die alte Schlaflosigkeit.»[62]

14. November 1867: «Ich habe einen lästigen carbunculum auf der rechten Seite des Rückens.»[63]

27. November 1867: «Mein Gesundheitszustand hat sich sehr verschlechtert, und von Arbeiten konnte kaum die Rede sein.»[64]

28. November 1867: «Ich habe jetzt ziemlich allgemeinen Ausschlag von furuncles, und das ist mir lieb. Es bricht die Karbunkelkrankheit.»[65]

17. Dezember 1867: «Ich habe einen kleinen, aber unendlich lästigen Karbunkel am linken Hintern.
Und wenn er keinen Hintern hat,
Wie soll der Edle sitzen?»[66]

24. Dezember 1867: «Unser diesjähriges Weihnachtsfest ist wieder ein sehr getrübtes, da mein armer Mann von neuem an seinem alten Leiden krank darniederliegt. Es haben sich wieder 2 Ausbrüche gezeigt, von denen der eine bedeutend und an peinlicher Stelle ist, so daß Karl zum Liegen auf einer Seite gezwungen ist.»[67]

3. Januar 1868: «Ich bin erst seit 3 Tagen wieder auf‹sässig›, so lang' krummliegend. Die Attacke war bösartig. Du kannst das daraus sehn, daß seit 3 Wochen – nicht geraucht! Im Kopf noch wacklig. In ein paar Tagen hoffentlich wieder tatkräftig.»[68]

8. Januar 1868: «*Ad vocem Karbunkeln.* Ärzte befragt. Nichts Neues. Alles, was die Herrn sagen, kömmt darauf hinaus, daß man *Rentner* sein müßte, um ihren Vorschriften gemäß zu leben, statt wie ich ein kirchenmausarmer Teufel. Wenn Du den Gumpert siehst, kannst Du ihm sagen, daß ich (bis zu this moment, wo ich schreibe) ein stechartiges Prickeln im Körper, d. h. Blut fühle. Es scheint mir, daß ich für dies Jahr noch nicht ganz an der Sache vorbei bin.»[69]

11. Januar 1868: «Ich schreibe Dir mit offnem Zustand und Alkoholaufschlägen. Ich ging nämlich *vorgestern* zum erstenmal wieder aus, und zwar aufs Britische Museum, da ich doch noch nicht schreiben kann. Gestern aber kam neuer Ausschlag unter der linken Brust. Die Alkoholbehandlung, die Nélaton in Paris selbst bei den größten Karbunkeln angewandt hat, ist, *nach meiner persönlichen Erfahrung* (neben dem Schneiden oder der Anwendung der Lanzette, je nach dem Kasus), bei weitem die raschste und angenehmste für die Patienten. Der Mißstand ist nur die beständige Aktion, die dabei nötig ist, wegen der raschen Verdunstung des Alkohols.»[70]

25. Januar 1868: «Ich bin gestern zum erstenmal wieder

ausgegangen, und in 1 – 2 Tagen wird die Narbe verheilt sein. Ich bin natürlich noch schwachmatig nach dieser starken Attacke. Ich werde 2 – 3 Wochen noch absolut nicht arbeiten (i. e. *schreiben*), höchstens lesen und sobald die Wunden ganz verheilt (einstweilen, I think only for one or two days, scheuert und irritiert sich noch der faule Fleck beim Gehn) sehr viel laufen. Es wäre fatal, wenn noch ein 3. Ungetüm ausbräche.»[71]

1. Februar 1868: «Ich ging letzten Dienstag aus aufs Museum und spazieren. Mittwoch brach ein neuer Ausschlag aus. Er ist kleiner und hindert mich nicht am Sitzen, da er auf der obern Seite der linken Lende ist. Aber gehn ist schädlich wegen der Reibung und Beförderung der Inflammation. Ich glaube, daß dies Ungeheuer abstirbt mit dieser Woche. Ob nichts nachkömmt, wage ich nach den zahlreichen Enttäuschungen kaum zu hoffen. Der Teufel soll den Dreck holen.»[72]

4. Februar 1868: «Ich habe noch unter dem linken Arm und auf der linken Lende zwei nicht ganz verblühte Knospen. Aber sie genieren mich nicht mehr am Gehn. Auch fühle ich mich generally besser.»[73]

15. Februar 1868: «Seit gestern gezwungen, wieder das Haus zu hüten, da sich das monstrum unter dem linken Achselblatt bösartig entwickelt. Es scheint, daß diese Scheiße nicht aufhören soll.»[74]

20. Februar 1868: «Was die Gesundheit angeht, change von Tag zu Tag.»[75]

4. März 1868: «Die Karbunkelwirtschaft ist jetzt reduziert auf ein Residuum unter dem linken Arm, das wohl bald verblühn wird. Wenn ich Dir heut nur diese Zeilen schreibe, so geschieht es in Folge eines horriblen Kopfwehs.»[76]

6. März 1868: «Ich bin sehr im Koppe angegriffen. Doch wird das wohl by and by sich ‹verschwinden›, sobald auch die letzte Spur des Karbunkeltums alle geworden.»[77]

14. März 1868: «Seit Anfang der Woche hatte ich Karbunkuloses an der rechten Lende (noch nicht quite extinct).

196

Trotzdem – und daher folgender schwieriger Gangart – besuchte ich das Museum, da dies beständige Eingesperrtsein und *Liegen* zu Hause (die Sache dauert nun schon, mit einigen intervallen of course, über 4 Monate) mich toll machen würden. Mit alledem bin ich überzeugt, daß die jetzigen Blüten nur die letzten Nachwehn.»[78]

23. März 1868: «Ich habe die ganze letzte Woche viele Blutrosen gehabt; besonders hartnäckig und schwer auszurotten die Schmiere unter der linken Armachselhöhle. Doch fühle ich mich generally viel besser, in fact als reconvalescent, und bin sicher, daß das Zeug zu Ende geht.»[79]

25. März 1868: «Ich wollte Dir gestern vom Museum schreiben, aber ich wurde plötzlich so überaus unwohl, daß ich das sehr interessante Buch, das ich in der Hand hatte, zuschlagen mußte. Es kam mir wie ein schwarzer Flor über die Augen. Dabei furchtbarstes Kopfweh und Brustbeklemmung. Ich strolchte also nach Haus. Die Luft und das Licht taten mir wohl, und zu Haus schlief ich for some time. Mein Zustand ist der Art, daß ich eigentlich alles Arbeiten und Denken für some time aufgeben müßte; aber das *würde mir schwer, selbst wenn ich die Mittel zum Strolchen hätte.*»[80]

11. April 1868: «Es ist gut, daß das Opiumrezept heute angekommen ist. Die Geschichten unter dem Arm sind seit Deiner Abreise sehr lästig geworden... Ich habe heut besondre Schmerzen auf dem linken Arm.»[81]

17. April 1868: «Die alten Blutrosen (um mich poetisch auszudrücken) haben mich mit solcher taktischen Geschicklichkeit angegriffen, daß ich die zum Schreiben nötige Positur nicht einnehmen konnte.»[82]

18. April 1868: «Bis heute brachgelegen und konnte das Haus nicht verlassen. Der Arm war so inflammiert, dabei so starke Eiterung, daß ich nichts um den Arm tragen konnte und auch Bewegung störend. Die Eiterung ist heute Morgen völlig zu Ende. Die bloßen Wunden aber heilen rasch zu. Ich werde heute wieder ausgehn. Mit Hilfe des Arsenik hoffe ich jetzt, daß diese abscheuliche Schmiere zu Ende ist.»[83]

22. April 1868: «Ich habe wieder angefangen zu arbeiten, und es geht gut. Nur muß ich die Arbeits*zeit* beschränken, denn nach about 3 Stunden fängt's mir an im Kopf zu summen und zu stechen.»[84]

30. April 1868: «Von Karbunkel nur ganz kleine Spur auf der rechten Lende, wird aber wohl spurlos vergehn.»[85]

16. Mai 1868: «Zwei Karbunkel am Hodensack hätten vielleicht selbst den Sulla verdrießlich gestimmt. Wie sehr der Mann, trotz seines mehr als Palmerstonschen temper, durch seine mythische, aber jedenfalls lausige Krankheit affiziert war, geht schon daraus hervor, daß er noch 10 Tage vor seinem Tode sich den Decurio aus einer benachbarten Stadt greifen und 1 Tag vor seinem Verrecken bei sich zu Haus erwürgen ließ.»[86]

20. Juni 1868: «Die Hitze ist mir sehr eklich. Ich werde mir Gumperts Medizin machen lassen, da ich verschiedene Tage hintereinander ‹gekotzt› (Stil der Frau Blind), trotz exemplarischer Enthaltung von Speis und Trank.»[87]

26. Juni 1868: «Mein Kopf ist natürlich in turmoil. Da ich nichts Ernstes tun kann…»[88]

23. Juli 1868: «Wie lebt Ihr bei der Hitze? Mir vergeht alles Denkvermögen dabei, und ohne Gumperts Medizin I could not stand it at all.»[89]

13. August 1868: «Ich habe seit 8 Tagen kein Aug' zugetan… Borkheim… sagte, ich solle mir die Gelbsucht doch vom Halse schaffen.»[90]

21. August 1868: «Da ich seit ungefähr 1 Woche Galle kotze…»[91]

14. November 1868: «Seit ein paar Tagen hatte ich wieder Anfänge von carbunculosem. Da die Scheiße immer in dieser Zeit beginnt, habe ich sofort wieder mit dem *Arsenik* angefangen. Dies wird wohl weitere evolutions abschneiden.»[92]

12. Dezember 1868: «Der Arsenik wirkt famos. Du weißt, daß ich vor about 6 Wochen so etwas Karbunkelmäßiges fühlte, und seit da habe ich das Arseniksaufen wieder begonnen und bin immer noch daran. Es ist in der Tat zu nichts

gekommen als beständigen kleinen Ansätzen, die aber ebenso beständig wieder verschwinden. Seit Jahren nun fing die Sache immer Oktober an und stand Januar in voller Blüte. Es scheint also, daß ich dieses Jahr davonkomme und nur gerade soviel Spur der Krankheit wiedererschien und erscheint, als nötig war, um mich zum Arsenikstoff zu bestimmen.»[93]

13. Januar 1869: «Ich verschob's von Tag zu Tag, Dir zu schreiben, von wegen eines Stockschnupfens, der Aug, Ohr, Nase und den ganzen Kopf, seit about 2 weeks, in förmlichem Belagerungszustand hält.» – «In der Hoffnung, daß Dein Kopf nicht so schnupferig niederträchtiglich heruntergesimpelt ist wie meiner.»[94]

23. Januar 1869: «In unsrem Haus herrscht dagegen Schnupfen und Husten. Bei mir war die Sache so schlimm, daß ich fast 2 Wochen durch beständig ‹gekotzt›, um mich in der eleganten Sprache der Frau Blind auszudrücken. Ich bin gestern zum erstenmal wieder ausgewesen und rauche heute *versuchsweise* a cigar.»[95]

13. Februar 1869: «Da ich in diesem Augenblick sehr mit meinem Buch beschäftigt bin, in der Tat nach mehrwöchentlicher Schnupfenfieberunterbrechung die Arbeit wieder aufgenommen habe...»[96]

20. März 1869: «...und ich bin seit ein paar Tagen auch wieder schnupfentoll und hustenwirr.»[97]

29. März 1869: «Wie Du richtig vermutet, bin ich schnupfentoll und schnupfendumm.»[98]

24. April 1869: «Seit about 12 Tagen leide ich fürchterlich an meinen alten Leberbeschwerden. Ich saufe die alte Medizin von Gumpert, aber bis jetzt ohne Erfolg. Ich bin dadurch geistig ganz lahm gelegt. Dieser Zustand kommt jeden Frühling. Wenn ich ihn nicht safely passiere, kommen nachher die carbuncles. Frage also Gumpert, ob er irgend etwas Neues für mich weiß? Ich habe seit 8 Tagen nicht geraucht. Ça suffit, um Dir meinen Zustand klarzumachen.»[99]

8. Mai 1869: «Du hast in der Hauptsache mein obstiniertes Schweigen richtig erklärt, nämlich *aus der Leber.*»[100]

22. Juli 1869: «Ich habe seit ungefähr 6 Tagen einen starken Karbunkel auf dem linken Arm, was in ‹diese Hitze› nicht angenehm ist.» [101]

24. Juli 1869: «Die Geschichte ist in voller Eiterung, daher sehr schmerzlich, wird aber auch bald vorüber sein. Der Arseniksoff muß wieder begonnen werden.» [102]

4. August 1869: «Ich bin keineswegs auf dem Strumpf. Die Armgeschichte ist im letzten Stadium des Zuheilens begriffen. Ich erkläre mir das sonstige Unwohlsein aus dem Wetter und saufe dagegen Gumperts Lebermedizin.» [103]

23. Oktober 1869: «Ich ditto unter schwerer Grippe leidend.» [104]

12. November 1869: «Diese Woche hat sich einiges Bedenkliche in der Achselhöhle des linken Arms (wie in Manchester) und auf dem Bein gezeigt. Sofort wieder Arsenik.» [105]

18. November 1869: «Karbunkulosa noch nicht ganz überwältigt.» [106]

26. November 1869: «Ich war in dieser Woche nicht sehr auf dem Strumpf, und die Geschichte unter dem Arm ist immer noch lästig.» [107]

Mitte Januar 1870 schreibt Jenny an Friedrich: «...Dr. Allen und sein Partner, ein junger schottischer Doktor, kamen, um den armen Mohr zu operieren... Die Geschichte war diesesmal wieder sehr schlimm. Seit 8 Tagen hatten wir alle Mittel, Umschläge, basilicum etc. etc., die schon so oft geholfen hatten, angewendet: allein ganz umsonst. Das Geschwür wuchs beständig, die Schmerzen wurden unerträglich, und es war keine Öffnung und Ausfluß hervorzubringen. Geschnitten mußte werden, und so entschloß der Mohr sich denn endlich zu dem unvermeidlichen Schritt, einen Doktor zuzuziehen. Er spürte gleich nach dem sehr tiefen Einschnitt große Erleichterung, und, obgleich er heute morgen noch nicht schmerzfrei ist, so ist er doch im ganzen viel viel besser und wird hoffentlich in ein paar Tagen genesen sein. Nun muß ich aber mit einem förmlichen Sündenregister gegen ihn hervorrücken. Seit er von Deutschland zurück ist, und namentlich

200

nach der Hannoverschen Kampagne, war er unwohl, hustete
beständig, und, statt sich zu hegen und pflegen, fing er an, auf
Mord und Brand Russisch zu studieren, ging wenig mehr aus,
aß unregelmäßig und zeigte den Carbuncle unter dem Arm
erst, nachdem er schon bedeutend angeschwollen und ver-
härtet war.»[108]

Am 22. Januar 1870 setzt Karl seine Krankengeschichte
selbst fort: «... der linke Arm unter Bandage und poultices,
also nicht unter meinem Kommando.

Die Geschichte war ein abscess, der mit den glands zusam-
menhing. Daneben noch einige Kleinigkeiten, die gestern
durch Lanzieren in Ordnung gebracht worden sind. Heute
alles in best progress, der Doktor war sehr zufrieden.»[109]

27. Januar 1870: «Ich bin immer noch under treatment
und Stubenarrest. Die Sache war etwas kompliziert durch
kleine Karbunkel in der Nähe des Abszesses, der beinah ei-
groß war. Aber in a few days all will be quite right.»[110]

10. Februar 1870: «Letzten Sonnabend ging ich zuerst
wieder aus, aber in Folge dieses verfluchten Nebelwetters sofort Art Entzündung der Halsdrüsen mir zugezogen.»[111]

12. Februar 1870: «Allen war gestern zu Besuch bei mir.
Nichts als einfache Verkältung. Er rät mir jedoch, den Stubenarrest fortzusetzen, bis der russische Wind aufhört...»[112]

5. März 1870: «Mein Gesundheitszustand hat mir bisher
nicht erlaubt, an den Sitzungen des Central Council teilzu-
nehmen.»[113]

24. März 1870: «Ich glaubte, wieder ganz auf dem
Strumpf zu sein, arbeitete wieder flott seit den letzten 2 Wochen, aber nun kam d'abord Sauhusten in Folge des Märzost-
winds – daran laboriere ich noch –, und seit vorgestern wieder unangenehme Erscheinung auf der rechten Lende, die mir
seit zwei Tagen Gehn und sitzende Stellung erschwert. A tous
les diables!»[114]

26. März 1870: «Deine Zeilen von heute Morgen verstehe
ich nicht. Dies liegt wohl daran, daß mein Kopf in Folge körperlicher Gebresten nicht vom Lucidesten ist.»[115]

14. April 1870: «...*weil* ich wegen des Zeugs am Schenkel nicht gut gehn konnte.» – «Ich betrachte den letzten Ausbruch bloß als Nachwehe, die ziemlich regelmäßig eintritt und dann mit Fortschritt des warmen Wetters verschwindet. Ich glaube also, für dies Jahr fertig damit zu sein. Nun hat sich aber sofort mit dem wärmeren Wetter, wie immer, das Leberleiden (oder was es sei) eingestellt und ich saufe Gumperts Medizin dagegen.»[116]

7. Mai 1870: «...(zog mir bei dieser Tour scheußlichen Schnupfen zu, der mich fast toll macht).»[117]

10. Mai 1870: «Ich bin immer noch so angegriffen von dem Stockschnupfen...»[118]

16. Mai 1870: «Ich konnte nicht Folge leisten wegen meines sehr ekelhaften Schnupfens und Hustens.» – «Wenn mein Zustand *nicht bald* sich ändert, so daß er mich nicht weiter am Arbeiten stört, komme ich möglicherweise auf 8–14 Tage nach Manchester. Denn wenn nichts hilft, hilft vielleicht Luftänderung.»[119]

20. Juli 1870: «Mein Körperzustand stimmt mich wenig zur Lustigkeit...» – «Der General Council hat mich gestern mit Aufsetzen von Adresse beauftragt. Keineswegs angenehm in my present state von Leberleiden und dullness. Wenn die Sache nicht besser wird, so rät mir Allen und Maddison, bei denen ich gestern war, an die See zu gehn, und zwar Ostseite von England als frischer.»[120]

12. August 1870: «Ehe ich herkam, hatten schon Schmerzen im linken Hintern und mit Fortsetzung nach der Lende zu begonnen. Ich wußte nicht, was es war. Die Sache hat jetzt aber dezidierten Charakter angenommen. Es ist ein Rheumatismus, aber von einem diabolischen Charakter, so daß ich nachts kaum schlafen kann.»[121]

15. August 1870: «Ich dagegen liege mehr oder minder brach in Folge des Rheumatismus und der schlaflosen Nächte.»[122]

17. August 1870: «Ich bin nun seit der vierten Nacht total schlaflos in Folge des Rheuma und phantasiere diese Zeit

durch von Paris etc. Für heut Abend werde ich mir Gumperts Schlafmedizin bereiten lassen.»[123]

22. August 1870: «Der Rheumatismus wütete so heftig fort, daß der Familienrat beschloß, mich nach London zu schicken, um dort Dr. Maddison zu konsultieren... Maddison... Sagt, es sei heftige Form von sciatica.»[124]

30. August 1870: «Die großen Schmerzen haben aufgehört, aber gewisser Platz fast wie gelähmt, so daß ich den Doktor wieder konsultieren muß.»[125]

Am 16. September 1870 endet die 20 Jahre während regelmäßige Korrespondenz zwischen Karl und Friedrich.

Mit der Freundin Lizzy Burns zieht Friedrich am 20. September 1870 nach London, wohnt in Karls Nachbarschaft. Die beiden sehen sich jeden Tag, schreiben nur noch dann, wenn sie einmal für längere Zeit voneinander getrennt sind.

Eine Zwischenbilanz der bisherigen Chronik ergibt: In den zwölf Jahren von 1850 bis 1862 finden sich in Karls Briefen an Friedrich etwa 40 Notate zu seinen Krankheiten, in den nachfolgenden acht Jahren etwa 120.

Die Krankheitsflut bricht unvermittelt über ihn herein. Karl ist nicht plötzlich ein alter Mann – im Mai 1863 erst 45 Jahre alt. Noch ein bis zwei Jahre zuvor war es ihm extrem gut gegangen. Doch seit seinem 45. Lebensjahr stellt er ein Bild des Jammers dar. Es vergeht kein Jahr mehr, in dem Karl (überwiegend) gesund wäre. Das Kranksein wird zur Regel.

1870 ist Karl 52. Die Diarycorrespondence mit Friedrich ist zu Ende, nicht Karls Krankheit. In den nächsten 13 Jahren bis zu seinem Tod, März 1883, lassen sich vereinzelte Hinweise finden. Aber auch diese Bruchstücke geben einen Aufschluß über seinen fortschreitenden Verfall.

Die überlieferten Dokumente der folgenden zwölf Jahre sprechen von Geschwüren, Leber- und Gallenrevolten, Husten-Schnupfen, Schlaflosigkeit und – in dieser Epoche alles andere beherrschend – Nervenleiden. Das ganze Jahr über schieben sich Kopf und Unterleib die Krankheiten hin und her. Es läuft dabei längst nicht mehr so geordnet ab, wie Karl es zu Anfang beobachtet hat: Winterhalbjahr Karbunkel, Sommerhalbjahr Leber, Schnupfen/Husten im Jahreszeitenwechsel. Nun versucht der Körper mit vielgestaltigen, doch sich wiederholenden Ausdrucksweisen etwas Unbewältigtes um- und umzuwälzen. Gesundheit ist auch in Karls letztem Lebensjahrzehnt die Ausnahme, ein Zwischenstadium, nie mehr erlebt er eine wirkliche Heilung.

21. Januar 1871: «Meine Gesundheit war monatelang wieder abominabel, aber wer kann denken an solche Kleinigkeit unter so großen historischen Ereignissen!»[126]

Im Laufe der Zeit wird das französische Wort «abominabel» die ganze Periode treffen, die Karl noch zu leben bevorsteht. Karls Gesundheit ist ihm abscheulich, ekelhaft, verhaßt geworden.

18. April 1871: «Sein Husten ist etwas besser, aber er hat es sehr an der Galle, und es geht ihm überhaupt nicht allzu gut. Unser Arzt besucht ihn regelmäßig.»[127]

13. Juni 1871: «Nach 6wöchiger Krankheit bin ich nun wieder soweit hergestellt, wie dies unter den gegenwärtigen Umständen möglich ist.»[128]

25. August 1871: «Ich befinde mich seit ungefähr zwei Wochen hier, vom Arzt hergeschickt, da meine Gesundheit infolge von Überarbeitung sehr zerstört war.»[129]

25. August 1871: «Ich hatte hier im ganzen stürmisches und regnigtes Wetter, so daß Schnupfen mit Hustenbegleitung nicht aufhören konnten. Aber die wundervolle Luft und das Bad, das ich täglich nehme, haben sehr wohltätig auf den general state of health gewirkt.»[130]

22. November 1871: «Meine Krankheit fesselt mich ans Haus, so daß ich verhindert war, alles zu tun, was ich gewollt hätte...»[131]

24. November 1871: «Während der letzten vier Wochen habe ich das Haus gehütet, es gab Abszesse, Operationen usw. secundum legem artis.»[132]

28. Februar 1872: «Infolge ununterbrochenen Lesens und

Schreibens ist seit einigen Tagen mein rechtes Auge entzündet, so daß es augenblicklich versagt und mich zwingt, selbst diesen Brief auf die allernotwendigsten Mitteilungen von Tatsachen zu beschränken.»[133]

25. Mai 1873: «Es war hier verdammt kalt und ostwindlich bis heut, so daß ich mir Schnupfen in optima forma geholt.»[134]

10. Juli 1873: «Sie wissen, daß es bei Krankheiten nichts Gefährlicheres gibt als Rückfälle, aber ich bin jetzt imstande, ernsthaft die Arbeit... wieder aufzunehmen.»[135]

12. August 1873: «Ich war monatelang sehr krank und sogar für einige Zeit in einem durch Überarbeitung hervorgerufenen gefährlichen Zustand. Mein Kopf war so ernsthaft in Mitleidenschaft gezogen, daß man einen Schlaganfall befürchten mußte, und auch jetzt bin ich noch nicht imstande, mehr als einige Stunden täglich zu arbeiten.»[136]

30. August 1873: «Gestern, a few hours ehe ich Dir schrieb, je l'ai échappé belle, und fühle es heut noch in allen Knochen. Ich trank einen Löffel Himbeerenessig, wovon einiges in die Luftröhre geriet. Ich hatte wahren Erstickungskrampf, Gesicht ganz schwarz etc., und noch ein Sekundenteil, und das Zeitliche war gesegnet. Was mir sofort post festum einfiel, ob man solche accidents nicht künstlich hervorbringen kann. Es wäre die anständigste und wenigst verdächtige Manier, und dabei sehr expedit, wodurch ein Mann sich aus der Welt schaffen könnte. Man täte den Engländern großen Dienst durch öffentliche Anempfehlung solchen Experiments.»[137]

27. September 1873: «Meine Frau hat Dir mehrmals über meinen Gesundheitszustand geschrieben; ich war in großer Gefahr von Apoplexie und leide immer noch sehr am Kopf, so daß ich meine Arbeitszeit sehr beschränken muß.»[138]

25. November 1873: «M[arx] ist gestern mit seiner jüngsten Tochter nach Harrogate in Yorkshire gegangen, wo beide sich einige Zeit erholen sollen. Er hatte es nötig; die akuten Symptome von diesem Frühjahr waren weg, aber ein chronischer gedrückter Hirnzustand eingetreten, der ihn ar-

beitsunfähig und schreibunlustig machte, und der, zu lange fortgesetzt, auch schlimme Folgen haben könnte. Er wird nun dieser Tage in Manchester unsern Freund Gumpert besuchen, den einzigen Arzt, in den er volles Vertrauen hat, und der ihn auch im Frühjahr in die Kur genommen.» [139]

30. November 1873: «Gumpert untersuchte mich bodily und fand, daß eine gewisse Verlängerung der Leber da ist, die ich nach seiner Ansicht erst in Karlsbad ganz verlieren kann.» [140]

19. Januar 1874: «Nach meiner Rückkehr [von der Kur, 24.11. bis 15.12.73] brach auf meiner rechten Backe ein Karbunkel aus, der operiert wurde; später hatte selber mehrere kleinere Nachfolger, und denke ich, daß ich in diesem Augenblick am *letzten* derselben laboriere.» [141]

19. April 1874: «Die Luft hier ist köstlich, doch hab' ich's bisher noch nicht zum Nachtschlaf gebracht trotz allem Laufen.» [142]

20./24. April 1874: «Heut war der erste Tag, wo ich fähig, das geringste zu tun. Bis dahin war, trotz Bad, Laufen, wundervoller Luft, Vorsicht in Diät etc. mein Zustand schlimmer als in London. Beweis, daß die Sache zu einem bösen Punkt entwickelt und es höchste Zeit war, mich aus dem Staub zu machen. Dies auch der Grund, warum ich die Rückkehr noch verzögre, denn es ist absolut nötig, *arbeitsfähig* zurückzukehren.» [143]

12. Mai 1874: «Ich hatte einen Rückfall; mein Arzt hat mich in das Seebad Ramsgate geschickt und mir jede Arbeit verboten. Es ist, als ob der Teufel seine Hand im Spiel hätte.» [144]

18. Mai 1874: «...Du tust mir unrecht, wenn Du meine Schreibnachlässigkeit irgend andern Ursachen zuschreibst außer schwankenden Gesundheitszuständen, die fortwährend meine Arbeiten unterbrechen, dann anstacheln, die verlorne Zeit unter Vernachlässigung aller sonstigen Verpflichtungen (Briefe eingeschlossen) nachzuholen, und einen Menschen schließlich verstimmen und tatenfaul machen. –

Nach meiner Rückkehr von Harrogate hatte ich d'abord einen Karbunkelanfall, dann kehrten meine Kopfleiden wieder, Schlaflosigkeit etc., so daß ich von Mitte April bis Mai 5 in Ramsgate (seaside) zuzubringen hatte. Seit der Zeit bin ich viel besser, aber noch keineswegs ganz hergestellt. Mein Spezialarzt (Dr. Gumpert in Manchester) besteht darauf, daß ich nach Karlsbad soll und möchte mich so rasch als möglich dorthin wandern machen...»[145]

15. Juli 1874: «Mein Gesundheitszustand ist besser, namentlich keine Pillen nötig, aber der Kopp trotz alledem nicht völlig in Ordnung.»[146]

4. August 1874: «Ich habe seit 2 Tagen karbunkulosen Anfang auf linker Lende, wird wohl der Quecksilbersalbe weichen. Schlaf schlecht...»[147]

4. August 1874: «Die verdammte Leberkrankheit hat solche Fortschritte bei mir gemacht, daß ich positiv unfähig war, die Revision der französischen Übersetzung (die in der Tat fast auf gänzliche Umgestaltung herauskommt) fortzusetzen und sehr widerstrebend mich dem ärztlichen Befehl füge, nach Karlsbad zu gehn. Man versichert mir, daß ich nach der Rückkehr wieder vollständig arbeitsfähig sein werde, und arbeits*unfähig* ist in der Tat das Todesurteil jedes Menschen, der kein Vieh ist.»[148]

4. August 1874: «...akuter Ausbruch eines langwierigen Leidens.»[149]

14. August 1874: «Der Karbunkel wurde nie groß, aber bedeutend tief, seit gestern Eiterung *ganz abgemacht*, also Heilungsprozeß. Ein wahres Glück, daß ich nicht früher abreiste. Unterwegs konnte die Sache öklig werden.»[150]

14. August 1874: «...wegen des Karbunkels zu beunruhigen. Gestern morgen kam endlich der sog. Pfropfen heraus, die Eiterung damit beendet, und legte ich sofort ein Heilpflaster auf, welches auch gleich in regelmäßiger Weise zu wirken begann.»[151]

1. September 1874: «...ich fühle mich besser, aber die Schlaflosigkeit ist noch nicht bemeistert.»[152]

18. September 1874: «Du weißt, daß ich sehr schreibfaul bin; doch war das diesmal nicht der Grund des hartnäckigen Schweigens. Die ersten drei Wochen *fast schlaflos* zugebracht... Infolge der Wasserwirkung ist der Kopf hier sehr irritabel... Ich habe bis jetzt um 4 Pfund (Zollgewicht) abgenommen und kann selbst mit der Hand fühlen, daß die Leberverfettung im status evanescens ist. Ich glaube, daß ich in Karlsbad endlich meinen Zweck erreicht habe, wenigstens für ein Jahr.»[153]

11. Februar 1875: «Meine Gesundheit hat sich seit meinem Aufenthalt in Karlsbad erheblich gebessert, aber einerseits bin ich noch immer gezwungen, meine Arbeitszeit stark zu beschränken, und andererseits habe ich mir seit meiner Ankunft in London eine *cold* zugezogen, die mir immer noch zuschaffen macht.»[154]

5. Mai 1875: «Ich bin überbeschäftigt und muß schon weit über das Arbeitsmaß hinausschießen, das mir ärztlich vorgeschrieben ist.»[155]

23. Mai 1875: «Ich muß gestehen, daß mir die immer wiederkehrende Schlaflosigkeit und verminderte Arbeitsfähigkeit durchaus nicht an ihm gefallen.»[156]

Karls Arzt Eduard Gumpert schreibt diesen Satz an Friedrich, schickt Karl die Sommermonate August/September 1875 und abermals 1876 nach Karlsbad. Die Kuren bringen vorübergehende Besserungen, bewirken aber keine langfristigen Heilungen.

21. August 1875: «Wie ich mir vorgenommen, bin ich jetzt mein eigner Arzt...»[157]

8. September 1875: «Die Kur bekömmt mir diesmal ganz vorzüglich; mit wenigen Ausnahmen auch gute Nächte.»[158]

3. Dezember 1875: «Ein Furunkel (dazu noch in der linken Brustwarze) – wovon Sie sich selbst überzeugen können, wenn Sie mir einen Besuch abstatten – macht es mir vollkommen unmöglich, abends auszugehen...»[159]

Am 25. Mai 1876 berichtet Karl Friedrich wehmütig von einer Einladung zu einem Kongreß, die er aus Gesundheitsgründen nicht mehr annehmen kann: «Die Leute von Kopenhagen haben mich zu einem Arbeiterkongreß (Anfang Juni) eingeladen per Telegramm… Es ist dies eine phantastische Vorstellung, daß ich jetzt dergleichen Gastvorstellungen geben könne.»[160]

Am 28. Mai 1876 antwortet Friedrich: «Du hast gut sprechen. Du kannst im warmen Bett liegen – russische Bodenverhältnisse im besondern und Grundrente im allgemeinen treiben, und nichts unterbricht Dich –, ich aber soll auf der harten Bank sitzen und den kalten Wein saufen…»[161]

16./20. August 1876: «Mein Mann und meine jüngste Tochter sind am verflossenen Freitag nach Karlsbad abgereist, leider beide aus Gesundheits- oder vielmehr Krankheitsrücksichten.»[162]

19. August 1876: «…auf mich wirkt Karlsbad wie immer wundervoll. Ich hatte während der letzten Monate Wiederbeginn des widerlichen Kopfdrucks, der jetzt schon wieder ganz verschwunden ist… Also bis nächstesmal, soweit die magisch verdummende Wirkung des heißen alkalischen Gesöffes mir noch erlaubt, einige Zeilen hinzusudeln.»[163]

Ende August/Anfang September 1876: «Wir leben hier in den Tag hinein, so gedankenlos, wie es der Erfolg der Kur erfordert.»[164]

20./21. Januar 1877: «Mein Mann» war «gezwungen, dieses Jahr wieder nach Karlsbad zu gehen, das» ihm «früher so wohlgetan» hatte. «Die Kur bekam auch dieses Mal meinem Mann vortrefflich. Leider erkältete er sich aber gleich bei der Heimkehr in unser feuchtes Nebelland so sehr, daß er bis zu diesem Moment einen höchst fatalen, fast chronisch gewordenen Schnupfen und Husten nicht losgeworden ist. Selbst eine kleine Operation, das Verkürzen des schlaff gewordenen und verlängerten sogenannten Zäpfchens im Halse, das beständige Verschleimung verursachte, scheint bisher nicht viel geholfen zu haben.»[165]

21. Januar 1877: «Mein Neujahrswunsch an Sie und Ihre liebe Frau kommt leider verspätet, dank Arbeitsdrang und

Halsentzündung, die ich mir während der letzten Tage zu Karlsbad zugezogen. Es ging mir dort wie dem Bauer Martin Luthers, der, von einer Seite aufs Pferd gesetzt, von der andern herunterfällt.»[166]

24. Februar 1877: «Dann werde ich Ihnen mein langes Schweigen erklären – Halsschmerzen und eine Arbeit, die mir ein wenig gegen meinen Willen auferlegt wurde.»[167]

3. März 1877: «Ich während dieser ganzen Zeit bedeutend unwohl von der chronischen Verkältung, Verschnupfung und Verhustung.»[168]

5. März 1877: «...bei meiner verdrießlichen Katarrhstimmung...»[169]

31. Mai 1877: «Meine eigne Leibesbeschaffenheit ist nicht die blühendste, geht aber doch, verglichen mit früher um dieselbe Jahreszeit.»[170]

18. Juli 1877: «...daß ich (was auch der casus) in meinem jetzigen Gesundheitszustand nicht in der Lage, mich an irgendeiner Zeitung als Mitarbeiter zu beteiligen... Während einiger Tage der vergangnen Woche und anfangs dieser hatten Schlaflosigkeit und entsprechende chaotische Verfassung der Kopfnerven einen bedenklichen Grad bei mir erreicht. Seit gestern geht's wieder besser.»[171]

23. Juli 1877: «Reise zu Gumpert wäre nutzlos, da ich alles weiß, by heart, von ihm sowohl wie von den Karlsbader Ärzten und Professoren, was die medizinische Wissenschaft in diesem bestimmten Fall *nicht* leisten kann. Außerdem geht's etwas besser mit der insomnie... Zudem ist mein Übel jetzt viel weniger lever als das davon herkommende Nervenderangement.»[172]

1. August 1877: «Ich verlasse Ende dieser oder Anfang nächster Woche London und gehe nach dem Kontinent, da mein Gesundheitszustand Kur ernötigt. In der Zwischenzeit ist mir alles Arbeiten untersagt...»[173]

27. September 1877: «Aber die verfluchte *Schlaflosigkeit*, die mich heimsuchte während dieses Jahrs, machte mich immens schreibfaul, da ich die passablen Momente absolut der

Arbeit schuldete.» – «…unternahm ich die Arbeit vor Abreise nach Karlsbad, trotz höchst zerrütteten Nervenzustands.»[174]

19. Oktober 1877: «Ich fand die Arbeit viel zeitraubender als ich dachte, wozu noch eine garstige, nicht ganz überstandne Influenza hinzukam.»[175]

23. Oktober 1877: «Ich selbst leide von Influenza seit einigen Wochen, stört sehr an der Arbeit.»[176]

10. November 1877: «Im übrigen zwingt mich mein Gesundheitszustand, die mir ärztlich erlaubte Arbeitszeit zur Beendigung meines Werks zu verwenden…»[177]

In den Jahren 1877/78 «scheint Marx sich darüber klar geworden zu sein, daß ohne eine vollständige Revolution seines Gesundheitszustandes er nie dahin kommen werde, eine ihm selbst genügende Bearbeitung des zweiten und dritten Buchs zu vollenden», schreibt Engels im Vorwort des von ihm vollendeten zweiten Bandes des «Kapitals».[178]

Die Revolution fand nicht statt:

15. Juli 1878: «Mein Gesundheitszustand dringt auf Karlsbad. Aber Herr Bismarck, den es so sehr nach Kissingen drängte, will's nicht.»[179]

4. September 1878: «Ich reise heute zur Herstellung of health nach Malvern ab, wo ich drei Wochen bleiben werde.»[180]

17. September 1878: «Ich litt seit meiner Rückkehr an bedeutendem Kopfschmerz…»[181]

10. April 1879: «…und inzwischen habe ich gesundheitlich einiges durchgemacht (Seitdem ich wegen der Lage in Deutschland und Österreich meine jährliche Reise nach Karlsbad nicht unternehmen konnte, war es mit meiner Gesundheit in der Tat nie sonderlich gut bestellt.) Unter diesen Umständen, die sich erst vor ganz kurzer Zeit gebessert haben, konnte ich das mir zugesandte Material nicht studieren.» – «Mein ärztlicher Berater hat mich ermahnt, meinen ‹Arbeitstag› bedeutend zu verkürzen, wenn ich nicht wieder auf den Zustand vor 1874 und der folgenden Jahre herunter-

kommen wollte, wo mir öfters schwindlig wurde und ich nach wenigen Stunden ernster Anstrengung nicht mehr weiterarbeiten konnte.»[182]

14. August 1879: «Ich habe seit langer Zeit hier endlich wieder ordentlich geschlafen, bin nur noch nicht ganz eine Erkältung los, die infolge des abominablen Wetters sich einfand. Doch verzieht sich selbige wohl rasch in dieser milden Luft.»[183]

25. August 1879: «Mit meinem Kopf noch nicht all right. Ich sah gestern einmal *probehalber* gewisse mathematische Hefte, die ich mitgebracht, an, mußte aber sehr bald den vorzeitigen job aufgeben, geschah auch nur als – test. – Seebad nahm und nehme ich nicht, sondern warmes Seebad; nämlich infolge des scheußlichen Wetters bei unsrer Ankunft in Jersey hatte sich mein Halsleiden verschlimmert und kam ein fliegendes Zahnleiden hinzu, beide noch nicht ganz beseitigt, obgleich sehr gelindert und mich nur ab und zu daran mahnend, daß sie immer noch im Hintergrund lauern.»[184]

10. September 1879: «...ich habe mich sehr erholt. Die Luft hier sagt mir außerordentlich zu.»[185]

19. September 1879: «Ich bin eben nach London zurückgekehrt, nach fast zwei Monaten Landlebens auf der Insel Jersey und in anderen Seeplätzen. Zu diesem Landleben und zur Einstellung jeglicher Arbeit während dieser Zeit war ich gezwungen auf ärztlichen Rat hin wegen Nervengeschichten. Aus diesem Grund konnte ich auch der geistigen Nahrung, die Sie mir freundlicherweise gesandt haben, nicht zusprechen, doch jetzt fühle ich mich wieder viel besser und werde mich energisch an die Arbeit machen.»[186]

19. September 1879: «Meine long rustication war wegen meines Nervenzustandes – (erschwert, weil mir seit 2 Jahren Karlsbad durch Bismarck unzugänglich geworden) – der alle geistige Arbeit zuletzt fast ‹untubar› machte. Doch bin ich jetzt viel besser.»[187]

14. November 1879: «...als *ich das Haus hüten mußte* wegen höchst infamous Erkältung.»[188]

3. Dezember 1879: «Gesundheitsrücksichten zwangen mich, London für einige Zeit zu verlassen.»[189]

Als im Juni 1880 der holländische Sozialist Ferdinand Domela Nieuwenhuis Karl um die Begutachtung einer von Nieuwenhuis versuchten niederländischen Popularisierung des «Kapitals» bittet, muß Karl seine Mitarbeit an diesem Projekt wegen zu schlechter Gesundheit ablehnen:

27. Juni 1880: «Mein Arzt hat mir dringend Enthaltung aller Arbeit für einige Zeit vorgeschrieben... Ich hätte London auch bereits verlassen für eine Erholungsreise und Aufenthalt an See oder auf Berg...»[190]

12. September 1880: «...ein kurzer Hinweis auf die Umstände, in denen ich mich im Augenblick befinde, wird Sie überzeugen, daß ich gegenwärtig zu theoretischer Arbeit nicht in der Lage bin. Ich bin von den Ärzten hierher geschickt worden, um ‹nichts zu tun› und meine Nerven durch ‹far niente› auszukurieren.»[191]

19. Februar 1881: «Seit meiner Rückkehr von Ramsgate war meine Gesundheit im allgemeinen besser, doch das abscheuliche Wetter, das wir schon seit Monaten haben, hat mich mit dauerndem Schnupfen und Husten gesegnet, die den Schlaf stören usw.» – «...zumal mir alle Nachtarbeit von meinen ärztlichen Beratern auf Jahre hinaus strengstens untersagt worden ist.»[192]

8. März 1881: «Eine Nervenkrankheit, die mich seit zehn Jahren periodisch befällt, hat mich gehindert...»[193]

6. Juni 1881: «Ich hatte einen scheußlichen Schnupfen, beinahe so ewig wie der Stockschnupfen von Seguin selig – aber er geht jetzt schnell weg.»[194]

20. Juni 1881: «Da ein seit länger als 6 Monaten fortdauernder Husten, Verkältung, Halsleiden und Rheumatismus mir das Ausgehen nur selten erlauben...»[195]

3. August 1881: «Ich habe in fact gestern nacht zum erstenmal wieder einen annähernd vernünftigen Schlaf gehabt. Ich fühle mich im Kopf so dumm, als ging ein Mühlrad drin herum. Ich habe mich deswegen auch bis jetzt ausschließlich

in Argenteuil gehalten, weder Paris besucht noch irgendeine Person daselbst durch eine Zeile encouragiert, mich besuchen zu kommen.»[196]

9. August 1881: «...ich verdammt wenig Nachtruhe...»[197]

7. Dezember 1881: «Da ich überhaupt das Krankenzimmer noch nicht verlassen, war das ärztliche Interdikt gegen meine Teilnahme an der Beerdigung [Jennys] unerbittlich.»[198]

10. Dezember 1881: «Ich selbst bin noch Patient, aber auf Weg der Herstellung; eine Pleurisy, verbunden mit Bronchitis, hatten mich so ernstlich gepackt, daß die Ärzte einen Augenblick, i. e. mehrere Tage, an meinem Durchkommen zweifelten.»[199]

13. Dezember 1881: «Unglücklicherweise bekam ich selbst – meine Gesundheit war während dieser ganzen Zeit mehr oder weniger angegriffen – nach unserer Rückkehr nach London plötzlich einen Anfall von Bronchitis, kompliziert durch eine Pleuritis, so daß ich meine Frau während der letzten 6 Wochen ihres Lebens 3 Wochen lang nicht sehen konnte, obwohl wir in zwei angrenzenden Zimmern lagen.»[200]

15. Dezember 1881: «Ich habe in der Tat bis jetzt Hausarrest, soll aber nächste Woche nach Ventnor (Isle of Wight).

Ich komme aus der letzten Krankheit doppelt verkrüppelt heraus, moralisch durch den Verlust meiner Frau, physisch dadurch, daß eine Verdickung der Pleura und größere Reizbarkeit der Luftröhrenäste geblieben.

Einige Zeit werde ich leider total verlieren müssen mit Gesundheitsherstellungsmanoeuvres.»[201]

4. Januar 1882: «Unter diesen Umständen war es natürlich, daß mein Husten, in fact der Bronchialkatarrh, sich eher verschlimmert als verbessert. Mit all dem sofern Fortschritt, als ich einen Teil der Nächte auf natürlichem Weg, ohne Opium etc. schlief. Doch der allgemeine Zustand noch nicht so, daß ich arbeitsfähig.»[202]

214

5. Januar 1882: «Der Husten oder Bronchialkatarrh ist noch hartnäckig und lästig; wohl aber Fortschritt, daß während der Nachtzeit verschiedne Stunden Schlummer eintreten ohne Anwendung von Kunstmitteln...»[203]

15. Januar 1882: «Ich habe mich entschlossen, schon morgen abzureisen, da das Wetter sich progressiv ‹verkältet›, was der einen geschwollnen Backe nicht wohltut.»[204]

23. Januar 1882: «Ich bin erst seit einigen Tagen wieder in London. Infolge der von mir überstandnen Pleuritis und Bronchitis verblieb nämlich ein chronischer Bronchialkatarrh...» – «Trotz aller ärztlichen Bedrängnis und der mir nächststehenden Personen würde ich auch solche zeitverschwenderische Operation keineswegs eingehn, wenn diese verfluchte ‹englische› Krankheit einem nicht das Gehirn angriffe. Außerdem würde ein Rückfall, selbst wenn ich davonkäme, noch mehr Zeit kosten. – Mit alledem will ich erst noch etwas hier experimentieren.»[205]

17. Februar 1882: «Ich wollte ursprünglich erst nächsten Montag Paris verlassen; da mein state of health was rather not improving.»[206]

1. März 1882: «Unterdes mein Husten ward schlimmer from day to day, le crachement abominable, wenig Schlaf, above all a certain nasty feeling that my *left side* is once for all deteriorated by the perish, and my intellectual state most dejected.» – «Dr. Stephann... kommt wieder in 8 Tagen zu mir; meine bodily exercises, mir vorgeschrieben, to keep within very moderate limits; no real intellectual work except some reading for my distraction.»[207]

16. März 1882: «Da mein Husten mehr hartnäckig, heftige Auswürfe, Schlaflosigkeit etc., ließ ich Dr. Stephann... kommen... Er fand, daß meine durch die Pleuresie geschwächte linke Seite infolge seit meiner Abreise von Paris bis jetzt gehäufter ungünstiger Einflüsse, in ihren Funktionen sich abnormal verhalte.» – «Unglücklicherweise (bei günstigerem Wetter würde [sicher] die Heftigkeit des Hustens von selbst verschwinden), begann ein Blutspucken am 6. März,

215

aber nach 8. und 9. März gewaltiger [Blutkrise], dauerte geringe Nachwehn bis 12., und am 13ten total *jede Spur dieser Hämorrhagie verschwunden.*»[208]

In den nächsten 12 Monaten versucht Karl, sich «wieder aktionsfähig» zu «machen».[209] Er glaubt, wie er es noch am 10. Januar 1883 im letzten Satz seines letzten Briefes an Friedrich ausdrückt, «mit Geduld und pedantischer Selbstkontrolle bald wieder ins Gleis zu kommen»[210].

Vergebens. Gejagt von einer Krankheit nach und manchmal neben der anderen, reist Karl nach Jennys Tod auf Landsitze, zu Seebädern, in Kurorte: Algier, Argenteuil, Enghien, Lausanne, Monte Carlo, Südküste Englands, Ventnor, Vevey.

Chronische Bronchitis, sich immer wieder erneuernde Rippenfellentzündung, am Schluß noch Entzündung des Kehlkopfes – das letzte Wort hat abermals ein Geschwür. «Eine Menge Komplikationen kamen hinzu, namentlich ein Lungengeschwür und enorm rascher Kräfteverlust.»[211] Friedrich nennt als Karls Todesursache «innerliche Verblutung» nach einem «Lungenabszeß».[212]

Sturz des Propheten

Die Schuldwunde

Karls veränderte gesundheitliche Situation nach 1862 zeichnet sich durch drei Merkmale aus:

1. Karl entwickelt eine für ihn neue Krankheit. Zweimal zuvor hatte er gezeigt, daß er Anlagen zu ihr besitzt: am 22. Mai 1854 eine «Eiterbeule» auf der Oberlippe[1] und am 10. November 1858 «Geschwüre» in der Mundhöhle[2]. Diese körperlichen Äußerungen waren nicht mehr als ein Hinweis auf eine Disposition – singuläre Erscheinungen, die in keinem Zusammenhang standen zu der späteren Invasion eitriger Ausbrüche auf Karls Unter- und Oberleibshaut. Die Ausschläge ab 1863 treten nie im äußeren und inneren Mundbereich, sondern zumeist in der Brust- und Genitalgegend auf.

2. Karl baut die Hauskrankheit Erkältung zu einem großen Geschütz aus, das ihn jährlich mehrmals lahmlegt, das mit infamer Promptheit sich immer dann gegen ihn richtet, wenn er gerade sein Grundsatzleiden – die Leberschwierigkeiten – einer Kur unterzogen hat und in seine gewohnte Umgebung zurückgekehrt ist.

3. Das letzte Jahrzehnt seines Lebens wird von einem Nervenleiden beherrscht. Karl nennt es «Nervenstörung», «Nervenunordnung» (= «-dérangement»).[3] «Das eigentliche Übel ist nervöser Natur»[4] und geht einher mit seinen Schlafstörungen, die erst nach 1862 auftreten. Gleichzeitig manifestiert sich seine Unfähigkeit zu geistiger Arbeit.

Die krasseste Neuheit ab 1863 ist Karls Furunkel- und Karbunkelproduktion. Die Krankheit tritt plötzlich auf und wütet mindestens zwölf Jahre lang – die ersten Zeugnisse stammen vom Herbst 63, das letzte vom Dezember 75, wobei ungewiß bleibt, ob dieses Leiden nicht noch später vorkommt, denn nach 1870 ist die Überlieferung seiner Krankheitschronik recht spärlich geworden.

«Kraß» ist die Neuheit vor allem deshalb, weil diese Erkrankung unwetterhaft hereinbricht und Karl ihr während eines Zeitraums von acht Jahren wehrlos ausgeliefert ist.

Ein Furunkel – lateinisch furunculus = der kleine Dieb (an den Körpersäften) – ist eine Eiterbeule, ein «durch Eindringen von Eitererregern, besonders Staphylokokken, in einen Haarbalg oder eine Talgdrüse hervorgerufene, örtlich begrenzte Entzündung der Unterhaut». «Der Furunkel beginnt als harte, gerötete, sehr empfindliche Schwellung der Haut. Das durch die Bakteriengifte zerstörte Gewebe wird nach dem Eiterdurchbruch nach außen als abgestorbener Pfropf abgestoßen. Die zurückbleibende Höhle heilt meist schnell unter Narbenbildung aus. Der Furunkel kann überall an der behaarten Körperoberfläche entstehen, bevorzugt sind jedoch Nacken, Rücken, Gürtelgegend.» «Handelt es sich um mehrere Furunkel und treten in Schüben immer wieder neue Furunkel auf, so spricht man von Furunkulose.» (Gesundheitsbrockhaus) [5]

«Dicht nebeneinanstehende Furunkel können zu einem großen schmerzhaften Infiltrat (Karbunkel) verschmelzen.» (Willibald Pschyrembel: Klinisches Wörterbuch) [6]

Ein Karbunkel – lateinisch carbunculus = kleine Kohle – ist eine «sehr schmerzhafte, nicht abgegrenzte fortschreitende, brettharte, entzündliche Infiltration der Haut und Unterhaut mit multiplen eitrigen Einschmelzungen (…) siebartigen Durchbrüchen, tiefen Nekrosen [Gewebstoden], Lymphangitis [Lymphgefäßentzündung] und fieberhaften Allgemeinerscheinungen. Prädilektionsstellen [mit Vorliebe an] Nacken und Rücken bei Männern jenseits des 40. Lebensjahrs.» (Reallexikon der Medizin) [7]

Furunkel und Karbunkel sind Hautkrankheiten. Bakterien dringen in Talgdrüsen ein, und es kommt zu einem Hautausschlag, einer «Eruption» der Haut.[8] Der Körper reagiert im Zusammenwirken mit äußeren Einflüssen. Warum *reagiert* er *so* zu einem bestimmten Zeitpunkt und nicht zu einem anderen? Dieser Fragestellung geht die psychosomatische Medizin nach, die den Menschen nicht für sich allein, sondern immer in Zusammenhang mit seinen gesellschaftlichen Bedingungen sieht, also im Grunde marxistisch arbeitet.

«Die Haut des Menschen ist Ausdrucksmittel akuter Gefühlsbewegungen, typischer Verhaltensweisen und chronischer seelischer Belastungen. Physiologische Experimente sichern diese Tatsache. Zudem weist unsere Umgangssprache in vielen Ausdrücken darauf hin: Man errötet vor Scham, erblaßt vor Schrecken, schwitzt vor Angst. Die Haare sträuben sich vor Entsetzen, beim Gruseln bekommt man eine Gänsehaut. Der eine Mensch hat eine dünne, der andere eine dicke Haut. Man kann aus der Haut fahren, aber auch mit heiler Haut davonkommen. Und die Dinge, mit denen man nicht fertig wird, gehen einem unter die Haut.» (Bräutigam/Christian: Psychosomatische Medizin)[9]

«Kein anderes Organ des Körpers – nicht einmal das Herz – spiegelt sich in der Sprache vergleichbar als Ausdrucksorgan des seelischen Lebens eines Menschen wider. Kaum ein anderes Organ des Körpers gewinnt... eine derartige direkte Bedeutung für die ständig veränderliche Beziehung zwischen Organismus und Umgebung des Menschen.» (Klaus Bosse: Dermatologie)[10]

«Schon Sydenham, der 1681 das angioneurotische Ödem [gefäßnervliche Gewebewassersucht] beschrieb, bezeichnete es als hysterische Erscheinung. Eine Acne rosacea [entzündliche Pickel] wurde 1726 von Turner mit dem Kummer in Verbindung gebracht, den eine Frau über den Tod ihres Mannes hatte. Im vorigen Jahrhundert waren es vor allem die französischen Dermatologen Brocq und Jaquet, die chronische Ekzeme mit seelischen Verarbeitungen in Verbindung brachten und für diese Ekzeme [nicht ansteckende, vielgestaltige Entzündungen der Haut] deshalb den Ausdruck ‹Neurodermitis› prägten (1891).» (Bräutigam/Christian: Psychosomatische Medizin)[11]

«Zu den zahlreichen exogen naturwissenschaftlich, psychisch oder religiös-mythisch orientierten Krankheitskonzepten von hautkranken Patienten gehört die Vorstellung der ‹Reinigung des Körpers› von innen heraus. Zum ‹Ableiten der kranken Körpersäfte› muß nach Meinung vieler alter Unterschichtpatienten ein Ulcus cruris [Schenkelgeschwür] bestehenbleiben, die Abheilung wird deshalb sogar künstlich hinter dem Rücken des Arztes oder der Schwester verhindert. Auch für manche höhergebildete Patienten ist es schwer annehmbar, daß z. B. ein akutes Ekzem in der Regel keiner inneren Behandlung bedarf, denn äußere Unreinheit der Haut wird bereitwillig mit innerer Unreinheit gleichgesetzt; nicht nur vom Gesunden, sondern auch vom Erkrankten selbst.

Als Hiob mit Gott zu hadern begann, erkrankte er an seiner Haut. Krankheit und Sünde stehen in seiner Umwelt in einem inneren Zusammenhang und deshalb hat auch zu seiner Zeit die Hautkrankheit bereits sozial schwerwiegende Konsequenzen. Menschen, die von Zaraath – einem Sammelbegriff für Hautkrankheiten im biblischen Schrifttum – befallen sind, dürfen nicht mehr an rituellen Kulthandlungen teilnehmen und gehören nicht mehr zur Dorfgemeinschaft.» – «Die sozialen und intrapsychischen Dimensionen von Hautkrankheiten werden in der Umgangssprache der Straße, im theologischen Schrifttum und in der Geschichte des Mittelalters ebenso deutlich wie in der Sprechstunde des Dermatologen.» (Klaus Bosse: Dermatologie) [12]

«Den zentralen Bereich psychosomatischer Zusammenhänge bei Hauterkrankungen machen die Krankheitsbilder aus, bei denen einerseits ein Anlagefaktor, andererseits bei der Manifestation seelische Belastungen und Konflikte beteiligt sind. Die Disposition zu diesen Hauterkrankungen wird wahrscheinlich nicht allein durch Anlagefaktoren, sondern ebenso durch Einflüsse in der Kindheit und Jugendentwicklung erworben, wie das für die großen psychosomatischen Krankheitsbilder charakteristisch ist.» (Bräutigam/Christian: Psychosomatische Medizin) [13]

«Wenn psychosomatisch orientierte Dermatologen bei bestimmten Krankheitsgruppen… eine evidente Korrelation des zeitlichen Auftretens von Krankheitserscheinungen und typischen ‹life events› finden, so ist es naheliegend, psychologische Gesetzmäßigkeiten im aktuellen Sozialverhalten des Patienten zu suchen…» (Klaus Bosse: Dermatologie) [14]

Karl nennt seine Krankheit eine «mythische»[15]. Der Ausschlag ist eine ungewöhnliche, uralte, jedoch nicht epidemisch verbreitete, offenbar abgezirkelt im Persönlichen des Betroffenen wurzelnde Krankheit, vor allem – das sagen sogar schon die medizinischen Lexika – eine Männerkrankheit!

Die Kliniker definieren: Schmutz von außen, der nicht abgewehrt oder nicht verarbeitet und abgestoßen werden kann. Bedingung: Zuckerkrankheit oder andere innere Leiden.

Die Psychosomatiker geben Hinweise darauf, daß «Schmutz von innen» – seelisch Unbewältigbares, Liegengebliebenes – notwendig ist, um eine Hautausschlagfluktuation zu provozieren. Furunkulosis und Karbunkulosis meinen dieses nicht zum Stillstand kommende Eruptieren der Haut. Das alte Wort «Unreinheit» spielt dabei immer noch eine Hauptrolle.

Das psychosomatische Phänomen des Hautausschlags weist sich besonders dadurch aus, daß er eines der drastischsten Mittel der Darstellung von Konflikten ist. Andere Krankheiten verschleiern Konflikte eher. Die Haut ist das Organ des Zeigens, der Vermittlung zur Außenwelt. Ihr obliegt die Funktion des unverzüglichen Alarms. «Immer zeigt ein Ausschlag, daß etwas bisher Zurückgehaltenes (Verdrängtes) die Grenze der Unterdrückung durchbrechen möchte, um an die Sichtbarkeit (= Bewußtheit) zu kommen. Im Ausschlag *zeigt sich etwas*, was bisher noch nicht sichtbar war.»[16]

Karl ermöglicht mit einem unbewußten Vergleich zwischen sich und dem sagenhaften König Anfortas aus dem Parzivalepos von Wolfram von Eschenbach den Einstieg in das Verlies seines rätselhaften Leidens. Er charakterisiert sich mehrmals als bewegungseingeschränkt: «Einstweilen kann ich weder gehn, noch stehn, noch sitzen, und selbst das Liegen wird mir verdammt schwer.»[17] Karl vergleicht seine Ausschläge mit Wundmalen.[18] Er sieht sich als Gezeichneten, fühlt sich geschlagen wie der Aussätzige Lazarus[19], obwohl seine Krankheit nicht ansteckend war wie der sogenannte Aussatz – die Lepra –, aber so scheußlich, daß sie ihm Anlaß gibt, sich ausgesetzt, «ausgeschlagen», ausgestoßen vorzukommen. Karl formuliert archaisch eindringlich, wenn er sagt, er befände sich in einer grundsätzlichen «Nichtadäquatheit»[20] (Unangemessenheit, Unübereinstimmung... mit der Welt, mit sich selbst?). Schließlich versteigt er sich darin, die «Weisheit der Natur» in seiner Krankheit zu erfahren.[21]

Mythisches Vokabular verwendet Karl nur auf diese Krankheit, nicht für seine Leber- und Nervenleiden und die diversen Erkältungen. Mehr und mehr versiegt ihm auch der Spott. Sein Karbunkelrequiem läßt ihn stillhalten, nötigt ihm Andacht ab. Durch die Sprachstimmung dringt kaum noch Ironie. Es ist ihm klar, daß er in etwas «Tiefem» gefangenliegt, von Außergewöhnlichem heimgesucht wurde.

Parzival trifft in Wolframs Versdichtung auf den Karl-ähnlich wunden König Anfortas, Leiter der Gralsburg. Auch dieser ächzt unter einer nicht endenden Krankheit, einer permanent schwärenden Wunde, die ihn weder leben noch sterben läßt. Er muß ewig siechen, kann nicht gehn, nicht stehen, nicht sitzen, nicht liegen, nur lehnen!

Die Gralskönige waren festen Bestimmungen unterworfen. Anfortas wollte sich nicht daran halten, nur *eine*, die ihm zugeteilte, angetraute Frau zu lieben. Er versuchte, die Fessel der Bestimmung zu brechen, begehrte Orgeluse und kämpfte um sie mit einem heidnischen, ihm unebenbürtigen Nebenbuhler – auch das ein Verstoß –, wurde von ihm durch einen vergifteten Speer verwundet. Der Speer konnte von einem Arzt herausgezogen werden, das Gift hatte sich im Körper verteilt und blieb, provozierte das Dauerleiden. Auch hier die Kombination: Verstoß gegen einen Auftrag – zur Strafe im Innern des (Aus-)Gezeichneten wütendes Gift, unheilbare Wunde.

Schon bei Hiob tritt der ungewöhnliche Zusammenhang zwischen Haut und Hadern in Erscheinung: Anzweifeln der Gebote, Glaubenserschütterung, Ringen mit Gott – und die Haut schlägt aus.

Der mythische «Auftrag», die «Bestimmung» durch Gott,

das ist in der modernen Psychoanalyse die Delegation, das von den Eltern in Gang gebrachte Verhaltensmotiv in unserem Leben, die auf ein bestimmtes Sein und Tun ausgerichtete Botschaft. Diese Botschaft kann nicht ohne Sturz in eine Krise außer Kraft gesetzt werden.

Das Außergewöhnliche an Karl ist nicht sein Verhalten, sondern seine abnorme Reaktion auf sein eigenes Tun.

Hausherren hatten zu Tausenden Verhältnisse mit ihren Dienstmädchen. Hunderte ausgenutzter Frauen wurden dadurch schwanger. Viele kamen ums Leben beim Versuch, die Folgen dieser Gewaltverhältnisse ungeschehen zu machen. Die Direktoren, Eigner, Präsidenten, Vor- und Übersteher wird der Tod einer von ihnen außerehelich Geschwängerten nicht sehr beeindruckt haben. Ein frisches Dienstmädchen kam ins Haus. Sie aber produzierten, dirigierten, verwalteten, forschten und regierten weiter, «paßten» das nächste Mal mit der Neuen vielleicht etwas mehr «auf».

Bei Karl kommt es anders. Voraussetzung dafür ist seine abweichende psychische Konstitution.

Als sensibler, schöpferischer Mensch nimmt er die um ihn wuchernde kapitalistische Gesellschaft einmalig genau wahr, ist vom Elend der ausgebeuteten, ihm persönlich nicht nahestehenden, unterdrückten Menschen angerührt, will zu dessen Abschaffung etwas beitragen, tut das in erheblichem Maße. Es beschäftigt ihn auch das Elend seiner nächsten Angehörigen. Er sagt manches, das hier gegen ihn verhandelt wird, selbst. Er war jedoch als Mann des 19. Jahrhunderts noch nicht in der historischen Situation, Gesellschaft als Männergesellschaft zu denken und sein eigenes Tun bei deren Perpetuierung zu reflektieren. Aber was an gesellschaftlichen Konflikten einem Mann des 19. Jahrhunderts zu reflektieren möglich ist, das reflektiert er. Er fühlt, denkt, arbeitet wie ein Künstler, bezieht den Begriff Kunst auf seine Bücher: «...das ist der Vorzug meiner Schriften, daß sie ein artistisches Ganzes sind...» [22]

So unterscheidet sich Karl von anderen Männern nicht in

seinem ausbeuterischen Umgang mit Frauen, sondern in der – unbewußten – Reaktion auf diesen Umgang.

Karls Sensibilität allein kann noch nicht seine multiplen Eruptionen nach dem Marianne-Drama plausibel machen. Bei der Lösung persönlicher Konflikte zeigt sich Karl, trotz seiner Sensibilität für das Allgemein-Gesellschaftliche, gegenüber den besonderen Bedürfnissen seiner weiblichen Nächsten unempfindlich, stellt eine arrogante Selbstbezogenheit zur Schau.

Wolfram von Eschenbach schildert im «Parzival» den Ausgangspunkt des Anfortas-Konflikts. Anfortas war hochfahrend. Das Wort Orgeluse – der Name der unerlaubt begehrten Frau – bedeutet Hochmut. Und des Hochmuts ist Anfortas gegenüber dem Gesetz, vor Gott – dem Vater? – schuldig geworden. Er hat seine Jugend und seine Macht ausgenutzt, hat versucht, die Grenzen seines Auftrags zu sprengen, indem er Liebe außerhalb der «keuschen Sinne» begehrte – «daz er gerte minne ûzerhalp der kiusche sinne»[23].

Karls Verhalten Marianne gegenüber kollidiert mit seinem «Auftrag». Erst dieser Zusammenstoß setzt Karls zwanghafte Selbstbestrafung in Gang.

Aus psychoanalytischer Sicht sind unterschiedliche Reaktionen von Tätern auf ihre Gewalttaten kein Rätsel. Nur für sehr wenige trifft zu, daß sie Reue zeigen, oder noch seltener, daß sie von einem Schuldgefühl heimgesucht werden, «an den Ort ihrer Tat zurückkehren», das heißt, selbst etwas zu ihrer Bestrafung tun. Für die Mehrheit der schwersten Verbrecher gilt diese Folgeerscheinung nicht. Sie morden, zerstören, beschädigen – mitunter massenhaft – und leben «seelenruhig» nach ihren Taten weiter. Nicht nur bei «Staatsverbrechern» wie den Nazis ist dies zu beobachten, sondern auch bei vielen Privattätern.

Ob eine Tat Reue auslöst, richtet sich nach den elterlichen Botschaften, die einem Menschen mitgegeben wurden, steht in Zusammenhang damit, wie die Delegationen in der Kindheit und das Verhalten des Erwachsenen in Einklang zu bringen sind. Ein bei allen Menschen wirkendes moralisches Prinzip im Sinne einer Fähigkeit zur Schuldbilanz gibt es nicht.

«Auftrag» und «Liebe außerhalb der keuschen Sinne» kollidierten bei Karl noch nicht. Karl schwängerte Helene, zwang sie zur Weggabe ihres Kindes und wurde nicht auffällig krank. Er schwängerte Marianne und strotzte vor Gesundheit. Eine Kollision zwischen «Auftrag» und Tat geschah erst, als Karls sexuell abweichendes und doppelmoralisch gesteuertes Verhalten den Tod einer Frau verursachte.

Karl hatte einen «hohen Auftrag», der der Sonderstellung eines Gralskönigs vergleichbar ist.

Karl wurde in äußerst komplizierte Lebensbedingungen seiner Eltern hineingeboren. Hirschel (auch Heschel) Marx und Henriette Pressburg (aus Presborck) hatten am 30. November 1813 geheiratet.[24] Beide entstammten Rabbinerdynastien, vornehmen jüdischen Geschlechtern. Sie konnten ihre Vorfahren jahrhundertweit zurückverfolgen, blickten auf eine Reihe von Gelehrten unter ihren Ahnen. Hirschels ältester Bruder Samuel ist bis zu seinem Tod 1827 in Trier Oberrabbiner einer jüdischen Gemeinde mit 300 Seelen. Er übernahm 1804 das Amt von seinem Vater, Marx Levy Mordechai (auch Mardochai), nach dessen Tod. Henriettes Vater, Isaak Pressburg, war ebenfalls Rabbiner. Er gab als Beruf neben «Vorsinger» auch «Kaufmann» an – von der Position des Rabbiners allein konnte er in der kleinen holländischen Stadt Nijmwegen nicht leben. Auch Hirschels Vater «wird in den Akten zugleich als ‹Handelsmann› und Rabbiner bezeichnet...»[25] Henriettes Vorfahren waren aus Ungarn nach Holland eingewandert.

Durch Napoleons Niederlage stand die Neuordnung Europas an. Trier kam 1815 unter preußische Verwaltung. Bis dahin lag Trier im Geltungsbereich des französischen Rechts. Der Wechsel zum preußischen brachte für die Familie Marx tiefgreifende Veränderungen. Hirschel war Anwalt, nannte sich seit 1814 öffentlich Henry Marx. Doch nun sollte ihm nach preußischem Recht die Ausübung seines Berufes wegen Zugehörigkeit zur jüdischen Religion verwehrt werden.

Gemäß französischem Recht war es Juden erlaubt, die Anwaltslaufbahn einzuschlagen, obwohl Napoleon 1808 die von ihm für Juden geregelte Freizügigkeit in der Berufswahl wieder eingeschränkt und Kontrollen besonders bei der wirtschaftlichen Emanzipation angeordnet hatte.

Hirschel Marx wandte sich mit einer Eingabe an den Vertreter der neuen Obrigkeit, den Generalgouverneur Preußens. Er protestierte in seiner Denkschrift gegen die Übernahme des Napoleonischen «Wucherdekrets» durch die neuen Landesherren. Hirschels Memorandum blieb unbeachtet. Die Situation verschlimmerte sich. Die preußischen Vorschriften für Juden waren noch schärfer als die französischen und sollten nun in der westlichsten Rheinprovinz durchgesetzt werden. Der Zugang zu Staatsämtern war Juden in Preußen versperrt. Die Bestimmung wurde weit ausgelegt und auch auf Rechtsanwälte angewendet. Das bedeutete für Hirschel Berufsverbot. Er stellte einen Ausnahmeantrag, der vom Oberlandesgerichtspräsidenten befürwortet wurde. Das Gutachten beschrieb Marx als «rechtliche Persönlichkeit», verwies darauf, daß «die öffentlichen Zeugnisse sehr vorteilhaft» für den Advokaten sprächen.[26]

Der preußische Innenminister lehnte das Gesuch ab. Hirschel Marx stand vor dem Ruin. Er war Ende Dreißig, hatte sich mit Mühe gegen die französischen Einschränkungen seine Position als Anwalt aufgebaut, wollte Frau und zwei Kinder weiter unangefochten ernähren, den 1815 geborenen Sohn Moritz David und die 1816 geborene Tochter Sophie. Hirschel mußte sich entscheiden. Entweder mußte er eine andere Tätigkeit ausüben und sah einer ungewissen Zukunft entgegen, oder er trat aus der jüdischen Glaubensgemeinschaft aus und sicherte sich dadurch den bereits erlangten Wohlstand.

Hirschel und Henriette entschieden sich für letzteres. Hirschel trat – zunächst allein – zum Protestantismus über. Seine Taufe muß vor dem 1. März 1818 stattgefunden haben. Die Trierer evangelische Gemeinde war so klein, daß es erst nach dem 1. März 1818 ein Taufbuch gab, in dem Hirschel nicht mehr eingetragen ist.

Wie kompliziert der Vorgang des Übertritts für die Familie Marx gewesen war, zeigen die Etappen, in denen er vorgenommen wurde. Hirschel beginnt mit der Konversion, wird Heinrich, vollzieht den Schritt in der Zeit zwischen 1816 und 1818. Erst nach dem Tod seiner Mutter, 1823, die in zweiter Ehe wieder einen Rabbiner geheiratet hatte, wagte er es, seine inzwischen sieben Kinder taufen zu lassen: am 26. August 1824. Henriette weigerte sich noch immer, gab als Grund für ihr Zögern Rücksichtnahme gegenüber ihren Eltern an. Sie ließ sich erst am 20. November 1825 taufen. Die Zeremonien für Kinder und Mutter fanden unter Ausschluß der Öffentlichkeit statt – eine Privattaufe im Hause der Marxens.

Nach orthodoxen Regeln bedeutete das Verlassen der Religion den sozialen Tod. «Ein Jude, der seinem Glauben abtrünnig wird, begeht eine schwere Sünde, da er nicht nur persönlich schuldig wird, sondern sein Volk und seine Väter verrät. Er wird von seinen Familienmitgliedern und Glaubensgenossen wie ein Verstorbener behandelt.»[27]

In diese Konfliktsituation der Familie wird Karl hineingeboren. Die Familie ist nicht mehr eingebettet in die Sippe, beginnt das Leben Ausgestoßener, denn Vater Heinrich bleibt im Ort seiner Kindheit wohnen, in der Nähe zu seiner Ursprungsfamilie, die ihn meiden mußte. Sein Bruder ist Oberrabbiner in derselben Stadt. Heinrich spricht in seinen Briefen an Karl von seiner Vereinsamung: «...wo ich, der ich mich nicht leicht anschliese, großentheils isolirt bin.»[28] – «Habe ich außer dem Daseyn nichts von den Meinigen erhalten –...»[29]

Karl ist das erste der Marx-Kinder, das nach dem Bruch geboren wird. Die Situation spitzt sich im Frühjahr 1819 noch zu, als das älteste Kind, Moritz David, am 15. April

1819 stirbt. Von der im Herzen orthodox gebliebenen Mutter muß dieser Tod als eine «Strafe Gottes» wahrgenommen werden. Henriette spricht auch im Alter immer noch von ihrer Zugehörigkeit zum «Volke Israel»: «...es scheint das es Loos des Volks I[srael] wieder bey mir in erfülung geht das meine Kinder in alle Welt sollen verstreyt werden...»[30]

Aber auch Heinrich verläßt nicht freiwillig seine Ursprungsgemeinschaft. Noch in seinem Memorandum hat er gegen die französisch-preußischen Beschränkungen seiner «Glaubensgenossen» gekämpft, zu denen er sich öffentlich bekennt.[31]

Um zu überleben, muß das Judentum verlassen und im täglichen Leben verdrängt werden. Erschütternd die kleinen Zeichen des Bruchs: Die Eheleute hatten sich noch in einer jüdischen Zeremonie trauen lassen[32], ihrem ersten Sohn den jüdischen Namen David gegeben. Der griechisch-lateinische Name Sophie für die nächstgeborene Tochter wurde der Schwester von Henriette entlehnt, Sophie Pressburg, verheiratet mit Lion Philips. Und nun, mit Beginn des Bruchs, erhielten die Kinder germanische Namen (eine Sonderstellung nimmt nur die Tochter Henriette ein, der die Mutter ihren – jedoch nicht jüdischen – Namen überträgt): Karl 1818, Hermann 1819, Henriette 1820, Louise 1821, Emilie 1822, Karoline 1824, Eduard 1826.

Die Konversion von Hirschel und Henriette war kein papierenes Ende eines allmählichen Herauswachsens aus dem Judentum, wie es sich im 19. Jahrhundert tausendfach vollzog: Zuerst Aufgabe der orthodoxen Riten, Verweltlichung des Lebens, dann Religionswechsel als Schlußstrich unter eine lange Entwicklung – letztlich kein Religionswechsel, sondern die Aufhebung der Religion, so bei den Kaufleuten, Intellektuellen, Künstlern, Professoren, Unternehmern, Ärzten jüdischer Herkunft, die schon längst nicht mehr an den «richtigen» Gott glaubten, nicht mehr in orthodoxer Tradition aufgewachsen waren. Das eine «Vaterbekenntnis» wurde ohne innere Anteilnahme durch ein anderes ersetzt –

eine Geste des Schutzes des eigenen Lebens, das nicht mehr Verfolgungen ausgesetzt werden sollte, für die kein religiöser Gewinn hereinkam.

Anders die Entwicklung der Eltern Karls. Aufgrund von plötzlich aufgetretenen gesellschaftlichen Repressionen verließen Heinrich und Henriette Marx ihre alte Gemeinschaft. Sie verließen Rabbinergeschlechter. Sie tauschten die religiöse Einbettung gegen Areligiosität. Denn ihre Taufe war kein echtes Bekenntnis, sondern ein Überlebensritual, das sie in religiöse Orientierungslosigkeit stürzte. Heinrich Marx wurde kein eifriger Protestant: «Die evangelische Gemeinde verzeichnet einen einzigen Abendmahlsbesuch Pfingsten 1827.»[33]

Sozial sind Heinrich und Henriette Marx im Verständnis ihrer Herkunftsfamilie Verdammte. Psychisch leben sie in einem Vakuum.

Der von Karls Eltern vollzogene biographische Kraftakt konnte von ihnen nur mit einem seelischen Balanceakt überstanden werden. Die leichteste Form der seelischen Balancierung von komplizierten gesellschaftlichen Vorgängen ist die Benutzung eines Kindes für eine Ausgleichsfunktion. Heinrich und Henriette waren seit 1818 Verstoßene im Sinne ihrer Väter. Ihr in diesem Moment geborener Sohn sollte die Sühne übernehmen, sollte ihre Entscheidung nachträglich rechtfertigen, ein guter, ihren Schritt billigender (neuer) Vater werden, ein «säkularisierter Rabbi»[34]. Er sollte seinen Eltern in seiner eigenen Person neue Geborgenheiten verschaffen und ihrer Tat Absolution erteilen.

Wenn der Sohn ein Heilsverkünder, Erlöser, Meister, messianisch Reiner wird, dann ist ihre Tat entschuldigt, dann sind sie entlastet. Im Sohn als verweltlichten Rabbiner versöhnen sie sich mit ihren eigenen Eltern, tilgen deren Fluch.

Bei der Spezifizierung dieses «Auftrags» muß die Analyse von Karls elterlicher Delegation nicht mit Vermutungen arbeiten. Die Belege der väterlichen Botschaften sind zahlreich. In fast jedem der Briefe des Vaters an den Sohn wiederholt

Heinrich die hohe Position, die er dem Sohn zugedacht hat: «Dein hohes Emporkommen, die schmeichelnde Hoffnung Deinen Namen einst im hohen Rufe zu sehn... sind lang genährte Illusionen die sich tief eingenistet haben.» – «...das Glück... das ich mir seit langen Jahren durch Dich träume, sonst würde ich das schönste Ziel meines Lebens zertrümmert sehn.»[35] – «Doch glaube immer und zweifle nie, daß ich Dich im Innersten meines Herzens trage, und Du einer der stärksten Hebel meines Lebens bist.»[36] – «Mein Herz schwelgt zuweilen in Gedanken an Dich und Deine Zukunft.»[37] «Du hast allerdings Ursache viel zu arbeiten... Du hast noch lange will's Gott, zu Deinem und Deiner Familie Wohl, und wenn mich meine Ahnungen nicht irren, zum Wohl der Menschheit zu leben.»[38]

Karl ist das «Glückskind» seiner Eltern, beide benutzen dieses Wort: «Die Mutter sagt, Du seyest ein Glückskind.»[39] «...und Du bist im Ganzen ein Glückskind –»[40] Er sollte ihnen das Unglück ihres Ausgestoßenseins wiedergutmachen.

In Karls Jugendgedichten, die wie eine monströse Darstellung seiner psychischen Ausgangsposition verstanden werden können, geraten die Eltern zu einer lebensbedrohlichen Macht. Die Mutter tritt als Knaben- oder Brudermörderin auf, der Vater als «Greis» – dessen Seele von «tiefer Gewalt» bewegt wird –, als ein königlicher Auftraggeber, für den der Sohn in den Kampf ziehen muß.

In der Ballade «Die Mutter»[41] läßt eine Frau ihr Kind von einer Schlange töten. Das Durcheinander der Motive verschleiert kaum, daß Mutter und Natter identisch sind:

Die Mutter

Sie hält den zarten Knaben
    Wohl in dem Arme fest,
Als wollt' allein sie haben,
    Den sie am Busen preßt.
...
'ne Natter wühlt im Herzen,

Und saugt das süsse Blut,
Und schwelgt in seinen Schmerzen,
Und trinkt die heisse Gluth.
Die Mutter preßt sie höhnend
An's Herz im Ungestümm;
Ein Angstschrei, dumpf und stöhnend,
Und Sieg dem Ungethümm!
Sie sinkt in tiefem Leiden,
Ihr Herz des Knaben Grab,
Noch liebevoll im Scheiden,
Und Himmel schaun hinab.

Im Gedicht «Lied eines Schiffer's auf der See» [42] ist der Bruder von der Weiblichkeit «Woge» getötet worden:

Lied eines Schiffer's auf der See
...
«Da unten, ihr blauen Wogen,
Da ruht mein Bruder klein,
Ihr habt ihn hinabgezogen,
Und zehrt nun sein Gebein.»
«Ich selber war noch ein Knabe,
Verwegen löst er das Schiff,
Greift nach dem Ruderstabe,
Und sank vom sandigen Riff.»
«Da schwur ich tief im Herzen,
Bei den Wellen blau und naß,
An euch zu rächen die Schmerzen,
Euch peitschen ohn' Unterlaß.»
...
«Ihr habt den Bruder gerissen,
Hinab in den sprudelnden Schlund,
Den Körper zart zerbissen,
Getrieben in Meeresgrund.»
...
«Ich raub' euch eure Genossen,
Für meinen sich'ren Teich,
Zieh' sie an eig'nen Flossen
Aus dem schauerlich dunk'len Reich.»
«Ich schlage euren Rücken,
Und kämpfe mit eurer Wuth,
Und alles muß mir glücken,
Und beherrscht ist die Riesenfluth.»

Der Zyklus «Gedichte, meinem teuren Vater zu seinem Ge-
burtstage 1837»[43] enthält sogleich in der «Widmung» eine
Metapher für Delegation:

> Schmiegend an der Formen Milde,
>   Steht die Seele festgebannt,
> Aus mir schwollen die Gebilde,
>   Aus Dir waren sie entbrannt.
> Geistig lösen sie die Liebesglieder,
> Sprühn sie voll im Schöpferbusen wieder.

Durch das Gedicht «Der Greis», eine «Romanze in 6 Liedern»[44], zieht sich eine Botschaftsdramaturgie:

> Es saß ein Greis am Meere
> und bei ihm sein Kind,
> Der Blick der still und hehre,
> Der schaut in den Wind.
>
> Die Seele scheint beweget
> Von tiefer Gewalt,
> Sein Haupt sich nicht reget,
> Kein Laut erschallt.
>
> Der Sohn, der schaut ihn mit Sehnen
> Gerührt in der Brust,
> Ihm fließen die Thränen
> Halb unbewußt.
>
> «Es rauschen so froh die Wellen
> O Vater mein
> Und Gluthen die Wasser erhellen,
> Sollst fröhlich sein.»
> …
> Dem Knaben ward seltsam zu Muthe
> Doch des Vaters Wort
> Wacht tief im Herzensblute
> Und brennet da fort.
> Der Greis, der steht am Meere
> Und bei ihm sein Sohn,
> Ihm blitzet das Aug' das hehre,
> Von Begeisterung schon.
> …
> «Nun magst du den Arm erproben
> In morgender Schlacht.»

...
Er hatte ihn selber geheißen
Zu kämpfen für Recht,
Die Ketten kühn zu zerreissen,
Die geworfen ein Knecht.

Da hört man's von ferne schallen
Wie Siegesgeschrei:
«Die Knechte sind gefallen,
Das Land ist frei.»
...
Geschmückt mit Lorbeerzweigen,
Mit Wunden und Blut,
Geht er zum Vater mit Schweigen,
In Jugendgluth.

Der preßt ihn heiß und lange
In unendlichem Glück,
Dann läßt er im Geistesdrange
Den Körper zurück.

Ist die Mutter ‹einschlägig› böse, drücken die Zeugnisse zum Vater eine Ambivalenz aus. Einerseits will der Sohn die ihn bedrohende Botschaftsintransigenz abschütteln, indem er den Vater zu einem gespenstischen Greis werden läßt – so in den Gedichten «Der Wassergreis» [45] und «Das Gespenst» [46] –, andererseits wirbt der Sohn um den Vater, will es dem Vater recht machen, braucht dessen Schüren und liebendes Nachfassen zur Steigerung seiner Kreativität. «Fast will es scheinen, als habe Karl Marx zwei Brautschaften gehabt: die eine mit Jenny von Westphalen, die andere mit dem Vater.» [47] Auffällig ist, daß Karl dichtet, «bis mit dem Tod seines Vaters der Adressat des poetischen Ringens stirbt...» [48] Nach dem 10. Mai 1838 – dem Todestag des Vaters – schreibt Karl keine Verszeile mehr. Karl war zwanzig. Der ‹hohe Auftrag› ist während der vergangenen zwei Jahrzehnte in seiner Seele gespeichert worden. Das Gedicht «Auf Karl den Großen» [49] – identifikatorisches Vorbild Karls des noch Kleinen – enthält das Ergebnis der exzeptionellen Delegation.

...
Und alles Große, alles Schöne,
Was einst der Musen Zauberkreis umhüllt,
Was einst begeistert ihre Söhne,
War von Vandalenhänden roh verwühlt.

Da rief mit hehrem Zauberstabe,
Der große Karl die Musen neu empor,
Entriß das Schöne seinem Grabe,
Und lockte alle Künste hold hervor.

Er milderte die rohen Sitten
Und herrschte durch der Bildung Wundermacht;
Sie lebten still in ihren Hütten,
Von sicheren Gesetzen stark bewacht.
...
Umkränzet ihn die schöne Krone,
Die für die holde Menschheit er errang,
Ihm winket mit erhabnem Lohne,
Daß er die Rohheit seiner Zeit bezwang.

Und unvergeßlich wird er leben
In der Geschichte ewig großer Welt,
Sie wird ihm einen Lorbeer weben,
Der nie im Sturm der raschen Zeit entfällt.

Der Rabbiner – höchste Instanz innerhalb der jüdischen Gemeinde – kann mit seinem Recht der Exkommunikation über das soziale Leben und den sozialen Tod der Mitglieder verfügen. Ein Recht, das einem König, einem Kaiser in viel höherem Maße zustand. Um die Geschicke der Gruppe lenken zu dürfen, mußte im jüdischen Verständnis ein Mann besonders ausgezeichnet, weise und rein sein. Ein Rabbiner war ein Schriftgelehrter und Lebenskundiger, zugleich Betreuer der Gemeinschaft – Führer in der Not – und Berater jeder Person, Vermittler Gottes, ihm am nächsten: «...so hatten die Rabbis als die besonders berufenen Einzelnen im reinen Dienst am Unbedingten zu leben.»[50]

Sogar im zum Ausdruck gebrachten Selbstverständnis Karls als eines «Arbeitenden für die Welt», wie ihn sein Schwiegersohn Paul Lafargue zitiert[51], ist etwas von der Rabbineridentität enthalten.

«An der Oberfläche... scheint es, als habe Marx alle Brükken zum Judentum abgebrochen», schreibt Marianne Krüll. «Eine genauere Analyse zeigt jedoch, daß er ihm zutiefst verbunden blieb. Wie ein Rabbi widmete er sich ganz und gar dem Studium und der Lehre. Zwar studierte er nicht Tora und Talmud wie seine Vorväter, sondern die modernen Wissenschaften seiner Zeit, mit denen er seine politökonomische Theorie zu belegen suchte, doch die Haltung, die er dabei einnahm, war die eines Rabbi, der den Mitgliedern seiner Gemeinde die Gesetze beibringt und erläutert.

Von noch größerer Bedeutung aber war für Marx die ‹Entdeckung› des Proletariats, das für ihn ein Volk Israel wurde, dem er, der Moses, den Weg aus der Verbannung weisen konnte, der selbst aber nicht Teil des Volkes war. Marx hat die Gleichsetzung Proletariat–Volk Israel an mehreren Stellen in seinem Werk selbst gezogen.»[52] Und Krüll zitiert als Beleg eine Stelle aus dem «Kapital»: «Wie dem auserwählten Volk auf der Stirn geschrieben stand, daß es das Eigentum Jehovas, so drückt die Teilung der Arbeit dem Manufakturarbeiter einen Stempel auf, der ihn zum Eigentum des Kapitals brandmarkt.»[53]

Den Tod einer Frau durch das eigene Verhalten verursacht zu haben, wäre das eklatanteste Ereignis, das die ‹Reinheit› eines Mannes zerstört.

Karl hat eine doppelte Schuld auf sich geladen. Er ‹verkehrt› mit einem alleinstehenden, von ihm abhängigen, ungeschützten, ja seinem Schutz befohlenen ‹Mädchen›, schwängert es und läßt danach eine Abtreibung vornehmen, an deren Folgen die Frau stirbt.

Karls Ausschlag verteilt sich nicht an seinem ganzen Körper, sondern tritt dort zutage, ‹wo› er schuldig geworden ist, im Genital- und Brustbereich, an den Orten, an denen seine geschlechtliche Rücksichtslosigkeit und seine Gefühlsrigorosität ‹lokalisiert› sind. Der Ausschlag ist eine unablässig reproduzierte Erinnerung an seine Tat. Die Geschwüre platzen an den intimsten Stellen hervor, peinigen Lende, Hintern, Damm, Penis, Achselhöhle, Brust, seltener den Rücken. Seine Krankheit ist ein Stigma, das periodisch erscheint. Wie ein fremder Gegenstand sitzt die Schuld seiner Tat in seinem Fleisch, so daß immer wieder von neuem Eiter ausgeschieden werden muß. Die Geschwüre sind lebende Mahnmale, die sein Unbewußtes Monat um Monat hervorbringt.

Die Chroniken von Karls Ausbrüchen erwecken den Eindruck, als sei er ein schwerkranker Mann. Er ist es, und er ist es nicht. Mehrmals referiert Karl ärztliche Begutachtungen seines Gesundheitszustandes. Und die Befunde der Mediziner stellen keinen aussichtslosen Fall dar:

«Gestern den Maddison konsultiert. Sagt, es sei heftige Form von sciatica. Verschrieb mir Medizin, zugleich Zeug zum Einreiben. Aufenthalt an der See sei nützlich für general state of health, der etwas derangiert durch die Schlaflosigkeit. Er ist dafür, an sehr warmen Tagen ein heißes Seebad zu nehmen.» (22. August 1870) [54]

«Dein ‹Ärztliches› war sofern effektvoll, als ich meinen Dr. Maddison konsultiert und mich vorläufig in seine Kur begeben habe. Er erklärt jedoch, daß meine Lungen in der besten Ordnung sind und der Husten mit Bronchitis etc. zu tun hat. Ditto wird er auf die Leber wirken.» (12. April 1871) [55]

«Dr. Schmitz... hat wesentlich bestätigt, was ich vermutete und Dir nach London schrieb. Meine Leber zeigt keine Spur von Erweiterung mehr; der Digestionsapparatus ist somewhat disordered, aber das eigentliche Übel ist nervöser Natur. Schmitz sagt mir heute wieder, ich müsse nach 3wöchentlichem Aufenthalt hier in den Schwarzwald auf die Höhe, Berg- und Waldluft zu kneipen.» (17. August 1877) [56]

Schon zu Anfang des Leidens berichtet Jenny von Dr. Allen, der darüber erstaunt ist, daß es nicht bei dem ersten großen Karbunkel, den er operiert hat, blieb. In seiner Erfahrung scheint es solch ein hartnäckiges Karbunkelwiedererstehen, das Karl quält, noch nicht gegeben zu haben: «Er war ganz erstaunt, als er hörte, daß ein neuer carbuncle unter dem alten ausgebrochen war, und meinte, es könne unmöglich ein bedeutender gewesen sein bei der Pflege, die Du gehabt, bei der Nahrung und vor allem bei der Masse von iron, die Du verschlungen.»[57]

Friedrich schildert, daß Karl einiges für seine Gesundheit tut und nicht so widerständlerisch ist, wie es in seinen Jammerkundgebungen erscheint. So kann Friedrich Dr. Kugelmann, dessen Ferndiagnose von Karls Leiden schwarz ausgefallen sein muß, beruhigen: «Was nun den Zustand von M[arx] angeht, so haben Sie sich viel zu arge Vorstellungen davon gemacht... Übrigens ist M[arx] in seiner Lebensweise lange nicht so verrückt, wie man sich das vorstellt. Solange die mit dem Krieg angefangne Aufregung dauert, arbeitet er nicht an schweren theoretischen Sachen, und lebt ziemlich rationell, läuft sogar häufig, *ohne* daß ich ihn abhole, seine anderthalbe bis zwei Stunden spazieren, trinkt wochenlang keinen Tropfen Bier, sobald er merkt, daß es ihm schlecht bekommt; daß er kapriziösen Appetit hat, der zwischen Appetitlosigkeit und Heißhunger abwechselt, ist bei seinem Zustand nicht zu verwundern. Daß seine Haut nicht funktioniere – mit Ausnahme der beträchtlichen Stellen, wo die cutis durch die Karbunkeln vollständig zerstört ist – brauchen Sie nicht zu befürchten. Ein Gang über Highgate nach Hampstead und zurück nach Maitland Park ist ungefähr 1 ½ deutsche Meilen, dabei mehrfach steiles Bergsteigen auf und ab, und oben ist mehr Ozon, als in ganz Hannover zu finden ist. Und den Gang macht er 3–4mal die Woche, wenigstens teilweise. Natürlich muß ich oft treiben, aber er weiß doch, daß es ihm guttut. Überhaupt wohnt er, wie ich, ca. 150 Fuß über der Themse, in einer freien Gegend, mit kaum halbstädtischer Luft, zwischen großen Gärten und wenig Häusern, und ich schreibe dieser gesunden Umgebung zu, daß es nicht schlimmer mit ihm ist.» (28. April 1871)[58]

Die gesellschaftlichen Verhältnisse, die geo-sozialen Umstände, die körperlichen Bedingungen zeugen von nichts Auffälligem. Was sich auf Karls Haut austobt, ist die Somatisierung eines psychosozialen Konflikts. Brände von Haß, Angst, Verzweiflung und Scham versengen seinen Körper.

Es gab schon früh Zeichen dafür, daß Karl gegen die immense Last der «Parentifizierung» [59] seines Lebens, gegen die Delegation protestiert hat, wiedergutmachender Vater seiner Eltern werden zu müssen.

In einer «phantastischen Ballade» [60] beklagt er die Schizophrenie eines Königsmännleins, das herrschen muß und alles dafür hergeben soll. Das Auf-die-Spitze-Gepreßtwerden geht einher mit dem Verlust des Wesentlichen: Blut, Herz, Augen.

> Blumenkönig
> 1.)
> «Männlein im Sonnenschein,
> Willst Blumen, Blumenkönig sein?
> Hast gar einen hohen Muth,
> Färb' uns mit rosrothem Blut!»
> 2.)
> «Blümchen hell und Blümchen bleich,
> Habt getrunken mein Blut, habt getrunken,
> Nun gebt, nun gebt mir mein Königreich,
> Laßt in den Kelch, in den Kelch mich tunken!»
> 3.)
> «Männlein, dein Blut war gar schön,
> Laß uns tief Herzlein jetzt sehn,
> Willst Blumen, Blumenkönig sein,
> Muß glänzen dein Herz im Sonnenschein!»
> 4.)
> «Herz mein, Herz mein pocht mir gar sehr,
> Strahlt fein durch die Augen, die beiden,
> Herz mein geb' ich euch nimmermehr,
> Kann sonst den Blick ja nicht weiden!»
> 5.)
> «Männlein, wir springen hier,
> All' in den Busen dir,
> Laß glänzen Dein Herz im Sonnenschein,
> Sollst unser Blumenkönig sein!»
> 6.)
> Männlein zuckt und Männlein denkt,
> Hat die Brust sich rosroth zerrissen:
> «Da habt ihr, da habt ihr mein Herz geschenkt,
> Nun laßt mich Kron' und Scepter nicht missen!»

7.)
«Männlein im Sonnenschein,
Kannst nicht der Blumenkönig sein,
Blut, rosroth Blut kannst nicht sprühn,
Herzlein, tief Herzlein muß uns jezt glühn.»
8.)
Männlein riß sich die Augen aus,
Fing an, mit den Händen zu schaben,
Baut' sich tiefstill ein Todtenhaus,
Da liegt er, da liegt er begraben.

Eine andere Stimmung entblößt Karls Ranküne-Energie, die
– dem Druck des elterlichen ‹hohen Auftrags› gegenhaltend –
enorm gewesen sein muß.

Des Verzweiflenden Gebet

«Hat ein Gott mir alles hingerissen,
Fortgewälzt in Schicksalsfluch und Joch,
Seine Welten – alles – alles missen!
Eines blieb, die Rache blieb mir doch.»

«An mir selber will ich stolz mich rächen,
An dem Wesen, das da oben thront,
Meine Kraft sei Flickwerk nur von Schwächen,
Und mein Gutes selbst sei unbelohnt!»

«Einen Thron will ich mir auferbauen,
Kalt und riesig soll sein Gipfel sein,
Bollwerk sei ihm übermenschlich Grauen,
Und sein Marschall sei die düst're Pein!»

«Wer hinaufschaut mit gesundem Auge,
Kehre todtenbleich und stumm zurück,
Angepackt vom blinden Todteshauche,
Grabe selbst die Grube sich sein Glück.»

«Und des Höchsten Blitze sollen prallen
Von dem hohen, eisernen Gebäu,
Bricht er meine Mauern, meine Hallen,
Trotzend baut die Ewigkeit sie neu.»[61]

Eine deutlichere Vision von der zukünftigen Wirkung seines
Tuns als Mann hat wohl kaum jemals ein Jüngling gehabt.
Ohne das Wissen von Stalins, Maos und anderer Nachfolge-

häupter «Bollwerken übermenschlichen Grauens» wirkte das Ganze nur geschwollen – «eine romantisch-heroische Prometheus-Gebärde..., ...ein erneutes Kräftemessen mit dem Vater – wer, wenn nicht dieser, ist denn der ‹Gott› in der Kindheit, in der Jugend?!»[62]

Für die die Psychoanalyse abwehrende Marx-Glorifizierung mußte schon der Ursprung des Helden schlüssig und stimmig sein. Sie führte als ein Zeichen des Einvernehmens zwischen Vater und Sohn eine Erzählung der Enkelin/Tochter Eleanor an: «Marx hing innig an seinem Vater. Er wurde nie müde, von ihm zu erzählen und trug immer eine Photographie von ihm bei sich ...Doch wollte er die Photographie Fremden nicht zeigen, weil sie, wie er sagte, dem Original so wenig ähnelte.»[63]

Sogar dieses Zitat läßt noch Unstimmiges durchscheinen. Bei einem Vater, der *immer* mit sich getragen werden muß, stimmt grundsätzlich etwas nicht. Und dieser Vater, den der Sohn immer bei sich trug, ähnelte dem Original so wenig, daß er das Bild Fremden nicht zeigen wollte. Der frühe Tod Heinrichs verhinderte Karls Lösung vom Vater, so daß die Delegationsproblematik allmählich das Leben des Sohnes vergiftete.

Die fünfundzwanzig Jahre weiterlebende «Engelsmutter», die «große, herrliche Frau»[64], geronn zur «Alten», an der Karl sich rächte, sie mit Geldforderungen «peitschte ohn' Unterlaß».

In einer seiner ersten ‹erwachsenen› Veröffentlichungen, dem Aufsatz «Zur Judenfrage» in den *Deutsch-Französischen Jahrbüchern*, entfährt Karl ein antisemitischer Ausfall, der Hitlers Feder hätte entsprungen sein können:

«Welches ist der weltliche Grund des Judenthums? Das *praktische* Bedürfniß, der *Eigennutz*. – Welches ist der weltliche Kultus des Juden? Der *Schacher*. Welches ist sein weltlicher Gott? Das *Geld*.» – «Wir erkennen also im Judenthum ein allgemeines *gegenwärtiges antisociales* Element...» – «Der Jude hat sich auf jüdische Weise emancipirt, nicht nur, indem er sich die Geldmacht angeeignet, sondern indem

240

durch ihn und ohne ihn, *das Geld* zur Weltmacht und der praktische Judengeist zum praktischen Geist der christlichen Völker geworden ist.» – «Welches war an und für sich die Grundlage der jüdischen Religion? Das praktische Bedürfniß, der Egoismus.» – «Der Gott des *praktischen Bedürfnisses und Eigennutzes* ist das *Geld. –* Das Geld ist der eifrige Gott Israels, vor welchem kein andrer Gott bestehen darf.»[65]

Diese Bemerkungen werden gemeinhin mit Karls jüdischem Selbsthaß erklärt. Sie sind hingegen der literarisch-professionelle Ausbruch seines Hasses auf seine Eltern.

Karls Haß auf Juden gilt immer der Verbindung von Juden und Geld. Auch in seinen Briefen schmäht er die Männer, die ihm alle paar Monate mit Geldverleih – Wechseldiskontierung – seine Sonderwunde verbanden. Er geißelte das ‹Praktische› an Juden. Es gibt keine besonders auffälligen Hiebe gegen seine Kampfgenossen jüdischer Herkunft oder gegen Karls holländische Verwandtschaft, die Philips, nur gegen den ‹praktischen› Ferdinand Lassalle, den Publikumsliebling, Salonsozialisten, den Realpolitiker, der die ‹reine› Theorie mit politischen Arrangements besudelte. Lassalle sinkt in Karls Augen herab zum «jüdischen Nigger», «Itzig», «Baron Gescheit», «Jüdel»...

Mit seinem Judenverriß in seinem Aufsatz «Zur Judenfrage» und mit seinen brieflichen Rundumschlägen gegen ‹praktische Juden› kritisiert Karl nachträglich unbewußt den Schritt seiner Eltern, der ihm ein Wahnsinnslebensprogramm einbrockte, unter dem er zerbrechen sollte und das ihn schon als Jüngling in eminente seelische Spannung zog. Karl ist 26, als er diesen Kurzschluß zwischen Jude und Geld, Jude und Kapital zündete.

Einige Sätze scheinen seine Eltern direkt treffen zu wollen: «Es handelt sich immer noch um ein *Bekenntniß* für den Juden, aber nicht mehr um das Bekenntniß zum Christenthum, sondern zum aufgelösten Christenthum.» – «Das grund- und bodenlose Gesetz des Juden ist nur die religiöse Karrikatur der grund- und bodenlosen Moralität und des Rechts überhaupt, der nur *formellen* Riten, mit welchen sich die Welt des Eigennutzes umgibt.»[66]

Karl hält an seinem Antisemitismus hartnäckig fest. Noch in seinem Spätwerk «Das Kapital» Band I, 2. Auflage 1873 heißt es: «Die Summe der zirkulierenden Werte kann offenbar durch keinen Wechsel in ihrer Verteilung vermehrt werden, sowenig wie ein Jude die Masse der edlen Metalle in einem Lande dadurch vermehrt, daß er einen Farthing aus der Zeit der Königin Anna für eine Guinee verkauft. Die Gesamtheit der Kapitalistenklasse eines Landes kann sich nicht selbst übervorteilen.»[67]

Unzensiert gegenüber Friedrich gibt sein Unbewußtes am 25. August 1879 seine Vorstellungen preis: «Viel Juden und Flöhe hierselbst.»[68]

Aus praktischen Bedürfnissen, aus Eigennutz, aus Geldinteressen haben seine Eltern den verhängnisvollen Schritt getan. Der Sohn ist über die Folgen außer sich. Auch wenn ‹praktische Bedürfnisse›, ‹Geld›, ‹Eigennutz› das Überleben von Eltern und Kindern garantierten, kann der Sohn diesen Schritt aus seiner Perspektive nicht verzeihen. Die Handlung der Eltern war nicht nur gegen das Kollektiv der Juden und die jüdischen Familien von Hirschel und Henriette gerichtet, sondern war auch unachtsam gegenüber den psychischen Wirkungen, die der Sohn Karl aushalten mußte.

Es gibt eine große Stelle, in der Karl – übertragen aufs Gesellschaftliche – formulierte, was ihm widerfuhr: «Die Menschen machen ihre eigene Geschichte, aber sie machen sie nicht aus freien Stücken unter selbstgewählten, sondern unter unmittelbar vorhandenen, gegebenen und überlieferten Umständen. Die Tradition aller todten Geschlechter lastet wie ein Alp auf dem Gehirne der Lebenden. Und wenn sie eben damit beschäftigt scheinen, sich und die Dinge umzuwälzen, noch nicht Dagewesenes zu schaffen, gerade in solchen Epochen revolutionärer Krise beschwören sie ängstlich die Geister der Vergangenheit zu ihrem Dienst herauf…»[69]

Die Blickrichtung dieser Sätze war auf gruppengeschichtliches Handeln eingestellt. Sie treffen auch auf die psychische Geschichte, die Biographie, die Geschichte von einzelnen zu. Diese Mechanismen, die Karl beschreibt, die in den Gruppen sichtbar werden, sind der Reflex von psychischen Geschehnissen. Und Gruppen – kollektive Bedingungen – prägen die Entscheidungen und ‹Schicksale› des einzelnen. Das, was sich gesellschaftlich ereignet, ereignet sich auch familiengeschichtlich.

Karl ist für dieses Ineinanderwirken der Lebensprozesse ein einmalig beweisgünstiger Angelpunkt. Seine Eltern wurden zu ihrem Schritt des Religionswechsels durch gesellschaftliche Bedingungen gezwungen. Dieser Schritt hatte psychische Folgen für sie selbst und ihren Sohn. Der Sohn schlug aus seinen psychischen Schwierigkeiten ‹Kapital›, wälzte sie – wie vor ihm kein anderer Mann – um in eine Theorie, mit deren Hilfe gesellschaftliche Veränderungen betrieben werden konnten.

Auch leistete Karl mit seinem Kurzschluß Jude = Kapitalist / Schacher / Eigennutz einen der wirkungsvollsten Beiträge zur späteren Auslöschung der ärmsten, uneigennützigsten, unpraktischsten Mitglieder ‹seines› Volkes, zur im 20. Jahrhundert stattgefundenen Zerstörung der Kultur des europäischen, vor allem des osteuropäischen Judentums.

Der Kreativitätsbruch

Karl kann nicht mehr geistig arbeiten wie bisher. Er ist Schriftsteller – so auch in seiner Selbsteinschätzung.[1] Bis 1862 verfaßt er neben zahlreichen Aufsätzen auch umfangreiche Schriften. Mit einer Ausnahme, die in Wirklichkeit keine ist, produziert er nach 1862 kein Werk mehr.

Von seinem siebzehnten bis zu seinem vierundvierzigsten Lebensjahr schreibt Karl – mit kurzen Unterbrechungen – immer. Er bemächtigt sich der Welt schreibend. Werke abzuschließen oder unfertig liegenzulassen, ist für ihn einerlei.

Wenn er das Interesse an einem Thema verliert, dann nur, weil er sich auf ein anderes gestürzt hat.

Schon sein Abituraufsatz «Betrachtung eines Jünglings bei der Wahl eines Berufes» ist ein kleiner Essay. Danach folgen Alben mit Gedichten und andere literarische Versuche (1835/36), während seines Studiums in Bonn und Berlin Entwürfe für seine späteren Werke (1836 bis 39).

Zwischen 1839 und 41 arbeitet er an seiner Dissertation «Differenz der demokritischen und epikureischen Naturphilosophie». Die Promotion erfolgt in Karls Abwesenheit durch die Universität Jena im April 1841.

Seine schriftstellerische Laufbahn beginnt er 1842 mit Artikeln für die *Rheinische Zeitung* und mit seinem ersten Buch «Zur Kritik der Hegel'schen Rechts-Philosophie» (1843). Gemeinsam mit Arnold Ruge gibt er 1844 in Paris die erste und einzige Nummer der *Deutsch-Französischen Jahrbücher* heraus, verfaßt für die Zeitschrift seinen Aufsatz «Zur Judenfrage» und die «Einleitung zur Kritik der Hegel'schen Rechts-Philosophie». Seine beiden nächsten Werke schreibt er mit Friedrich zusammen: «Die heilige Familie» (1845) und «Die deutsche Ideologie» (1845/46). Der Untertitel der «heiligen Familie» zeigt Karls von da an immer wieder durchbrechendes Talent zur Pampigkeit: «Die heilige Familie, oder Kritik der kritischen Kritik. Gegen Bruno Bauer und Consorten». 1847 folgt Karls Streitschrift gegen Proudhon: «Das Elend der Philosophie». 1848 produziert er wieder zusammen mit Friedrich, diesmal das «Manifest der kommunistischen Partei». 1848/49 schreibt Karl Artikel für die *Neue Rheinische Zeitung*. 1850 erscheinen drei längere Aufsätze von ihm unter dem Titel: «Die Klassenkämpfe in Frankreich», veröffentlicht in der Zeitschrift *Neue Rheinische Zeitung – Politisch-ökonomische Revue*. 1850/51 setzt er seine 1844 begonnenen ökonomischen Studien fort, unterbricht sie Ende 51 für seinen Traktat «Der 18. Brumaire des Louis Bonaparte» und die mit Friedrich ausgearbeitete Streitschrift «Die großen Männer des Exils» (1852). Danach beginnt die

Produktion eigener englischer Artikel für die *New York Daily Tribune*. Seit 1851 hatte Friedrich Karls Arbeit übernommen, unter Karls Namen Artikel veröffentlicht, da Karl noch nicht gut genug Englisch konnte. 1853 erscheinen Karls «Enthüllungen über den Kommunistenprozeß zu Köln», Ende 53 sein Pamphlet «Lord Palmerstone». 1854 bis 58 verfaßt er Artikel für die *New York Daily Tribune*, die Londoner *People's Paper*, 1857 für die Breslauer *Neue Oder-Zeitung*. 1858 arbeitet er an «Zur Kritik der politischen Ökonomie», das 1859 erscheint. Ende 1860 veröffentlicht er sein Buch «Herr Vogt». 1861/62 verfaßt er Dutzende Artikel für die *New York Daily Tribune* und das Wiener Blatt *Die Presse*.

Unvollendet bleiben aus dieser zwanzigjährigen Periode die Schriften: «Die Pariser Manuskripte», «Kritik der Politik und Nationalökonomie», «Nationalökonomie und Philosophie», «Lohnarbeit und Kapital» und Hunderte von Seiten Urfassungen, sogenannte Rohentwürfe, aus denen die Marxismus-Leninismus-Institute in Moskau und Berlin noch bis in die sechziger Jahre unseres Jahrhunderts hinein Bücher gemacht haben.

1863 sollte der erste Band des «Kapitals» erscheinen, den Karl Ende 1862 fertiggestellt hatte. Er schreibt am 28. Dezember 1862 an Ludwig Kugelmann: «Der zweite Teil ist nun endlich fertig, d. h. bis zum Reinschreiben und der letzten Feilung für den Druck. Es werden ungefähr 30 Druckbogen sein. Es ist die Fortsetzung von Heft I, erscheint aber selbständig unter dem Titel: ‹Das Kapital› und ‹Zur Kritik der Politischen Ökonomie› nur als Untertitel.»[2]

Begleitet von ungeheuren körperlichen Qualen zieht sich die Fertigstellung vier bis fünf Jahre hin. Das Buch erscheint im September 1867. Karl arbeitet die gesamte Schrift um. Aber Umarbeiten ist nicht Kreieren. An einer schon bestehenden Schöpfung wird herumgebastelt – noch so komplizierte Einschübe, Veränderungen, Erweiterungen mögen das sein, diese Arbeit ist ausführende Produktivität und nicht innovative Kreativität. Die war für «Das Kapital» bis Ende 1862 weitgehend geleistet worden.

Nach 1867 erscheint kein Werk mehr von Karl. Was in den Biographien und Chroniken ab 1864 als «Werk» aufgeführt wird, sind Mitteilungen, Zusammenfassungen, Umarbeitungen, Rundschreiben, Statements, Berichte, sogenannte Adressen – politische Willenserklärungen, Lageberichte zu politischen Ereignissen – Entwürfe von Statuten:

«Inauguraladresse» und «provisorische Statuten» der Internationalen Arbeiterassoziation (1864); «Lohn, Preis, Profit» (Vortrag, gehalten am 20. und 27. Juni 1865 auf Sitzungen des Generalrats der Internationalen Arbeiterassoziation – dabei handelt es sich um eine populäre Form der im «Kapital» zum Ausdruck gebrachten Gedanken); «Das Kapital», Band I (1867); erste und zweite Adresse des Generalrats über den Deutsch-Französischen Krieg (1870); «Der Bürgerkrieg in Frankreich», Adresse über die Pariser Commune (1871); nochmalige Umarbeitung des ersten Bandes des «Kapitals» (1871/72); «Die angebliche Spaltung der Internationale. Vertrauliches Zirkular des Generalrats der Internationalen Arbeiterassoziation» (1872); «Bericht über das Treiben Bakunins», verfaßt von einer Kommission unter Mitwirkung von Friedrich Engels, Karl Marx und Paul Lafargue – Materialiensammlung gegen Bakunin mit dem Abdruck vieler Schriftstücke (1873); «Randglossen zum Programm der deutschen Arbeiterpartei» (1875).

Der Kreativitätsbruch ist bisher mit mehreren Verfahrensweisen undeutlich gemacht worden. Die gängigste: Die Werkliste wird über den Bruch hinweg so geführt, als handele es sich um eine ungestörte kreative Kontinuität. Bei der Aneinanderreihung von Titeln fällt kein Einschnitt auf.

Eine andere Technik, die Zäsur nicht wahrnehmen zu müssen, war die Behauptung, Karl wäre vor *allen* seinen Arbeiten immer in die Krankheit geflohen, hätte sein Leben lang Arbeitshemmungen gehabt.[3]

Zwischen Arbeitshemmung und Arbeitsverhinderung besteht ein großer Unterschied. Karl lebte nach dem mittelalterlichen Spruch: Kannst du fauler, kannst du fleißiger sein als andere Leute, dann bist du ein Schreiber! Karl befand sich bis 1862 in diversen Autorenkalamitäten: nicht fertig werden zu können, auszuufern, dem Abgabedruck mit körperlichen Unpäßlichkeiten auszuweichen, Projekte aufzunehmen, liegenzulassen... Letztlich war ihm Veröffentlichen zweitwichtig. Er wollte hervorbringen. Karl glühte. Er war in den ersten Jahrzehnten seiner Laufbahn von seltener Emanationsfähigkeit ‹gesegnet›.

Eine besonders dramatische Schöpfungsphase durchlebt Karl Ende der fünfziger, Anfang der sechziger Jahre. Er nimmt im Dezember 1857 einen erneuten Anlauf zu einer weiteren Veröffentlichung seiner ökonomischen Theorie. Seine ersten Gedanken dazu hatte er 1847 in seinem Buch «Das Elend der Philosophie» publiziert.

Karl schreibt Friedrich am 8. Dezember 1857 über seine Stimmung: «Ich arbeite wie toll die Nächte durch an der Zusammenfassung meiner Ökonomischen Studien...»[4], setzt am 18. Dezember begeistert noch einen drauf: «Ich arbeite ganz kolossal, meist bis 4 Uhr morgens.» – «Ich denke, daß wir about Frühling *zusammen* ein Pamphlet über die Geschichte machen, als *Wiederankündigung* beim deutschen Publico – daß wir wieder und noch da sind, always the same. Ich habe 3 große Bücher angelegt...»[5]

Ein Dreivierteljahr später ist Karl mit der Studie «Zur Kritik der politischen Ökonomie» fertig. Im selben Jahr schreibt er Artikel für die *New York Daily Tribune* und die Londoner Zeitschrift *People's Paper*, beginnt mit dem Pamphlet «Herr Vogt», das 300 Seiten umfassen wird und Ende 1860 erscheint. Danach springt er in die Fortsetzung der Arbeit an seinem ökonomischen Hauptwerk, das er in «drei große Bücher» unterteilt, erstellt 1861/62 den ersten Band, den er Ende 1862 «Das Kapital» nennt.

Nach 1862 vergeht Karl die geballte Konzipier- und Ausführlust. Bis 1863 war es so: wenn Karl will, kann er alle paar

Jahre, manchmal jedes Jahr ein Buch herausbringen. Ab 1863 ist er nicht mehr «always the same».

Nie wieder sprüht es «wie toll», «ganz kolossal». Die viereinhalb Jahre Mühen um die Vollendung des ersten Bandes des «Kapitals» – eine Permanenz von Tantalusschlägen.

Über die Verzögerung der Herausgabe seiner «Kapital»-Vorstudie «Zur Kritik der politischen Ökonomie» schreibt Karl an Ferdinand Lassalle am 12. November 1858 eine kecke Selbsteinschätzung: «Der Stoff lag vor mir; es handelte sich nur noch um die Form. In allem aber, was ich schrieb, schmeckte ich aus dem Stil das Leberleiden heraus. Und ich habe doppelte Ursache, dieser Schrift nicht zu erlauben, durch medizinische Gründe verdorben zu werden.» – «Ich schulde also der Partei, daß die Sache nicht verunstaltet wird durch solche dumpfe, hölzerne Schreibmanier, wie sie einer kranken Leber eigen.»[6]

Neben seinem Buch «Zur Kritik der politischen Ökonomie» hat Karl zu dieser Zeit noch an einem anderen Manuskript gearbeitet, das Rohentwurf blieb und 1939 unter dem Titel «Grundrisse der Kritik der politischen Ökonomie» veröffentlicht wurde. Hunderte Seiten entspringen ihm im Fluge. Doch als er im ersten Halbjahr 1863 an die Reinschrift des ersten Bandes des «Kapitals» gehen will, wirft er alles um, meint, eine populärere Fassung erstellen zu müssen. Sie gelingt nicht. Es passiert das Gegenteil. «Das Kapital» ist das einzige Buch Karls, das den meisten Lesern «unverständlich» bleibt. «Das Kapital» schmeckt an vielen Stellen nach Ausschlag. Ein schwer genießbarer Brei wälzt sich auf die Konsumenten zu. Karl verlor seine künstlerisch-philosophische Kompositionskraft. Die Genialität der Wurffähigkeit erlosch. Unabgegrenzt gegenüber diesem Produkt und unfähig für Neues werkelt Karl noch jahrelang am «Kapital», ohne die Zähigkeit dieses Buches je beheben zu können. Selbst Friedrich kritisiert Teile des «Kapitals», sagt, sie seien «durch medizinische Gründe verdorben». In seiner Reaktion auf einige Druckbögen – am 16. Juni 1867 – zieht er zweimal die Verbindung zwischen dem Geschriebenen und Karls Krankheit: «Bogen 2 namentlich trägt ein etwas gedrücktes Karbunkelgepräge…»[7] Friedrich vergleicht die neue Schrift mit der acht Jahre zuvor veröffentlichten «Zur Kritik der politischen Ökonomie»: «…in der Darstellung selbst gefällt mir manches in der ersten Gestalt besser. Es ist sehr schade, daß grade der wichtige zweite Bogen unter dem Karbunkeldruck leidet.»[8] Obwohl daran «nichts mehr zu ändern» ist, verabreicht Friedrich Karl noch einen Nachschlagstadel: «Du hast den großen Fehler begangen, den Gedankengang dieser abstrakteren Entwicklungen nicht durch mehr kleine Unterabteilungen und Separatüberschriften anschaulich zu machen.»[9]

Was Karl versäumte, taten andere. Es gibt in vielen Sprachen «von verschiedenen Autoren populäre Kurzfassungen…: 1873 ‹Kapital und Arbeit› von *J. Most*, 1878 ‹Extracts› von *O. Weydemeyer*, 1883 ein ‹Résumé› von *G. Deville*, schließlich 1887 ‹Karl Marx' Oekonomische Lehren. Gemeinverständlich dargestellt und erläutert von *Karl Kautsky*›, ein Buch, das auch heute wieder aufgelegt wird. Diese kurzen Abrisse (die des Holländers *Nieuwenhuis*, des Italieners *Cafiero* und des Marx-Schwiegersohnes *Lafargue* sollten hier ebenfalls genannt werden) trugen in Europa und Nordamerika viel dazu bei, daß ‹Das Kapital› zur ‹Bibel der Arbeiterklasse› erklärt wurde.»[10]

Karl hat das Versiegen seiner Komprimierbegabung nicht erkennen können, wahrscheinlich nicht wahrhaben wollen. Er plant und plant wie in alten Zeiten, auch wenn sich ihm nichts mehr zum neuen großen Ganzen rundet. Er spricht schon kurz nach der Abgabe des Manuskripts davon, die Bände II und III in ein paar Monaten fertig zu haben. «Endlich verlangt Meißner den 2. Band für spätestens Ende Herbst. Die Schanzerei muß also sobald als möglich beginnen… Im Winter soll der dritte Band fertig gemacht werden, so daß bis nächstes Frühjahr das ganze opus abgeschüttelt.» – «Ich hoffe und glaube zuversichtlich, nach Jahresfrist soweit ein gemachter Mann zu sein, daß ich von Grund aus meine ökonomischen Verhältnisse reformieren und endlich wieder auf eignen Füßen stehn kann.»[11]

Noch in seinem letzten Lebensjahr bildet Karl sich ein, «Das Kapital», Band II, jetzt, nach Jennys Tod, herausbringen zu können: «... möchte ich den 2. Band so bald wie möglich fertigstellen...», schreibt er am 13. Dezember 1881 an seinen russischen Übersetzer des ersten Bandes.[12]

Friedrich gibt nach Karls Tod ein schonungsloses Bild vom Zustand der Manuskripte «Kapital» II und III, die über das Stadium von Entwürfen, Ideenskizzen und Materialanhäufungen nicht hinausgekommen waren. Friedrichs Charakterisierung von Karls hinterlassenen Materialien deckt sich mit dem Eindruck, den Karls Krankheitschronik verschaffte: Karl nahm Anlauf um Anlauf. Die Zeugnisse seiner Mühen und vielmaligen Versuche sind kaum zu ertragen. Das Ergebnis: «Die große Zahl der vorhandnen, meist fragmentarischen Bearbeitungen erschwerte die Aufgabe. Höchstens eine einzige (Manuskript IV) war, soweit sie ging, durchweg für den Druck redigiert; dafür aber auch der größte Teil durch Redaktionen aus späterer Zeit veraltet. Die Hauptmasse des Materials war, wenn auch größtenteils sachlich, so doch nicht sprachlich fertig ausgearbeitet; abgefaßt in der Sprache, worin Marx seine Auszüge anzufertigen pflegte: nachlässiger Stil, familiäre, oft derbhumoristische Ausdrücke und Wendungen, englische und französische technische Bezeichnungen, oft ganze Sätze und selbst Seiten englisch; es ist Niederschrift der Gedanken in der Form, wie sie sich jedesmal im Kopf des Verfassers entwickelten. Neben einzelnen, ausführlich dargestellten Partien andre, gleich wichtige nur angedeutet; das Material illustrierender Tatsachen gesammelt, aber kaum gruppiert, geschweige verarbeitet; am Schluß der Kapitel, unter dem Drang zum nächsten zu kommen, oft nur ein paar abgerißne Sätze als Marksteine der hier unvollendet gelaßnen Entwicklung; endlich die bekannte, dem Verfasser selbst manchmal unleserliche Handschrift.»[13] – «... mehr

250

oder weniger fragmentarische Bearbeitung von Buch II in seiner gegenwärtigen Einteilung. Auch hiervon war nichts benutzbar.»[14] – «Nach 1870 trat wieder eine Pause ein, bedingt hauptsächlich durch Krankheitszustände.» – «Manuskript V... umfaßt die ersten vier Kapitel und ist noch weniger ausgearbeitet; wesentliche Punkte werden in Noten unter dem Text behandelt; der Stoff ist mehr gesammelt als gesichtet...»[15] – «In der Tat tragen die Manuskripte V–VIII die Spuren gewaltsamen Ankampfs gegen niederdrückende Krankheitszustände nur zu oft an sich... die logische Folge wird öfters unterbrochen, die Behandlung ist stellenweise lückenhaft und namentlich am Schluß ganz fragmentarisch.»[16]

«Für das dritte Buch lag eben nur ein, noch dazu äußerst lückenhafter, erster Entwurf vor.»[17] – «An mehreren Stellen verraten Handschrift und Darstellung nur zu deutlich das Hereinbrechen und die allmählichen Fortschritte eines jener aus Überarbeit entspringenden Krankheitsanfälle, die dem Verfasser selbständiges Arbeiten erst mehr und mehr erschwerten und endlich zeitweilig ganz unmöglich machten... Dafür stellten sich aber auch schon 1864 und 1865 ernste Anzeichen jener gesundheitlichen Störungen ein, die schuld daran sind, daß Marx an das II. und III. Buch nicht selbst die letzte Hand gelegt hat... Hauptmanuskript nur mit großen Einschränkungen brauchbar.»[18] – «...Abschnitt V, der auch den verwickeltsten Gegenstand des ganzen Buchs behandelt. Und grade hier war Marx in der Ausarbeitung von einem der erwähnten schweren Krankheitsanfälle überrascht worden. Hier liegt also nicht ein fertiger Entwurf vor, nicht einmal ein Schema, dessen Umrisse auszufüllen wären, sondern nur ein Ansatz von Ausarbeitung, der mehr als einmal in einen ungeordneten Haufen von Notizen, Bemerkungen, Materialien in Auszugsform ausläuft.»[19] Es galt «den jeden Augenblick durch Zwischensätze, Abschweifungen usw. unterbrochenen und an andrer Stelle, oft ganz beiläufig, weiter verfolgten Gedankengang in die richtige Ordnung zu bringen... Aber nun folgt im Ms. ein langer Abschnitt, überschrieben: ‹Die Konfusion›, bestehend aus lauter Auszügen aus den Parlamentsberichten über die Krisen von 1848 und 1857...» – «...unmittelbar darauf aber ein neuer Stoß von Auszügen aus den Parlamentsberichten...»[20] – «Entwurf, dessen endlos verschlungne Perioden erst zerlegt werden mußten, um druckbar zu werden.»[21]

Friedrich versucht, das Bild des Manuskriptzustandes manchmal ein wenig zu retuschieren, indem er seinen Anteil an der Bearbeitung dieser Bücher herunterspielt, aber das Vollenden von «Kapital» II dauerte zwei Jahre und das von «Kapital» III zehn Jahre.

In seinem Brief vom 30. August 1883 an August Bebel muß Friedrich keine Rücksicht gegenüber dem öffentlichen Image Karls nehmen und formuliert drastischer: «Neben vollständig ausgearbeiteten Stücken andere rein skizziert, alles Brouillon, mit Ausnahme etwa von 2 Kapiteln. Die Belegzitate ungeordnet, haufenweise zusammengeworfen... Dabei die platterdings nur *mir* lesbare – und das mit Mühe – Handschrift.»[22]

Der Zustand, in dem sich die Materialien zum «Kapital» II und III nach Karls Tod befanden, wird nicht von den unvollendeten Manuskripten aus den Jahren 1842 bis 62 behauptet. Diese Manuskripte waren unabgeschlossen, aber kein «ungeordneter Haufen». Außerdem wurden die unvollendet gebliebenen Manuskripte neben abgeschlossenen produziert. «Das Kapital» II und III war das einzige Projekt, «das Werk», das Karl in dieser Zeit fertigstellen wollte, es nicht vermochte, im Unterschied zu den unvollendeten Manuskripten der vierziger und fünfziger Jahre, die er nicht abschließen wollte, weil ihn etwas anderes interessierte, das er beendete.

Friedrich selbst hat zu Lebzeiten Karls keine Ahnung gehabt vom Zustand der «Kapital»-Manuskripte. Er gesteht August Bebel seine Fassungslosigkeit: «Du fragst, wie es kam, daß gerade mir geheim gehalten wurde, wie weit das

Ding fertig war? Sehr einfach: hätte ich das gewußt, ich hätte ihm bei Tag und Nacht keine Ruh gelassen, bis es ganz fertig und gedruckt war.»[23] Es gab genug Mahnungen, die Karl jedoch nicht bewegen konnten, «fertig» zu machen. Friedrich beschwor ihn zur «Änderung der Lebensweise»[24], drängte Karl alle paar Monate zur Fortsetzung der Arbeit. Karls Verleger Meißner lockte vergeblich: «Können Sie mir was Bestimmtes über den zweiten Band mitteilen? Es treffen jede Woche Anfragen ein...»[25] Wilhelm Liebknecht schmeichelte Karl vier Jahre nach Erscheinen des ersten Bandes: «Und wann erscheint der 2. Band? Die Frage ist brieflich schon mindestens 100 und mündlich mindestens 10.000 mal an mich gerichtet worden.»[26] Nichts nützt. Karl schreibt längst nicht mehr. Die hinterlassenen Materialien analysierend, konnte Friedrich ihre Entstehung datieren. Das meiste zu «Kapital» II und III wurde vor 1867 skizziert.[27]

Das wichtigste Indiz für den Zusammenbruch von Karls Kreativität: er verließ die schöpferische Gemeinschaft mit Friedrich. Alleinarbeiten und Mit-Friedrich-Arbeiten machten für Karl fast keinen Unterschied. Friedrich war ein Teil innerhalb der Karlschen Produktionstätigkeit. Gemeinsam zu denken und gemeinsam zu schreiben ging so unkompliziert ineinander über wie gemeinsam zu denken und separat zu arbeiten. Karl reiste häufig nach Manchester, um dort mit Friedrich zu diskutieren und die Ergebnisse ihres Gedankenaustausches sofort niederzuschreiben.

Daß dieser zwanzig Jahre an Karl herangewachsene Produktions- und Kreativitätsbruder nun nicht wußte, wie es um Karl bestellt war, ja daß er nicht mehr zum gemeinsamen Produzieren aufgesucht wurde, beweist unbestreitbar die mit Karl geschehene Veränderung. Seit 1870 wohnt Friedrich unweit von Karl, den keine Geldsorgen mehr verfolgen. Das Produzieren hatte die besten objektiven Bedingungen in Karls Leben überhaupt. Er ist erst zweiundfünfzig Jahre alt. Friedrich schreibt Werke bis ins Alter von fünfundsiebzig: «Anti-Dühring» (1876/78); «Die Entwicklung des Sozialismus von der Utopie zur Wissenschaft» (1880/83); «Der Ursprung der Familie, des Privateigentums und des Staats» (1884); «Das Kapital», Band II (1885), «Ludwig Feuerbach und der Ausgang der klassischen deutschen Philosophie» (1886/88); «Das Kapital», Band III (1894).

Bei der Begründung von Karls Veränderung, dem Zerfall seiner schöpferischen Fähigkeit, legt Friedrich abermals eine falsche Fährte, wie er es zuvor schon für die Erklärung von Karls Leiden während der Produktion der endgültigen Fassung des «Kapitals», Band I, getan hat. Friedrich führt das Chaos der Karlschen Manuskripte für die geplanten Werke «Kapital» II und III auf Karls «Krankheit» und «Überarbeitung» zurück.

Friedrich vertauschte den Ursache-Folge-Zusammenhang. Karl hätte nicht schreiben können, weil er krank und überarbeitet gewesen wäre. Die Krankheitschronik beweist, daß Karl leidend wird, nachdem er mit schöpferischem Arbeiten begonnen hat. Er pflegt seine verschiedenen leiblichen Schwächen in Kurorten und Seebädern, kommt gesund in seine gewohnte Umgebung zurück, will sich auf die Arbeit konzentrieren, und es geht an einer anderen Stelle seines Körpers los. Noch für Karls letztes Lebensjahr bestätigt Friedrich in seinem Gesundheitsbericht an Friedrich Adolph Sorge vom 15. März 1883 das Prinzip: «Argenteuil... Dort benutzte er gegen die alteingewurzelte Bronchitis die benachbarten Schwefelquellen von Enghien. Auch da blieb das Wetter ganz abscheulich, doch half die Kur. Dann auf 6 Wochen nach Vevey, von wo er scheinbar fast gesund im September herkam.» Nach kurzer Zeit «neue Erkältung».[28]

Es gab eine Logik in Karls körperlichen Reaktionen. Wenn er bewußt von schöpferischem Arbeiten absieht und sich der Organisation widmet, ist er am relativ gesündesten, so in den Jahren 1871/72, als er für die Londoner Konferenz (September 71) und den 5. Kongreß (September 72) der Internationalen Arbeiterassoziation tätig ist. Während dieser Zeit verfolgt

Karl keine Krankheit, weder am Kopf noch am Unterleib, weder auf der Haut noch von den Innereien her. Die Kette seiner Krankheitschronik zeigt die Norm: Sowie Karl seine schöpferische Arbeit aufnehmen will, eitert sein Leib, bewölkt sich sein Geist. Aus seinem Körper dringt Aufruhr hervor, der ihm jegliches gestaltende Schreiben erschwert und die Konzentration auf größere Werke verunmöglicht. Die Ärzte verordnen «Bummeln und Nichtstun»[29], «wenig denken»[30]. Der Krankheitsriegel verhindert mehr und mehr alles geistige Arbeiten.

Karl ziert sich etwas in seinen Äußerungen, diese Funktion seiner Krankheit zuzugeben. Jenny plaudert in ihren Briefen zur Karbunkelfrage ‹die Wahrheit› ungeniert aus – am 26. Februar 1866 gegenüber Ludwig Kugelmann: «Mein armer Mann liegt seit 4 Wochen wieder an seiner alten, sehr schmerzhaften und gefährlichen Krankheit darnieder... Grade Anfang Januar hatte er begonnen, sein Buch vollständig für den Druck paratzumachen, und das Kopieren ging wunderbar schnell voran, so daß das Manuskript sehr bedeutend anwuchs. Karl fühlte sich in den besten ‹spirits› und war glücklich, endlich so weit zu sein, da brach plötzlich ein Karbunkel aus, dem nun 2 andre schnell folgten. Der letzte war so schlimm und hartnäckig und verhinderte ihn dabei noch durch eine besonders ungünstige Lage am Gehen und an aller Bewegung.»[31]

Schon in ihrer ersten Notiz zum Hervorbrechen der «Blutrosen»(aus)wüchse schließt Jenny ihre kurze Mitteilung an Friedrich (Anfang November 1863) mit dem Seufzer: «Es ist, als ob das unselige Buch nie zustande kommen sollte. Es lastet wie ein Alp auf uns allen. Wäre der Leviathan nur erst gelauncht.!! ––»[32]

Hätte Karl den ersten Band des «Kapitals» Ende 62 nicht so gut wie fertig gehabt, wäre auch dieses Werk unvollendet geblieben.

In der Geschichte der Männerkreativität gibt es die Regel, daß Krankheit die Ausübung der schöpferischen Tätigkeit nicht hindert. Genie und Krankheit sind keine Gegensätze, sie scheinen einander oft zu bedingen, wie Karl selbst von 1836 bis 62 lebhaft vorexerziert hat. Er schrieb wild zwischen, ja inmitten von Krankheiten, diktierte, wenn er nicht selbst die Feder führen konnte. Es besteht ein Zusammenhang, der der Behauptung von Friedrich widerspricht: Krankheit stachelt die Ausdruckskraft des Mannes noch an. Bis zum letzten zirkulierenden Blutstropfen produzieren Männer im Kampf gegen den Zerfall ihres Körpers, schreiben «unsterbliche» Werke kurz vor ihrem Tode. Mozart, Beethoven, Chopin, Schubert, Schiller, Büchner, Freud, Rilke sind Beispiele, belegen den Zusammenhang zwischen Krankheit und ungebrochener Kreativität.

Nicht plausibel ist auch das Argument der Überarbeitung. Aus den Briefen der letzten fünfzehn Jahre sticht regelmäßig Karls Bemerkung hervor, er sei «überarbeitet». Das «über» verdeckt den Tatbestand, daß er nicht mehr wie früher arbeiten kann. Er ist seit seinen Zwanzigern gewöhnt an seine Doppeltätigkeit: Kämpfen und Schreiben, Agitieren und Kreieren. Beides verband er brillant miteinander. Wenn die Kreation eines Werkes bevorstand, schob er alles andere beiseite, ja er konnte mitten im Familiengewirr schreiben.

Nach 1862 ist es so, daß er zwischen Kranksein und Überarbeitetsein hin- und hergejagt wird. «Belastungen wirken auch antidepressiv. Daher die Mortifikation der Asketen. Oder die alte Irrenheilkunde: mit Antimon-Salben, Haarseilen etc. eiternde Hautgeschwüre versus Melancholie erzeugen.»[33] Karl selbst äußert sich zu diesem Gedanken des Verschiebens oder Verteilens von Symptomen, als es für die Aufdeckung seines Zustandes nicht gefährlich ist – nach Jennys Tod: «Gegen Gemütsleiden gibt es nur ein wirksames Antidot, und das ist körperlicher Schmerz. Setze den Weltuntergang auf die eine Seite und einen Mann mit akutem Zahnschmerz auf die andre!»[34]

Körperliche Krankheit und soziales Überfordertsein reißen Karl an Extreme seiner Existenz, die ihn davon ablenken sollen, daß das Zentrum seines Lebens, seine schöpferische Kreativität, unbetretbar geworden ist.

1873 kehrt er nach dem Internationale-Einsatz wieder ins Privatleben zurück, und nun geht es mit der Hase-und-Igel-Hetze zwischen Krankheit und Überarbeitung von neuem los.

Karls Identität war, Retter der Menschheit zu sein. In seinen schriftlichen Kundgaben als Jüngling, junger und erwachsener Mann lassen sich immer wieder Anhaltspunkte dafür finden. Er will etwas für die Menschheit tun, ja er muß sich für sie opfern: «...so erhebt doch stets der Gedanke, unser Wohl der Pflicht aufzuopfern...» – «...wenn wir für die Ideen, die in ihnen herrschen, das Leben und alle Bestrebungen zu opfern vermögen.» – «Wenn wir den Stand gewählt, in dem wir am meisten für die Menschheit wirken können, dann können uns Lasten nicht niederbeugen, weil sie nur Opfer für alle sind... unser Glück gehört Millionen...»[35] – «Der Schriftsteller betrachtet keineswegs seine Arbeiten als *Mittel*. Sie sind *Selbstzwecke*, sie sind so wenig Mittel für ihn selbst und für Andere, daß er *ihrer* Existenz *seine* Existenz aufopfert, wenn's Noth thut...»[36] – «Wir können also die Tendenz unsers Blattes in Ein Wort fassen: Selbstverständigung (kritische Philosophie) der Zeit über ihre Kämpfe und Wünsche. Dies ist eine Arbeit für die Welt und für uns.»[37] – «... die Hoffnung, daß wir noch etwas Vernünftiges in der Welt zusammen zu tun haben.»[38] – «Ich lache über die sog. ‹praktischen› Männer und ihre Weisheit. Wenn man ein Ochse sein wollte, könnte man natürlich den Menschheitsqualen den Rücken kehren und für seine eigne Haut sorgen.»[39] – «‹Die Wissenschaft soll kein egoistisches Vergnügen sein: diejenigen, welche so glücklich sind, sich wissenschaftlichen Zwecken widmen zu können, sollen auch die ersten sein, welche ihre Kenntnisse in den Dienst der Menschheit stellen› – ‹Für die Welt arbeiten›, war einer seiner Lieblingssprüche.»[40]

Die Menschheit verkörpert sich für Karl besonders in der

ausgebeuteten Klasse, dem Proletariat. Verheerend die Wirkung, daß durch sein Verhalten der Tod eines Menschen dieser Klasse verursacht worden ist.

Marianne gehört zur ältesten ausgebeuteten Unterschicht des gesamten Patriarchats, zu den Bauern. Ihre Tätigkeit – Magd in einem großbürgerlichen Haushalt – stellt sie auf die Ebene der Fabrikarbeiterin. Die Mägde bekommen fast kein Geld, werden für freies Wohnen und Essen zu einem Zehn- bis Zwölf-Stunden-Arbeitstag gezwungen. Helene hinterläßt 95 Pfund, als sie stirbt. Von der ökonomischen Seite her benimmt sich Karl gegenüber Helene und Marianne schon genug als Ausbeuter. Nun aber noch sexuell benutzen, schwängern und im Falle Mariannes den Tod verursachen – das ätzt Karl in die Haut: Erlöser der untersten Klasse konnte er schwerlich weiter sein.

Nicht nur Karls leibliches Wohlbefinden, sondern auch sein kreatives Vollbringen war an seine Erlöseridentität geknüpft.

Die große Komplikation eines Menschen, der mit unlösbaren Botschaften seiner Eltern leben muß, besteht darin, daß die Delegation ein Leben lang doppelt erfahren wird: als Fremd-‹Körper›, als «falsches Selbst» [41], und als Identität, als intimst eigenes Handlungsmotiv.

Gegen das als fremd Gefühlte wird permanent angekämpft. Aber wenn der Kampf zu radikal verläuft, ist er nicht nur gegen die Fremdbestimmtheit gerichtet, sondern auch gegen das während des Aufwachsens zur Person gewordene Eigene. Das sogenannte falsche Selbst ist auch die eigene Person und von der psychischen Struktur nicht ohne gefährliche Folgen abzuspalten.

Aus dem elterlichen Auftrag zu *ihrer* Erlösung wuchs Karls messianische Identität hervor, *alle* Menschen erlösen zu müssen. Diese Identität wurde beschädigt, nachdem mit einem einzigen Menschen durch das eigene Verhalten das Gegenteil von Erlösung geschah, wie Karl sie verstanden hatte.

Er sah sich von Jugend auf in mythischen Dimensionen, als

ein Begnadeter, Geführter: «Auch dem Menschen gab die Gottheit ein allgemeines Ziel, die Menschheit und sich zu veredlen...» – «Jeder hat ein Ziel, ein Ziel, das ihm wenigstens groß scheint, vor Augen, das auch groß ist, wenn die tiefste Ueberzeugung, die innerste Stimme des Herzens es so nennt, denn die Gottheit läßt den Irdischen nie ganz ohne Führer; sie spricht leise aber sicher.»[42]

Karl stellte einen Zusammenhang her zwischen Taten für die Menschheit und eigener Vollendung: «...so mögen wir den [Stand] ergreifen, der uns die größte Würde gewährt, der auf Ideen gegründet ist, von deren Wahrheit wir durchaus überzeugt sind, der das größte Feld darbietet, um für die Menschheit zu wirken und uns selbst dem allgemeinen Ziele zu nähern, für welches jeder Stand nur ein Mittel ist, der Vollkommenheit.» – «...Wohl der Menschheit, unsere eigne Vollendung. Man wähne nicht diese beiden Interessen könnten sich feindlich bekämpfen, das eine müsse das andre vernichten, sondern die Natur des Menschen ist so eingerichtet, daß er seine Vervollkommnung nur erreichen kann, wenn er für die Vollendung, für das Wohl seiner Mitwelt wirkt. Wenn er nur für sich schafft, kann er wohl ein berühmter Gelehrter, ein großer Weiser, ein ausgezeichneter Dichter, aber nie ein vollendeter, wahrhaft großer Mensch sein.»[43]

Der Mariannentod führte bei Karl zu einem Kollaps, den er als Jüngling vorformuliert hatte. Karl erwies sich als nicht geeignet für die Position des Menschheitsretters: «...allein, wenn wir einen Stand gewählt, zu dem wir nicht die Talente besitzen...so werden wir bald beschämt unsere eigene Unfähigkeit erkennen und uns sagen, daß wir... ein Glied in der Gesellschaft sind, das seinen Beruf nicht erfüllen kann. Die natürlichste Folge ist dann Selbstverachtung und welches Gefühl ist schmerzlicher, welches vermag weniger durch alles, was die Außenwelt bietet, ersezt zu werden? Selbstverachtung ist eine Schlange, die ewigwühlend die Brust zernagt, das Lebensblut aus dem Herzen saugt und es mit dem Gifte des Menschenhasses und der Verzweiflung vermischt.»[44]

Karl verkehrt sein Pathos für die «Existenz der leidenden Menschheit»[45] in Menschenhaß. «Menschenkehricht» – also Schmutz, der weggemacht werden muß – nennt er nun seine früher angebetete Menschheit.[46]

Ab 1863 «spricht» «die Stimme» «der Gottheit» nicht mehr zu Karl. Nicht nur im Deutsch-Abitur-Aufsatz setzt er seinen Auftrag mit einer göttlichen Sendung gleich. Das religiöse Tun des Sich-für-die-Menschen-Opferns spielt noch mitten im erwachsenen Bestätigen seiner Berufung eine Rolle: Der Schriftsteller muß seine Arbeit ernst nehmen, wie es «in anderer Weise... der Prediger der Religion zum Princip macht: ‹Gott mehr gehorchen, denn den Menschen›, unter welchen Menschen er selbst mit seinen menschlichen Bedürfnissen und Wünschen eingeschlossen ist».[47] Bei der «Arbeit für die Welt» «handelt es sich um eine *Beichte*, um weiter nichts».[48]

Überraschend ist, daß Karl in seinen Abituraufsätzen Gott weiblich beschreibt. Im Deutschaufsatz erscheint die Verweiblichung fünfmal. Karl sagt prinzipiell «die Gottheit». Sogar im Religionsaufsatz, in dem die Feminisierung Gottes so gut wie verboten gewesen wäre, spricht Karl zweimal von der Gottheit.[49]

Gott oder Karls Auftrag oder seine Genialität kommen bei ihm aus der Weiblichkeit. Und nachdem er den Tod einer Frau verursacht hat, ist sein Verhältnis zum Weiblichen gestört, sein messianischer Impuls gebremst.

Die Kreativität braucht Männlichkeit und Weiblichkeit. Und Karls Vergehen gegen die Weiblichkeit war so groß, sein Verhältnis zu ihr danach so gestört, seine eigene Weiblichkeit so krank geworden, daß er sie zur Herstellung von Neuem nicht mehr einsetzen konnte.

Das Verloren-, Gezeichnet-, ja Verdammtsein bringt Karls Gesicht – nicht lange Zeit nach dem Sturz – deutlich zum Ausdruck. Es existiert nur ein einziges Foto von Karl ‹vor dem Fall›. Dieses Foto zeigt ihn noch ungebrochen. Die Gestalt ist konzentriert, der Blick klar. Nur fünf Jahre später sind die nächsten Fotos gemacht worden. Und die Geschlagenheit des Abgebildeten ‹schlägt› dem Betrachtenden entgegen. Das Karbunkelächzen, das sich über ein Jahrzehnt lang auf seinen klagemauerstoischen Freund Friedrich zuwälzt, ist vorstellbar, wenn es mit diesen Fotos in Zusammenhang gebracht wird.

Karl versuchte, seinen Absturz zu heroisieren. Es gelang ihm mit einem berühmt gewordenen Bekenntnis, das als Grundstein seines Denkmals benutzt wurde. Karl schreibt am 30. April 1867 nach Abschluß des Manuskripts «Das Kapital» Band I an den Sozialisten Sigfrid Meyer: «Warum ich Ihnen also nicht antwortete? Weil ich fortwährend am Rande des Grabes schwebte. Ich mußte also *jeden* arbeitsfähigen Moment benutzen, um mein Werk fertigzumachen, dem ich Gesundheit, Lebensglück und Familie geopfert habe. Ich hoffe, daß diese Erklärung keines weiteren Zusatzes bedarf.»[50] Und es folgen Karls Verweise auf seine Hinwendung zu den «Menschheitsqualen».

Am «Rande des Grabes schwebt» er erst vier Jahre lang. Geopfert hat er schon immer. Seine Selbstherrlichkeit im Prinzip Abraham tritt deutlich aus diesen Zeilen hervor. Es ist Karl beim Opfern bis 1863 nicht schlecht gegangen. Dagegen Jenny – von der Karl ein halbes Jahr vor ihrem Tode sagt: «Mama ist… vom ganzen männlichen Geschlecht angewidert!»[51] – und den Töchtern, Helene, Frederick, seinen vier früh verstorbenen Kindern, dem jahrelang ausgebeuteten Freund… All das hat wohl Karls «Gottheit» nicht übel genommen. Das Opfern von «Gesundheit, Lebensglück und Familie» geschah bis 1862 in Lebens- und Arbeitswirren und persönlichen Verstrickungen, kollidierte noch nicht mit Karls Auftrag.

Beim Opfern von Marianne ging es um Schnödes. Karl wurde vor der herrschenden Moral schwach. Er hatte keinen Mut, als Vater des unehelichen Kindes seiner zweiten Magd

Karl, Mai 1861

Karl, karbunkulös
(März 1866)

Karl mit seiner Tochter Jenny
(März 1866)

vor der Welt dazustehen. Karl opferte Marianne einer Moral, die er selbst vertrat, perpetuierte, verteidigte und deren Opfer auch er selbst werden mußte. Diese Moralgesetze hießen: hermetisch abgeriegelte Zweierbeziehung des verheirateten Paars, vollständiger Einschluß der Ehefrau in dieser Lebensweise, heimlicher Auslauf des Mannes zu Verhältnis- und Bordellfrauen, seine Macht nicht nur über die eigene Ehefrau, sondern auch über seine Kinder, absolute Verfügungsgewalt über die Biographien aller ihm unterstellten Personen.

Karl will wirken. Das ist sein Ziel von seiner ersten Tätigkeit an. Er hat es vom Charakter seiner Arbeit schwer, zu Lebzeiten gesellschaftlichen Einfluß zu erlangen, und muß daher äußerst besorgt sein um seine moralische Integrität.

Die Männergesellschaft stellt bis heute für alle ihre Angehörigen, für alle, die mitmachen oder gegenmachen, die im weitesten Sinne mitmischen wollen, rigide Moralgesetze auf. Die Moralgesetze änderten sich beim Wechsel vom Feudalismus zum Kapitalismus für Männer tiefgreifend. Waren illegitime Kinder und Verhältnisse mit unverheirateten Frauen für aristokratische, verheiratete Männer kein Grund zum Verlust des Ansehens, so zerstören diese Fakten Macht und Reputation bürgerlicher Männer. Nebenverhältnis und uneheliches Kind des Mannes müssen vom 19. Jahrhundert an geheim bleiben.

Friedrich ist in Manchester schließlich genötigt, zwei Häuser zu nehmen, weil seine gesellschaftliche Position als Unternehmer und achtbares Glied der *society* durch sein Zusammenleben mit der analphabetischen Arbeiterin Mary Burns gefährdet wird. Gerede kommt auf. So fügt sich Friedrich in den Zwang zum Doppelleben: ein Haus für sich als unantastbarer Junggeselle, ein Haus für Mary, später für Mary und Lizzy, die er abends und wochenends heimlich besucht.[52]

Wenn zutage tritt, daß ein Mann gegen die bürgerlichen Standards sexueller Befriedigung verstößt, ist er out. Dreißig Jahre nach Karls «Fehltritt» wird Oscar Wilde von der bürgerlichen Klasse Englands bespien, verurteilt, ins Gefängnis geworfen und danach ausgegrenzt, weil er sich neben Ehefrau und Kindern ein Verhältnis mit einem jungen Mann geleistet und es an die Öffentlichkeit gebracht hat. Gleichgeschlechtlichkeit ist das Ärgste. Fast genauso schlimm: Kind eines verheirateten Mannes mit der Magd im eigenen Haus.

Noch im gesamten 20. Jahrhundert wird die bürgerliche Gesellschaft von dieser moralischen Rigidität auch gegen Männer gekennzeichnet. Der amerikanische General Eisenhower durfte sich nicht scheiden lassen, weil das seine Anwartschaft auf den Sessel des Präsidenten der Vereinigten Staaten vereitelt hätte. Es ist in den USA noch immer üblich, das gegenwärtige Leben von Präsidentschaftskandidaten und anderen hohen Politikern nach außerehelichen Intimkontakten zu durchleuchten. Der britische Minister Profumo verlor sein Amt, weil sein Verhältnis zu einem Callgirl aufgedeckt wurde. Dem deutschen Bundeswehrbeauftragten von Grolman – Ehemann und fünffachem Vater – geschah das gleiche, nachdem seine Beziehung zu einem siebzehnjährigen Kellner offenkundig geworden war. Willy Brandt wurde von seinen Parteigenossen zum Rücktritt von der Position des deutschen Bundeskanzlers gedrängt, weil sein persönlicher Referent Guillaume, ein Spion der DDR, Brandts Verhältnisse zu Journalistinnen ausgekundschaftet hatte. Solch ein Lebenswandel hätte in der zu erwartenden Bundestagswahl der gesamten SPD zum Nachteil gereicht: Führer des Staates, Ehemann und Vater schläft mit anderen Frauen – das wertet die heutige bürgerliche Gesellschaft immer noch ab und nicht auf. Selbst Brandts nichteheliche Geburt war lange Zeit christdemokratisches Wahlkampfmittel gegen ihn gewesen. Der ehemalige schleswig-holsteinische Ministerpräsident Barschel versuchte mit den unfeinsten Mitteln, das Sexualleben seines Kontrahenten Engholm auszukundschaften: Nebenverhältnis mit Frau, noch wirkungsvoller mit Mann, orgienverdächtige Partys, Aidsinfektion...? Das alles hätte den Mitbewerber um die Ministerpräsidentschaft Stimmen gekostet, ihn vielleicht ausgeschaltet. Der Bundeswehrgeneral

Kießling wurde entlassen, weil er angeblich in einem eindeutigen Männerlokal gesehen worden war, mußte rehabilitiert werden, nachdem der Vorwurf sich nicht beweisen ließ.

Karl Marx muß im 19. Jahrhundert selbstverständlich zugunsten der Wirkungsstrategien auf seine Ehrbarkeit bedacht sein. Aber er teilt die Moral seiner Zeit auch aus innerer Überzeugung. Er ist einer der wenigen kommunistisch Tätigen, die ihr ganzes Leben in Einpartnerschaft mit derselben Person verbringen, die er in allen seinen Korrespondenzen gebetsmühlenhaft als «meine Frau» herunterleiert, sich selbst und der Welt seine Angepaßtheit vergewissernd.

Ein Mann, der, über dreißig Jahre hindurch, darum bemüht ist, seine bürgerliche Funktionstüchtigkeit – Geld, Haus, Familie – herauszukehren, der mit seiner Partnerin gemeinsam die ganze Zeit «falses appearances» darstellt (beide drücken es oftmals aus, daß sie mit falschem Schein glänzen)[53], dieser Mann wird erst recht den wesentlichen Bestandteil der bürgerlichen Existenz, die abgedichtete lebenslängliche Zweierbeziehung, ängstlich nach außen hin aufrecht erhalten wollen. «Geile Brunst» und «Vögeln» sind für Karl abgeschmackt. Das tun die Schlußlichter der Bewegung, Lassalle, Willich… So etwas tut der Zugführer nicht. Daß Karl nun doch etwas männermoralisch Verpöntes, echt Unbürgerliches durchgebrochen ist, muß er sofort wie ungeschehen machen, als es das Licht der Welt erblicken will. Auf die erste Art des Verdeckens kann er nicht noch einmal zurückgreifen. Es gibt keinen anderen Vater neben Karl, der sein außereheliches zweites Kind hätte unter seine Fittiche nehmen können. Es darf gar nicht erst zum Vorschein kommen.

Die Dynamik des Vertuschens der nichtehelichen Kinder geht von den achtbaren leitenden Herren aus, als welcher Karl unangekratzt weiter auftreten will. *Sie* fallen vom Sockel, nicht die Mütter dieser Kinder. Die vielen unverheirateten Frauen des 19. Jahrhunderts – Mägde, Gouvernanten, Köchinnen, Haushälterinnen – sind sowieso nicht angesehen, liegen außerhalb des bürgerlichen Achtungsstandards.

Auf Ehre muß nur *die* unverheiratete Frau erpicht sein, die die einzige Position, die sie aufwerten kann – Hausehefrau und Mutter –, noch anpeilt und die ihr wahrscheinlich in Aussicht steht, wenn diese Frau zwischen zwanzig und dreißig Jahre alt, gesund, hübsch und bürgerlich ist.

Nichts von all dem bei der Bauerntochter Marianne. Sie arbeitet seit fast zwei Jahrzehnten als Magd für bürgerliche Familien, zuerst in Trier, dann in London. Bäuerin zu werden, wäre für sie viel zu spät gewesen. Sie ist 27, als sie schwanger wird. Bürgerliche Ehefrau kann sie ebenfalls nicht werden – unmöglich in Anbetracht ihrer Herkunft. Sie ist und bleibt Magd – ein Mensch auf der untersten Stufe der gesellschaftlichen Werteskala. Nichts veränderte sich, wenn dieser Mensch nun auch noch ein Kind bekommt, wie es im Leben von Helene deutlich wurde. Die schwangeren Mägde können nicht noch fallen. Das ist nur den leitenden Herren möglich, wenn ihre Vaterschaft eines solchen Kindes herauskommt. Insofern haben die Mägde kein Interesse an einer ihr Leben gefährdenden Abtreibung – das haben wohl aber die leitenden Herren. Die ultima ratio zwänge sich den Mägden erst auf, wenn sie gekündigt, also ihrer Lebensgrundlage beraubt würden, da sie als Schwangere äußerst schwer eine neue Stelle finden können.

Ob bei Marxens erwogen wird, Marianne ins soziale Elend zu stoßen, darüber gibt es keine Anhaltspunkte. Wegen der intensiven Verbundenheit Mariannes mit Helene und Jenny kommt diese Lösung des Konflikts nicht in Frage. Als ein ‹Stück› Heimat hat Jenny auch die zweite Magd der Mutter zu sich geholt, das Leben Mariannes in ihr eigenes Leben einbezogen – da ergibt sich keine «Kündigung». Außerdem ist Marianne im Dezember 1862 erst im vierten Monat schwanger, Karls «Lapsus» bisher nicht zu sehen gewesen, so steht die Frage einer Kündigung noch nicht an. Mit Jenny, die die entscheidenden Dinge unter Karls Intimbelangen nicht oder nicht rechtzeitig weiß, soll über den Fall erst gar nicht gesprochen werden.

270

Karl hätte es vielleicht geschafft, gegen die Sexualnormen seiner Zeit anzukämpfen – er konnte gegen andere, viel gefährlichere Normen denken und handeln –, wenn er nicht unter dem Rabbinerdelegat, einem seine Sexualität verkomplizierenden ‹Reinheitsgebot› seines Vaters gestanden hätte: «Nur wenn Dein Herz rein bleibt und rein menschlich schlägt und kein dämonisches Genie im Stande seyn wird, Dein Herz den besseren Gefühlen zu entfremden... Im Grunde zweifle ich ja nicht an Deiner kindlichen Liebe zu mir, und Deiner guten lieben Mutter, und Du weist es recht gut, [wo] wir am allerverwundbarsten sind ––––»[54] «Dein heller Verstand, Dein reines Gefühl, Dein unverdorben..., um vom guten Weg nicht abzukommen.»[55]

Wie es kommen mußte, passiert Karl das, was er mit hellseherischen Sätzen im Abitur-Religionsaufsatz mutmaßte. Er schliddert in eine identitätszerstörerische ‹Unreinheit› hinein: «...wenn wir die Natur des Menschen betrachten, sehn wir zwar stets einen Funken der Gottheit in seiner Brust, eine Begeistrung für das Gute, ein Streben nach Erkenntniß, eine Sehnsucht nach Wahrheit, allein die Funken des Ewigen erstickt die Flamme der Begier; die Begeistrung für die Tugend übertäubt die lockende Stimme der Sünde, sie wird verhöhnt, sobald das Leben uns seine ganze Macht fühlen gelassen; das Streben nach Erkenntniß verdrängt ein niederes Streben nach irdischen Gütern, die Sehnsucht nach Wahrheit erlöscht durch die süßschmeichelnde Macht der Lüge und so steht der Mensch da, das einzige Wesen in der Natur, das seinen Zweck nicht erfüllt, das einzige Glied in dem Alle der Schöpfung, das des Gottes nicht werth ist, der es erschuf.»[56]

Nach dem Tod von Marianne ist Karls Sexualleben so gut wie zu Ende. Er hat bei seiner speziellen Art der Befriedigung in ‹Innenverhältnissen› mit ‹reinen›, ‹verwandten›, ihm nahen Frauen einen Schock erlitten. Es gibt keine Perspektive mehr für ihn. Seine Kontakte bezogen sich auf drei Frauen: die Schwesterfrau Jenny, als Intermezzo die mit ihr von Jugend auf verbundene und auch Karl schon jahrelang vertraute Magd Helene und die dritte Zugeführte, deren Halbschwester Marianne. Marianne ist für Karl eine willkommene Lösung, ein Geschenk! Sie betritt den Marxschen ‹erotischen Schauplatz›, als Jenny ihn räumt. Nach dem Tod ihrer Mutter 1856 und der Totgeburt ihrer letzten Tochter 1857 war Jenny in eine weitere Etappe ihrer Krise geraten. Sie ist verstört und depressiv. 1860 lassen die schwarzen Pocken sie entstellt zurück:

«…und so sitze ich denn hier… mit entstelltem Gesicht, Narben und dunkelroter Farbe…» – «Die Mädchen waren tief ergriffen und konnten schwer ihre Tränen zurückhalten bei meinem Anblick. Fünf Wochen vorher hatte ich mich noch ganz respektabel neben meinen blühenden Mädchen ausgenommen. Da ich wunderbarerweise noch kein graues Haar hatte, auch sonst noch bei Zahn und Taille war, so pflegte man mich in die Reihe der Wohlkonservierten zu stellen – doch wie war das nun alles vorbei!»[57]

Karl hingegen erreicht in dieser Zeit seinen schöpferischen Kulminationspunkt: «Zur Kritik der politischen Ökonomie», «Grundrisse der Kritik der politischen Ökonomie», «Herr Vogt» und das fast fertige «Kapital» Band I neben Dutzenden Artikeln für mehrere Zeitschriften. Sommer 1862 nun auch gesundheitliche Höchstform. Karl macht klar: Sexualität und schöpferische Arbeit des Mannes stehen in einem Zusammenhang und nicht in einem Widerspruch zueinander, wie Freud es dachte. In vielem hat Freud Marx ergänzt, vervollkommnet, abgewandelt, doch in einem wesentlichen Punkt widerlegt Marx Freud, genauer, widerlegt Karls Leben die Sublimationsthese Freuds. Libido ist entgegen Freud kumulativ und zerfällt nicht in die Alternativen: Werk oder Lust, Kulturschöpfung oder Geschlechtsleben.

Nach dem Tod von Marianne gibt es für die Sonderform der Karlschen sexuellen Betätigung keine Aussicht mehr. Seine Inner-Haus-Potenz – vollzogen und ausgelebt an seinen drei Quasi-Schwestern – war nach diesem Ereignis lahmgelegt. Mit fünfundvierzig ist der Born von Karls Sexualität ver-

siegt: Jenny – lustlos, depressiv, pockennarbig, nervensä-
gend. Helene – unmöglich aus vielen Gründen. Marianne –
tot. Caroline von Westphalen lebt nicht mehr, kann keine
dritte Magd beisteuern. Und das ganze Magdgeschehen noch
einmal von vorn mit einem fremden Mädchen durchprobie-
ren? So unsensibel ist Karl nicht, daß ihm das möglich gewesen wäre. Ob gewollt oder nicht, es findet nicht statt.

Ein Bauernmädchen, das nicht mit *einem* Satz in den Werken
über Karl erwähnt wird, bringt den «größten», was heißt
wirkungsvollsten Mann der modernen Zeit zu Fall. Sein eigenes pompöses Kartengebäude aus «Menschheitsqual», «Opfer» und «Werk» bricht am Grabe dieses «guten», «lieben»,
«treuen», «fleißigen», «sanften», «anhänglichen» und
«freundlichen» Mädchens zusammen. So waren es nicht die
Qualen der Menschheit, die Karl an den Rand des Grabes
stießen, sondern die Qualen eines einzelnen Menschen, die er
selbst hervorgerufen hat. Diese Qualen setzten eine Leidens-
kontinuität beim Täter in Gang, die beispiellos ist. Zwanzig
Jahre seines Lebens zogen sie sich hin – das ist die Hälfte der
für Produktivität normalerweise zur Verfügung stehenden
Zeit.

Karl hat eines der furchtbarsten Martyrien durchgemacht,
die sich jemals in der Geschichte der Kreativität abspielten. Er
gehört zu den wenigen herrschenden Männern, die ihre Taten
gebüßt haben: Zwanzig Jahre, nahe der Höchststrafe für
Schwerverbrecher.

Die Karl-Mariannen-Dramatik enthält eine Lehre. Wenn
das Tun des Mannes die Grenzen der Belastung überschreitet,
die die Weiblichkeit verkraften kann, richtet sich sein Tun
gegen ihn selbst. Denn was die Weiblichkeit nicht verkraften
kann, kann auch die eigene Weiblichkeit des Mannes nicht
verkraften. Auf diese Weise ist eine der bedeutendsten, in
einem Mann lebendig gewordenen Weiblichkeiten zerstört
worden. «Größter Mann» war Karl nur als größtmögliche
Fruchtbarkeit.

Was Eissler über Goethe gesagt hat, trifft auch auf Marx zu. Karl identifizierte sich in seiner Jugend, zur Zeit der Schmiede seiner seelischen Charakteristika, mit seiner ‹fruchtbaren› Mutter, die in seinen ersten acht Lebensjahren sechs Kinder gebar.

Karl selbst hat einmal diese Verbindung gezogen und gesagt, daß er ein Werk gebiert: «...da es mir natürlich Spaß macht, das Kind glattzulecken nach so vielen Geburtswehn.»[58]

Karls Identifikation mit der Weiblichkeit war so umfassend gewesen, die Aktualität seiner eigenen Weiblichkeit in ihm so mächtig, daß er nach seinem Vergehen gegen sie die Tat am eigenen Körper verifizierte. Marianne starb nach einer vereitelten Fruchtbarkeit an Vergiftung. Karl stellte Jahr für Jahr in seinem Körper Vergiftungen her.

Die Permanenz von Schöpfung schlug um in die Wiederkehr von Fäulnis. Karl sprach oft von seinen Geschwüren als «Blüten». Schoß wurde zu Wunde. Der Rest war Eiter.

Anmerkungen

«Mein Verhältnis zu meiner Umgebung ist mein Bewußtsein»

1 Engels an Friedrich Adolph Sorge, 15.3.83, MEW 35, S. 460
2 MEW 3, S. 30
3 aaO., S. 27
4 aaO., S. 49
5 Marx an Engels, 13.3.65, MEW 31, S. 100

Ungleiche Verhältnisse

1 Vinogradskaja, P.: Jenny Marx. Moskau 1933. Die Studie von Mänchen-Helfen und Nikolajewski streift Jenny mit 9 Seiten und ist auf den übrigen 161 eine Marx-Biographie.
2 Das Wort wird ausdrücklich benutzt in den Briefen von Jenny Marx an Friedrich Engels vom 16.1.52, MEW 28, S. 634, und an Joseph Weydemeyer vom 27.2.52, aaO., S. 635, in Marx' Briefen an Engels vom 17.10.54, aaO., S. 402 und vom 13.2.55, aaO., S. 434
3 Umrisse, S. 25
4 Das genaue Geburtsdatum von Edgar Marx wurde erst 1989 vom Karl-Marx-Haus in Trier präzisiert.
5 Umrisse, S. 36
6 MEW 29, S. 156
7 Umrisse, S. 49 f
8 Wessel, S. 188
9 Lafargue, S. 312
10 MEW 31, S. 519
11 Marx an Pawel Wassiljewitsch Annenkow, MEW 27, S. 472
12 Marx an Engels, MEW 27, S. 140
13 Marx an Karl Blind, MEGA III. 3, S. 87
14 Marx an Engels, MEW 27, S. 144
15 Marx an Engels, aaO., S. 227
16 Marx an Engels, aaO., S. 229
17 Marx an Engels, aaO., S. 293
18 Marx an Joseph Weydemeyer, aaO., S. 566

19 Marx an Engels, aaO., S. 370
20 Marx an Engels, MEW 28, S. 88
21 Marx an Engels, aaO., S. 128 f
22 Marx an Engels, aaO., S. 133
23 Marx an Engels, aaO., S. 147
24 Marx an Engels, aaO., S. 161 f
25 Marx an Engels, aaO., S. 363
26 Marx an Engels, aaO., S. 368
27 Marx an Engels, aaO., S. 370
28 Marx an Engels, aaO., S. 410
29 Marx an Engels, aaO., S. 434
30 Marx an Engels, aaO., S. 442
31 Marx an Engels, aaO., S. 446
32 Marx an Engels, aaO., S. 447
33 Marx an Engels, aaO., S. 451
34 Marx an Engels, MEW 29, S. 82
35 Marx an Engels, aaO., S. 88
36 Marx an Engels, aaO., S. 110
37 Marx an Engels, aaO., S. 123
38 Marx an Engels, aaO., S. 131
39 Marx an Engels, aaO., S. 132
40 Marx an Engels, aaO., S. 144
41 Marx an Engels, aaO., S. 145
42 Marx an Engels, aaO., S. 157
43 Marx an Engels, aaO., S. 335
44 Marx an Engels, aaO., S. 340
45 Marx an Engels, MEW 30, S. 112
46 Marx an Engels, aaO., S. 113
47 Marx an Engels, aaO., S. 115
48 Marx an Engels, aaO., S. 117 f
49 Marx an Engels, aaO., S. 197
50 Marx an Engels, aaO., S. 201
51 Marx an Engels, aaO., S. 207
52 Marx an Engels, aaO., S. 248
53 Marx an Engels, aaO., S. 342
54 Marx an Engels, aaO., S. 423
55 Marx an Engels, MEW 32, S. 118
56 Marx an Engels, aaO., S. 217
57 Marx an Engels, aaO., S. 311
58 Marx an Engels, aaO., S. 314
59 Marx an Jenny Marx, MEW 34, S. 141
60 Marx an Engels, aaO., S. 21
61 Marx an Engels, aaO., S. 52
62 Marx an Engels, aaO., S. 68
63 Marx an Sigmund Schott, aaO., S. 332

64 Marx an Friedrich Adolph Sorge, aaO., S. 340
65 Marx an Nikolai Franzewitsch Danielson, aaO., S. 370
66 Marx an Engels, aaO., S. 102
67 Marx an Engels, aaO., S. 107
68 Marx an Friedrich Adolph Sorge, aaO., S. 422
69 Marx an Ferdinand Domela Nieuwenhuis, aaO., S. 447
70 Marx an Friedrich Adolph Sorge, aaO., 455
71 Marx an Nikolai Franzewitsch Danielson, aaO., S. 463
72 Marx an Friedrich Adolph Sorge, aaO., S. 474
73 Marx an Achille Loria, aaO., S. 481
74 Marx an Henry Mayers Hyndman, aaO., S. 482
75 Marx an Nikolai Franzewitsch Danielson, MEW 35, S. 154
76 Marx an John Swinton, aaO., S. 191
77 Marx an Jenny Longuet, aaO., S. 194
78 Marx an Henry Mayers Hyndman, aaO., S. 202
79 Marx an Engels, aaO., S. 7
80 Marx an Engels, aaO., S. 11
81 Marx an Engels, aaO., S. 16
82 Marx an Karl Kautsky, 1. 10. 81, aaO., S. 226
83 Marx, Jenny, S. 148 ff
84 Marx/Liebknecht, S. 41
85 aaO., S. 43
86 Marx, Jenny, S. 240 f
87 aaO., S. 243 f
88 aaO., S. 253
89 aaO., S. 270 f
90 aaO., S. 285 f
91 aaO., S. 290
92 aaO., S. 294 f
93 aaO., S. 300
94 MEW 34, S. 52

Karl – Parasit, Sadist

1 Engels' Rede am Grabe von Jenny Marx, 5. 12. 81, Marx, Jenny, S. 339
2 aaO., S. 341
3 MEW 27, S. 173
4 MEW 29, S. 267
5 Marx an Ludwig Kugelmann, 28. 12. 62, MEW 30, S. 640
6 Haas, Nr. 7, S. 5
7 Raddatz, S. 357
8 aaO., S. 156
9 Heinrich Marx an Marx, 9. 12. 37, MEGA III. 1, S. 326
10 Heinrich Marx an Marx, 10. 2. 38, aaO., S. 328
11 Marx an Engels, MEW 29, S. 90
12 aaO., S. 97
13 aaO., S. 99
14 aaO., S. 115 f
15 aaO., S. 385
16 MEW 31, S. 131
17 MEW 29, S. 267
18 MEW 31, S. 131
19 MEW 31, S. 134; S. 143; S. 146
20 13. 8. 68, MEW 32, S. 136
21 MEW 32, S. 138, S. 141, S. 143
22 MEW 30, S. 161; S. 177
23 29. 11. 68, MEW 32, S. 215 f
24 aaO., S. 344
25 MEW 28, S. 242
26 MEW 32, S. 93
27 MEW 33, S. 99
28 Marx an Engels, 15. 7. 58, MEW 29, S. 340
29 Umrisse, S. 28
30 aaO., S. 34, 42
31 aaO., S. 42
32 Marx an Lion Philips, 25. 6. 64, MEW 30, S. 665
33 Marx an Engels, aaO., S. 417
34 MEW 27, S. 215, S. 227
35 MEW 29, S. 385, S. 525
36 MEW 31, S. 297, S. 355 f
37 4. 7. 64, MEW 30, S. 417
38 13. 3. 65, MEW 31, S. 99
39 Jenny Marx an Bertha Markheim, 28. 1. 63, in: Andréas, S. 177
40 Jenny Marx an Engels, 13. 9. 70, MEW 33, S. 679
41 Peters, S. 7, Marx weist auf eine «‹alte› Karte» hin: «Mme. Jenny Marx, née Baronesse de Westphalen» – Marx an Engels, 8. 9. 71, MEW 33, S. 74
42 Payne (Marx), S. 355; Peters, S. 154
43 Marx an Engels, 13. 8. 68, MEW 32, S. 136
44 Umrisse, S. 48
45 Marx an Engels, 2. 4. 67, MEW 31, S. 281
46 Umrisse, S. 32 f, 34, 43 f
47 MEW 27, S. 550
48 MEW 32, S. 320, S. 415

49 aaO., S. 468
50 MEW 33, S. 55
51 MEW 34, S. 52 f
52 aaO., S. 103
53 Umrisse, S. 42, Marx an Engels, 30.7.62, MEW 30, S. 257, Marx an Ludwig Kugelmann, 13.10.66, MEW 31, S. 533
54 MEW 32, S. 540
55 Engels an Marx, 29.11.68, aaO., S. 215, Marx an Engels, 30.11.68, S. 217
56 Kapp I, Bd. I, S. 43, Raddatz S. 157
57 In Abwandlung der Formulierung von Raddatz über Marx' «undurchsichtiges Finanzgebahren», S. 156
58 MEW 30, S. 319
59 MEW 32, S. 344
60 31.3.51, aaO., S. 227
61 2.4.51, aaO., S. 229
62 MEW 28, S. 423
63 aaO., S. 436
64 MEW 32, S. 359
65 Brief (Nr. 1), aaO., S. 10
66 aaO., S. 6
67 Marx an Engels, 5.1.82, MEW 35, S. 30
68 Marx an Engels, 8.7.57, MEW 29, S. 150
69 MEW 28, S. 50
70 aaO., S. 51
71 MEW 27, S. 143
72 MEW 28, S. 443
73 Marx an Engels, 8.7.57, MEW 29, S. 150
74 MEW 34, S. 388
75 MEW 35, S. 186
76 MEW 29, S. 285
77 MEW 28, S. 194
78 MEW 31, S. 297
79 Marx an Engels, 19.10.67, aaO., S. 368
80 Beide Zitate in Blumenberg (Kapitel), S. 54 und Anmerkung 3
81 Lafargue, S. 307 ff
82 MEW 29, S. 151
83 MEW 27, S. 227
84 MEW 28, S. 88
85 MEW 29, S. 132
86 MEW 30, S. 342
87 MEW 27, S. 370
88 MEW 28, S. 527
89 Marx an Engels, 3.7.52, aaO., S. 81
90 5.1.54, aaO., S. 317
91 MEW 29, S. 146
92 aaO., S. 558
93 Marx an Engels, 31.5.58, aaO., S. 329
94 Marx an Engels, 7.6.58, aaO., S. 331
95 Marx an Engels, 2.7.58, aaO., S. 335
96 Marx an Engels, 15.7.58, aaO., S. 340
97 MEW 30, S. 194
98 Marx an Engels, 30.10.61, aaO., S. 197
99 Marx an Engels, 20.11.61, aaO., S. 201
100 Marx an Engels, 9.12.61, aaO., S. 207
101 aaO., S. 229
102 aaO., S. 238
103 aaO., S. 248
104 aaO., S. 110
105 aaO., S. 112
106 aaO., S. 113
107 aaO., S. 115
108 aaO., S. 118
109 Marx an Nikolai Franzewitsch Danielson 13.12.81, MEW 35, S. 246
110 MEW 29, S. 343
111 aaO., S. 480
112 MEW 30, S. 310 f
113 MEW 29, S. 521
114 MEW 28, S. 444
115 MEW 30, S. 326
116 aaO., S. 319

Dürftige Belege

1 Text der Karte 19, Raum 11, Guidebook, S. 10
2 Kapp, Bd. I, S. 289 ff, Monz, S. 49 Anmerkung 14
3 siehe Näheres Heisler, Kapp, Bd. I, S. 289 ff, Bebel, S. 115
4 Bebel, S. 115
5 Kautsky-Freyberger, S. 2
6 Kapp, Bd. II, S. 687
7 Kapp, Bd. I, S. 291
8 aaO.
9 Kapp, Bd. II, S. 682
10 Bebel, S. 115

Verschlüsselte Briefe

1 Siehe Heinz Monz: Helena Demuth aus St. Wendel...

2 Liebknecht, S. 141, 160

3 Künzli, S. 333, 45 ff, Blumenberg, S. 115, Hirsch, S. 72 f

4 MEGA I.1, Apparat S. 887

5 MEGA III.3, S. 87

6 Umrisse, S. 35

7 MEGA III.3, Apparat S. 1347

8 Marx, Jenny, S. 130

9 Für die entscheidende Hilfe bei der Suche nach dem Wohnort der Anrooys, dem Namen und dem Geburtstag ihres Sohnes Peter Gijsbert danke ich Anke Fresen und C. D. de Vries

10 Jenny Marx an Marx, 18./19.8.50. Marx, Jenny, S. 131

11 aaO., S. 132

12 aaO., S. 130

13 aaO., S. 134

14 aaO.

15 aaO.

16 aaO., S. 132, 134

17 Umrisse, S. 35

18 MEGA III.3, S. 630

19 aaO., S. 633 – das falsche Englisch ist Originaltext.

20 MEW 27, S. 219

21 MEW 29, S. 285

22 MEW 27, S. 139

23 aaO., S. 173

24 MEW 28, S. 389

25 MEW 29, S. 116

26 MEW 27, S. 217

27 MEGA reprint 1, S. 173 ff

28 MEW 27, S. 226

29 aaO., S. 227

30 aaO.

31 MEW 27, S. 228

32 aaO., S. 227

33 aaO., S. 173

34 MEW 29, S. 107

35 aaO., S. 240

36 aaO.

37 aaO., S. 248

38 aaO., S. 250

39 aaO., S. 252

40 aaO., S. 256

41 Marx an Engels, 16.5.51, aaO., S. 257

42 aaO.

43 aaO.

44 siehe das Kapitel «Differenz der Chroniken»

45 Marx an Engels, 31.3.51, MEW 27, S. 226

46 Marx an Karl Blind, 17.7.50, MEGA III.3, S. 87

47 Marx an Engels, 3.5.51, MEW 27, S. 244

48 Marx an Engels, 10.5.61, MEW 30, S. 165

49 MEW 32, S. 51

50 MEW 33, S. 88

51 Marx an Engels, 16.5.51, MEW 27, S. 257

52 Marx an Engels, 8.8.59, MEW 29, S. 470

53 Marx an Engels, 5.6.56, MEW 29, S. 61

54 Marx an Engels, 31.5.58, MEW 29, S. 329

55 MEGA III.1, S. 22

56 aaO., S. 26

57 aaO., S. 28

58 Marx an Engels, 17.1.55, MEW 28, S. 423

59 Freiligrath, S. 32

60 MEW 27, S. 258

61 aaO., S. 264

62 aaO., S. 268

63 aaO., S. 272

64 aaO., S. 556

65 aaO., S. 594

66 Marx an Engels, 24.2.51, aaO., S. 198

67 aaO., S. 213

68 Engels an Marx, 9.9.62, MEW 30, S. 284

69 Engels an Marx, 6.7.51, aaO., S. 276 f

70 MEGA, reprint II, S. 151

71 Engels an Marx, 15.4.51, MEW 27, S. 239, in MEGA reprint fälschlich auf den 10.4.55 datiert, aaO. II, S. 87 f

72 MEGA III.4, Apparat S. 673

73 Monz, S. 49, Anmerkung 14

74 Abbildung des Grabsteins in Blumenberg, S. 161

75 Monz, S. 46, 48

76 aaO., S. 53, Anmerkung 35

Logik der Magd

1 Liebknecht, S. 161
2 Lafargue, S. 306
3 Jenny Marx an Luise Weydemeyer, 11.3.61, Marx, Jenny, S. 196
4 Liebknecht, S. 99
5 aaO., S. 161
6 Karl Kautsky: Friedrich Engels zu seinem 70. Geburtstag, in: Mohr und General, S. 484
7 Liebknecht, S. 92 f
8 Jenny Marx an Luise Weydemeyer, 11.3.61, Marx, Jenny, S. 196
9 Liebknecht, S. 93 f
10 Born, S. 41
11 Umrisse, S. 36
12 Engels an Paul Lafargue, 2.11.90, MEW 37, S. 496
13 Monz, S. 53
14 Kautsky-Freyberger, S. 3
15 Engels am Grabe Helenes, zitiert in Zimmermann, S. 83 f
16 Engels an Friedrich Adolph Sorge, 5.11.90, MEW 37, S. 498
17 MEW 39, S. 539

Formen des Wissens

1 Jenny Marx an Marx 18./19.8.50, Marx, Jenny, S. 133
2 Umrisse, S. 36
3 Marx, Jenny, S. 129
4 MEW 27, S. 143
5 Jenny Marx an Joseph Weydemeyer, 20.5.50, Marx, Jenny, S. 127
6 aaO., S. 128
7 aaO., S. 129
8 Marx, Jenny, S. 130
9 aaO., S. 132
10 aaO., S. 133
11 aaO., S. 134
12 aaO., S. 131
13 MEGA III.1, S. 518
14 Umrisse, S. 35
15 Künzli, S. 390 ff
16 Marx an Engels, 19.12. 61, MEW 30, S. 210

Vertuschung eines Fakts

1 MEW 30, S. 303
2 Umrisse, S. 48 f
3 Marx, Jenny, S. 113
4 Monz, S. 46, 50
5 Monz (Grundlagen), S. 362
6 Umrisse, S. 49
7 Marx, Jenny, S. 182 ff
8 Umrisse, S. 49
9 Marx an Engels, 20.8.62, MEW 30, S. 280
10 Marx an Engels, 10.9.62, aaO., S. 286
11 Marx an Engels, 24.12.62, aaO., S. 303
12 aaO.
13 aaO.
14 Marx an Engels, 20.8.62, und Engels an Marx, 16.10.62, aaO., S. 280, 288
15 Engels an Marx, 5.11.62, aaO., S. 294
16 Marx an Engels, 14.11.62, aaO., S. 297, Engels an Marx, 15.11.62, aaO., S. 298
17 Marx an Engels, 20.11.62, aaO., S. 302
18 Chronicle, Dezember 1862
19 Marx an Engels, 24.12.62, MEW 30, S. 303
20 aaO., S. 298
21 Engels an Marx, 31.7.62, aaO., S. 260
22 Umrisse, S. 48
23 Marx an Engels, 24.12.62, aaO., S. 303
24 Umrisse, S. 46 f
25 Jenny Marx an Marx, 18./19.8.50, Marx, Jenny, S. 133
26 Umrisse, S. 48
27 aaO., S. 49
28 Marx an Engels, 24.12.62, MEW 30, S. 303
29 aaO.
30 aaO.
31 aaO., S. 309
32 Blos, S. 52
33 Boetcher-Joeres; S. 219
34 Lewin, Verhältnisse in England, S. 42 ff
35 Sokolow/McIllroy, S. 651, 653 ff
36 MEW 34, S. 201
37 MEW 31, S. 583

38 MEW 30, S. 303
39 aaO.
40 Marx an Engels, 31.3.51, MEW 27, S. 227
41 Marx an Engels, 8.9.52, MEW 28, S. 129
42 Marx, Jenny, S. 205 f
43 MEW 30, S. 302
44 aaO., S. 637
45 aaO., S. 248
46 aaO., S. 271
47 Marx an Engels, 9.8.62, aaO., S. 275
48 Marx an Ferdinand Lassalle, aaO., S. 637
49 aaO., S. 304
50 Marx an Engels, 23.11.50, MEW 27, S. 144
51 MEW 28, S. 51
52 MEW 29, S. 151
53 Marx an Engels, 1.8.56, MEW 29, S. 67 f, 28.1.63, MEW 30, S. 319, 28.1.60, aaO., S. 11, Engels an Marx, 2.2.60, aaO., S. 21
54 Zit. nach Lewin, S. 165 f
55 Monz, S. 50
56 Jenny Marx an Louise von Westphalen, 10.2.59, Marx, Jenny, S. 184
57 MEW 35, S. 460
58 MEW 30, S. 639
59 Marx an Engels, 24.12.62, aaO., S. 303
60 aaO.
61 Marx, Jenny, S. 221
62 Marx/Liebknecht, S. 35 ff
63 aaO., S. 40
64 aaO., S. 101
65 aaO., S. 56
66 Marx, Jenny, S. 230
67 Marx an Engels, 29.1.58, MEW 29, S. 270
68 Marx an Engels, 22.7.69, MEW 32, S. 343
69 Marx an Ludwig Kugelmann, aaO., S. 541
70 MEW 30, S. 257 ff
71 MEW 28, S. 78
72 aaO., S. 121
73 Umrisse, S. 32
74 MEW 28, S. 78
75 Miller (Du sollst...), S. 159 ff, 391 f
76 Pusch, Anmerkung 7, S. 461 f
77 siehe Backe u. a., Janshen
78 Pilgrim: Die Unzucht mit Kindern. In: Dressur zum Bösen
79 Marx an Engels, 30.7.62, MEW 30, S. 259
80 Lewin, S. 42 f
81 Künzli, S. 422 ff

Hauskrankheiten

1 MEGA III.1, S. 15 f
2 Henriette Marx an Marx, Februar/März 36, aaO., S. 294
3 aaO., S. 330
4 aaO., S. 21
5 MEGA III.2, S. 270
6 Marx an Carl Friedrich Julius Leske, 1.8.46, MEW 27, S. 449
7 aaO., S. 83
8 MEGA III.3, S. 314
9 MEW 27, S. 512
10 Marx an den Vorsitzenden einer Versammlung der französischen Emigranten in London, 30.6.50, MEGA III.3, S. 86
11 MEW 27, S. 146
12 aaO., S. 219
13 MEW 28, S. 632
14 Marx an Joseph Weydemeyer, 23.1.52, aaO., S. 477
15 aaO., S. 12
16 aaO., S. 635
17 aaO., S. 184
18 aaO., S. 203 f
19 aaO., S. 214
20 aaO., S. 221
21 aaO., S. 362
22 aaO., S. 656
23 aaO., S. 434
24 aaO., S. 436
25 aaO., S. 444
26 aaO., S. 449
27 MEW 29, S. 5
28 aaO., S. 52
29 aaO., S. 54
30 aaO., S. 61
31 aaO., S. 92
32 aaO., S. 123
33 aaO., S. 643
34 aaO., S. 125
35 aaO., S. 137
36 aaO., S. 145
37 aaO., S. 259 f
38 aaO., S. 309

39 aaO., S. 312, 318
40 aaO., S. 323
41 aaO., S. 560 f
42 aaO., S. 329
43 aaO., S. 340
44 aaO., S. 355
45 aaO., S. 366
46 aaO., S. 367
47 aaO., S. 397
48 aaO., S. 462
49 aaO., S. 470
50 MEW 30, S. 61
51 aaO., S. 62
52 aaO., S. 69
53 aaO., S. 76
54 aaO., S. 85
55 aaO., S. 117
56 aaO., S. 121
57 aaO., S. 128
58 aaO., S. 140
59 aaO., S. 144
60 Marx an Engels, 21. 9. 58, MEW 29, S. 355
61 aaO., S. 323
62 Heinrich Marx an Marx, 12.–14. 8. 37, MEGA III. 1, S. 311
63 aaO., S. 330
64 Wessel, S. 172
65 MEGA III. 1, S. 331
66 Marx an Engels, 16. 1. 58, MEW 29, S. 259 f
67 Marx an Engels, 29. 3. 58, aaO., S. 309
68 Marx an Engels, 29. 4. 58, aaO., S. 323
69 Jenny Marx an Wilhelm von Florencourt, 4. 10. 56, Marx, Jenny, S. 167
70 Marx an Engels, 3. 7. 69, MEW 32, S. 331
71 Marx an Engels, 10. 3. 53, MEW 28, S. 221
72 Marx an Engels, 8. 1. 61, MEW 30, S. 141
73 aaO., S. 248
74 Marx an Engels, 2. 8. 62, aaO., S. 263

Sprengung des Rahmens

1 Umrisse, S. 50, Marx an Engels, 2. 12. 63, MEW 30, S. 376
2 Marx an Engels, MEW 30, S. 324
3 Marx an Engels, aaO., S. 332
4 Marx an Engels, aaO., S. 334
5 Marx an Engels, aaO., S. 350
6 Umrisse, S. 49 f
7 Marx, Jenny, S. 214 f
8 Marx an Engels, 2. 12. 63, MEW 30, S. 376
9 Marx an Engels, 22. 12. 63, aaO., S. 380
10 Marx an Engels, 27. 12. 63, aaO., S. 382
11 Marx an Engels, aaO., S. 386
12 Marx an Engels, aaO., S. 389
13 Marx an Engels, aaO., S. 390
14 Marx an Engels, aaO., S. 399
15 Marx an Lion Philips, aaO., S. 665
16 Marx an Engels, aaO., S. 416
17 Marx an Engels, aaO., S. 418
18 Marx an Engels, aaO., S. 421
19 Marx an Engels, aaO., S. 423
20 Marx an Engels, MEW 31, S. 9
21 Marx an Engels, aaO., S. 21
22 Marx an Lion Philips, aaO., S. 431
23 Marx an Joseph Weydemeyer, aaO., S. 428
24 Marx an Engels, aaO., S. 35
25 Marx an Engels, aaO., S. 83
26 Marx an Engels, aaO., S. 90
27 Marx an Engels, aaO., S. 100
28 Marx an Engels, aaO., S. 117
29 Marx an Engels, aaO., S. 122
30 Marx an Engels, aaO., S. 124
31 Marx an Engels, aaO., S. 133
32 Marx an Engels, aaO., S. 136
33 Marx an Engels, aaO., S. 139
34 Marx an Engels, aaO., S. 143
35 Marx an Engels, aaO., S. 152
36 Marx an Engels, aaO., S. 174
37 Marx an Engels, aaO., S. 178
38 Marx an Engels, aaO., S. 180
39 Marx an Engels, aaO., S. 186
40 Marx an Engels, aaO., S. 204
41 Marx an Engels, aaO., S. 210
42 Marx an Engels, aaO., S. 215
43 Marx an Engels, aaO., S. 222
44 Marx an Engels, aaO., S. 224
45 Marx an Engels, aaO., S. 232
46 Marx an Engels, aaO., S. 238
47 Marx an Engels, aaO., S. 247
48 Marx an Engels, aaO., S. 253
49 Marx an Engels, aaO., S. 262
50 Marx an Engels, aaO., S. 263
51 Marx an Engels, aaO., S. 266
52 Marx an Engels, aaO., S. 274
53 Marx an Engels, aaO., S. 281

54 aaO., S. 287
55 aaO., S. 291
56 aaO., S. 297f
57 Engels an Marx, 11.11.66, aaO.,
    S. 264
58 Engels an Marx, 27.4.67, aaO.,
    S. 292
59 Marx an Engels, 7.5.67, aaO., S. 297
60 Marx an Engels, aaO., S. 352
61 Marx an Engels, aaO., S. 368
62 Marx an Engels, aaO., S. 374
63 Marx an Engels, aaO., S. 386
64 Marx an Engels, aaO., S. 390
65 Marx an Engels, aaO., S. 392
66 Marx an Engels, aaO., S. 412
67 Jenny Marx an Ludwig Kugelmann,
    Marx, Jenny, S. 251
68 Marx an Engels, MEW 32, S. 5
69 Marx an Engels, Nr. II, aaO., S. 14
70 Marx an Engels, aaO., S. 17f
71 Marx an Engels, aaO., S. 24f
72 Marx an Engels, aaO., S. 26
73 Marx an Engels, aaO., S. 30
74 Marx an Engels, aaO., S. 33
75 Marx an Engels, aaO., S. 34
76 Marx an Engels, aaO., S. 37
77 Marx an Engels, aaO., S. 38
78 Marx an Engels, aaO., S. 42
79 Marx an Engels, aaO., S. 50
80 Marx an Engels, aaO., S. 51
81 Marx an Engels, aaO., S. 58f
82 Marx an Ludwig Kugelmann, aaO.,
    S. 546
83 Marx an Engels, aaO., S. 62
84 Marx an Engels, aaO., S. 65
85 Marx an Engels, aaO., S. 75
86 Marx an Engels, aaO., S. 87
87 Marx an Engels, aaO., S. 97
88 Marx an Engels, aaO., S. 105
89 Marx an Engels, aaO., S. 125
90 Marx an Engels, aaO., S. 136
91 Marx an Engels, aaO., S. 138
92 Marx an Engels, aaO., S. 202
93 Marx an Engels, aaO., S. 229
94 Marx an Engels, aaO., S. 242, 245
95 Marx an Engels, aaO., S. 247
96 Marx an Engels, aaO., S. 255
97 Marx an Engels, aaO., S. 283
98 Marx an Engels, aaO., S. 289
99 Marx an Engels, aaO., S. 308
100 Marx an Engels, aaO., S. 314
101 Marx an Engels, aaO., S. 343
102 Marx an Engels, aaO., S. 346
103 Marx an Engels, aaO., S. 357
104 Marx an Engels, aaO., S. 377
105 Marx an Engels, aaO., S. 388
106 Marx an Engels, aaO., S. 394
107 Marx an Engels, aaO., S. 401
108 17.1.70, Marx, Jenny, S. 262f
109 Marx an Engels, MEW 32, S. 428
110 Marx an Engels, aaO., S. 431
111 Marx an Engels, aaO., S. 436
112 Marx an Engels, aaO., S. 442
113 Marx an Engels, aaO., S. 455
114 Marx an Engels, aaO., S. 466
115 Marx an Engels, aaO., S. 468
116 Marx an Engels, aaO., S. 473
117 Marx an Engels, aaO., S. 498
118 Marx an Engels, aaO., S. 504
119 Marx an Engels, aaO., S. 512f
120 Marx an Engels, MEW 33, S. 6f
121 Marx an Engels, aaO., S. 37
122 Marx an Engels, aaO., S. 38
123 Marx an Engels, aaO., S. 44
124 Marx an Engels, aaO., S. 47
125 Marx an Engels, aaO., S. 48
126 Marx an Sigfrid Meyer, 21.1.71,
    MEW 33, S. 173
127 Jenny Longuet an Ludwig Kugel-
    mann, in: Andréas, S. 242/244
128 Marx an die Töchter Jenny, Laura
    und Eleanor, MEW 33, S. 233
129 Marx an Friedrich Bolte, aaO.,
    S. 270
130 Marx an Jenny Marx, aaO., S. 273
131 Marx an Adolphe Hubert, aaO.,
    S. 326
132 Marx an César De Paepe, aaO.,
    S. 338
133 Marx an Laura Lafargue, aaO.,
    S. 411
134 Marx an Engels, aaO., S. 77
135 Marx an Just Vernouillet, aaO.,
    S. 595
136 Marx an Nikolai Franzewitsch Da-
    nielson, aaO., S. 600
137 Marx an Engels, aaO., S. 88f
138 Marx an Friedrich Adolph Sorge,
    aaO., S. 605
139 Engels an Friedrich Adolph Sorge,
    25.11.73, aaO., S. 609
140 Marx an Engels, 30.11.73, aaO.,
    S. 95
141 Marx an Ludwig Kugelmann, aaO.,
    S. 611
142 Marx an Jenny Marx, aaO., S. 623
143 Marx an Jenny Longuet, aaO.,
    S. 625

144 Marx an Maurice Lachâtre, aaO., S. 626

145 Marx an Ludwig Kugelmann, aaO., S. 627

146 Marx an Engels, 15.7.74, aaO., S. 104

147 Marx an Engels, aaO., S. 108

148 Marx an Friedrich Adolph Sorge, aaO., S. 634

149 Marx an Ludwig Kugelmann, aaO., S. 637

150 Marx an Engels, aaO., S. 110f

151 Marx an Jenny Longuet, aaO., S. 639

152 Marx an Engels, aaO., S. 112

153 Marx an Engels, aaO., S. 116f

154 Marx an Pjotr Lawrowitsch Lawrow, MEW 34, S. 122

155 Marx an Wilhelm Bracke, aaO., S. 137

156 Eduard Gumpert an Engels, Marx-Engels-Archiv im Internationaal Instituut voor Sociale Geschiedenis, zitiert in Künzli, S. 441

157 Marx an Engels, MEW 34, S. 6

158 Marx an Engels, aaO., S. 10

159 Marx an Pjotr Lawrowitsch Lawrow, aaO., S. 174

160 aaO., S. 15

161 aaO., S. 17

162 Jenny Marx an Johann Philipp Bekker, Marx, Jenny, S. 286

163 Marx an Engels, MEW 34, S. 24f

164 Marx an Jenny Longuet, Ende 8/Anfang 9 76, aaO., S. 193

165 Jenny Marx an Friedrich Adolph Sorge, Marx, Jenny, S. 290

166 Marx an Wilhelm Alexander Freund, MEW 34, S. 245

167 Marx an Pjotr Lawrowitsch Lawrow, 24.2.77, aaO., S. 254

168 Marx an Engels, aaO., S. 34

169 Marx an Engels, aaO., S. 36

170 Marx an Engels, aaO., S. 45

171 Marx an Engels, aaO., S. 48f

172 Marx an Engels, aaO., S. 52f

173 Marx an Wilhelm Bracke, aaO., S. 287

174 Marx an Friedrich Adolph Sorge, aaO., S. 294

175 Marx an Friedrich Adolph Sorge, aaO., S. 302

176 Marx an Wilhelm Bracke, aaO., S. 305

177 Marx an Wilhelm Blos, aaO., S. 311

178 MEW 24, S. 12

179 Marx an Sigmund Schott, MEW 34, S. 332

180 Marx an Friedrich Adolph Sorge, aaO., S. 340

181 Marx an Jenny Marx, aaO., S. 341

182 Marx an Nikolai Franzewitsch Danielson, aaO., S. 370, 372

183 Marx an Engels, aaO., S. 90

184 Marx an Engels, 25.8.79, aaO., S. 96

185 Marx an Engels, 10.9.79, aaO., S. 107

186 Marx an Nikolai Franzewitsch Danielson, aaO., S. 409

187 Marx an Friedrich Adolph Sorge, 19.9.79, aaO., S. 410

188 Marx an Friedrich Adolph Sorge, aaO., S. 422

189 Marx an Achille Loria, aaO., S. 427

190 Marx an Ferdinand Domela Nieuwenhuis, aaO., S. 447

191 Marx an Nikolai Franzewitsch Danielson, aaO., S. 463

192 Marx an Nikolai Franzewitsch Danielson, MEW 35, S. 154

193 Marx an Vera Iwanowna Sassulitsch, aaO., S. 166

194 Marx an Jenny Longuet, aaO., S. 194

195 Marx an Friedrich Adolph Sorge, aaO., S. 198

196 Marx an Engels, aaO., S. 11f

197 Marx an Engels, aaO., S. 16

198 Marx an Jenny Longuet, aaO., S. 240

199 Marx an Johann Philipp Becker, aaO., S. 244

200 Marx an Nikolai Franzewitsch Danielson, aaO., S. 245

201 Marx an Friedrich Adolph Sorge, aaO., S. 247

202 Marx an Laura Lafargue, aaO., S. 255

203 Marx an Engels, aaO., S. 30

204 Marx an Engels, aaO., S. 39

205 Marx an Pjotr Lawrowitsch Lawrow, aaO., S. 262

206 Marx an Engels, aaO., S. 40

207 Marx an Engels, aaO., S. 45f

208 Marx an Jenny Longuet, 16.3.82, aaO., S. 288

209 Marx an Laura Lafargue, 4.1.82, aaO., S. 256

210 Marx an Engels, 10.1.83, aaO.,
     S. 141
211 Engels an Friedrich Adolph Sorge,
     15.3.83, aaO., S. 459
212 Engels an die «New Yorker Volks-
     zeitung», 16.3.83, aaO., S. 463

Die Schuldwunde

1 Marx an Engels, MEW 28, S. 362
2 Marx an Engels, MEW 29, S. 367
3 Marx an Engels, 23.7.77, MEW 34,
   S. 52
4 Marx an Engels, 17.8.77, aaO.,
   S. 71
5 Wiesbaden 1984, S. 223
6 Berlin 1985, S. 551
7 München 1977, S. K 38
8 Roche: Lexikon Medizin. München
   1987, Stichwort Ausschlag
9 S. 268
10 S. 1032
11 S. 268
12 S. 1032
13 S. 269f
14 S. 1033
15 Marx an Engels, 16.5.68, MEW
   32, S. 87
16 Dethlefsen, S. 233
17 Marx an Engels, 20.1.64, MEW
   30, S. 386
18 Marx an Engels, 6.4.66, MEW 31,
   S. 204
19 Marx an Engels, 20.1.64, MEW
   30, S. 386
20 Marx an Engels, 26.5.64, aaO.,
   S. 399
21 Marx an Engels, 20.1.64, aaO.,
   S. 386
22 Marx an Engels, 31.7.65, MEW 31,
   S. 132
23 Wolfram von Eschenbach, Band 2,
   Buch 9, 472/29,30
24 Kamenka, S. xiii
25 Friedenthal, S. 18
26 aaO., S. 19f.
27 Krüll, S. 333
28 Heinrich Marx an Marx, 20.8.37,
   MEGA III.1, S. 315
29 Heinrich Marx an Marx 12.–
   14.8.37, aaO., S. 311
30 Henriette Marx an Lion und Sophie
   Philips, 14.4.53, Blumenberg (Kapitel), S. 80

31 Kamenka, S. xiv
32 aaO., S. xiii
33 Raddatz, S. 13
34 Künzli, S. 293
35 Heinrich Marx an Marx, 2.3.37,
   MEGA III.1, S. 308f
36 Heinrich Marx an Marx, 10.2.38,
   aaO., S. 328
37 Heinrich Marx an Marx, 2.3.37,
   aaO., S. 308
38 Heinrich Marx an Marx, 9.11.36,
   aaO., S. 300f
39 Heinrich Marx an Marx, 9.11.36,
   aaO., S. 300
40 Heinrich Marx an Marx, 3.2.37,
   aaO., S. 305
41 MEGA I.1, S. 550
42 aaO., S. 542ff
43 aaO., S. 623
44 aaO., S. 736ff
45 aaO., S. 627
46 aaO., S. 540
47 Höpfner, S. 15
48 Höfener, S. 12
49 MEGA I.1, S. 760ff
50 Künzli, S. 289
51 Lafargue, S. 287
52 Krüll, S. 348
53 MEW 23, S. 382
54 Marx an Engels, MEW 33, S. 47
55 Marx an Ludwig Kugelmann,
   12.4.71, aaO., S. 205
56 Marx an Engels, 17.8.77, MEW 34,
   S. 71
57 Jenny Marx an Marx, Ende Dezember 63, Marx, Jenny, S. 216
58 Engels an Ludwig Kugelmann,
   MEW 33, S. 218f
59 Krüll, S. 337
60 MEGA I.1, S. 638
61 aaO., S. 640f
62 Höpfner, S. 16
63 Eleanor Marx-Aveling: Ein Brief
   des jungen Marx, in: Mohr und General, S. 240
64 Marx an Heinrich Marx, 10./
   11.11.37, MEGA III.1, S. 18
65 Zur Judenfrage. MEGA I.2, S. 164ff
66 aaO., S. 163, 167
67 MEW 23, S. 177
68 Marx an Engels, MEW 34, S. 96
69 Der achtzehnte Brumaire des Louis
   Bonaparte. MEGA I.11, S. 96

Der Kreativitätsbruch

1 Marx an Carl Friedrich Julius Leske, 1.8.46, MEW 27, S.449: «Es versteht sich, daß ein Schriftsteller, der fortarbeitet, nach 6 Monaten nicht mehr *wörtlich* drucken lassen kann, was er vor 6 Monaten geschrieben hat.»
2 MEW 30, S.639
3 siehe vor allem Künzli: Die Flucht in die Krankheit, S.422 ff
4 MEW 29, S.225
5 aaO., S.232
6 aaO., S.566
7 MEW 31, S.303
8 aaO., S.303 f
9 aaO., S.303
10 Elsner, S.97
11 Marx an Engels, 7.5.67, MEW 31, S.296
12 MEW 35, S.246
13 Engels: Vorwort zu «Das Kapital», Zweiter Band. 1885, MEW 24, S.7
14 aaO., S.11
15 aaO.
16 aaO., S.12
17 Engels: Vorwort zu «Das Kapital», Dritter Band. 1894, MEW 25, S.8
18 aaO., S.11
19 aaO., S.12
20 aaO., S.13
21 aaO., S.14
22 MEW 36, S.56
23 aaO.
24 MEW 32, S.426
25 Otto Karl Meißner an Marx, 25.6.70, International Instituut voor Sociale Geschiedenis, zitiert in Künzli, S.276
26 Wilhelm Liebknecht an Marx, Dezember 71, aaO.
27 Engels: Vorwort zu «Das Kapital», Zweiter Band. MEW 24, S.8. Vorwort zu «Das Kapital», Dritter Band. MEW 25, S.11
28 MEW 35, S.459
29 Marx an Engels, 31.5.73, MEW 33, S.84
30 Marx an Engels, 18.9.74, MEW 33, S.117
31 MEW 31, S.589
32 MEW 30, S.691
33 Hesse, S.92
34 Marx an Jenny Longuet, 7.12.81, MEW 35, S.240
35 Marx: Betrachtung eines Jünglings bei der Wahl eines Berufes. Deutscher Aufsatz, 1835. MEGA I.1, S.456 f
36 Marx: Die Verhandlungen des 6. rheinischen Landtags... (Preßfreiheit...) MEGA I.1, S.162
37 Marx an Arnold Ruge, September 1843, MEGA III.1, S.57
38 Marx an Engels, 12.4.55, MEW 28, S.444
39 Marx an Sigfrid Meyer, 30.4.67, MEW 31, S.542
40 Lafargue, S.287
41 Miller (Drama)
42 Marx: Betrachtung eines Jünglings, aaO., S.454
43 aaO., S.456 f
44 aaO., S.456
45 Marx an Arnold Ruge, Mai 1843, MEGA III.1, S.52
46 Marx an Engels, 14.8.79, MEW 34, S.89
47 Marx: Preßfreiheit..., aaO., S.163
48 Marx an Arnold Ruge, September 1843, MEGA III.1, S.57
49 Marx: Die Vereinigung der Gläubigen... Religionsaufsatz, 1835, MEGA I.1, S.449 f
50 MEW 31, S.542
51 Marx an Jenny Longuet, 6.6.81, MEW 35, S.195
52 MEW 28, S.351
53 Jenny Marx in ihren «Umrissen», S.42; Marx an Engels, 30.7.62, MEW 30, S.257; Marx an Ludwig Kugelmann, 13.10.66, MEW 31, S.533; Marx an Engels, 8.11.66, aaO., S.262
54 Heinrich Marx an Marx, 2.3.37, MEGA III.1, S.308 f
55 Heinrich Marx an Marx, 18.–29.11.35, aaO., S.290
56 MEGA I.1, S.450
57 Jenny Marx an Luise Weydemeyer, 11.3.61, in: Marx, Jenny, S.198
58 Marx an Engels, 13.2.66, MEW 31, S.179

Literaturverzeichnis

Andréas, Bert: Briefe und Dokumente der Familie Marx aus den Jahren 1862–1873 nebst zwei unbekannten Aufsätzen von Friedrich Engels. In: *Archiv für Sozialgeschichte*. Band II, Hannover 1962, S. 167 ff

Backe, L. u. a.: Sexueller Mißbrauch von Kindern in Familien. Köln 1986

Bebel, August: Briefwechsel mit Karl Kautsky. Hrsg. v. Karl Kautsky junior. Assen Netherlands 1971

Blos, Anna: Frauen der deutschen Revolution. Dresden 1928

Blumenberg, Werner: Karl Marx mit Selbstzeugnissen und Bilddokumenten. Reinbek 1989

Blumenberg (Kapitel) – Blumenberg, Werner: Ein unbekanntes Kapitel aus Marx' Leben. Briefe an die holländischen Verwandten. In: *International Review of Social History*. Volume 1, Assen Netherlands 1956, S. 54 ff

Boetcher-Joeres, Ruth-Ellen: Gisela von Arnim (1827–1889) «Sie ist wie ein Felsen, und ich bin nur die Ranke darum» *oder* Der Märchenaufstand. In: Pusch, S. 208 ff

Born, Stephan: Erinnerungen eines Achtundvierzigers. Hrsg. und eingeleitet von Hans J. Schütz. Berlin 1976/Leipzig 1898

Bosse, Klaus: Dermatologie. In: Thure von Uexküll: Psychosomatische Medizin. München 1990, S. 1032 ff

Bräutigam, Walter, und Paul Christian: Psychosomatische Medizin. Stuttgart 1981

Chronicle – The Marx-Engels-Chronicle. A Day-by-Day Chronology of Marx and Engels' Life and Activity. Volume 1 of the Marx-Engels Cyclopedia by Hal Draper with the Assistance of the Center for Socialist History. New York 1985

Dethlefsen, Thorwald, und Rüdiger Dahlke: Krankheit als Weg. Deutung und Bedeutung der Krankheitsbilder. München 1983

Dornemann, Luise: Jenny Marx. Der Lebensweg einer Sozialistin. Berlin 1984

Eissler, K. R.: Goethe. Eine psychoanalytische Studie. Band I. Frankfurt 1983

Elsner, Helmut: Karl-Marx-Haus Trier. Braunschweig 1983

Freiligrath, Ferdinand: Werke. Erster Teil. Gedichte 1838 – Zwischen den Garben. Hrsg. v. Julius Schwering. Berlin o. J.

Friedenthal, Richard: Karl Marx. Sein Leben und seine Zeit. München 1981

Goch, Klaus: Eleanor Marx (1851–1898). In: Pusch, S. 275 ff

Haas, Willy: Marx und Lenin. Notizen zu zwei neuen Monumentalausgaben. In: *Die Literarische Welt*, 1932, Nr. 4–11

Heisler, David: Henry Frederic Demuth. London 1973

Hesse, Günter: Karl Marx: «Meine Krankheit kommt immer aus dem Kopf». Eine neuropsychiatrische Studie seines «chronisch gedrückten Hirnzustands». In: *Deutsches Ärzteblatt* 46, 18.11.83, S. 91 ff

Hirsch, Helmut: Friedrich Engels mit Selbstzeugnissen und Bilddokumenten. Reinbek 1986

Höfener, Heiner (Hrsg.): Marx/Engels. Die Diktatur der Phantasie. Zeichnungen und poetische Versuche. Düsseldorf 1983

Höpfner, Niels: Karl Marx, sein Vater und Pegasus. In: *Psychologie heute* 8, 1980, S. 13 ff

Janshen, Doris: Sexuelle Gewalt. Frankfurt 1990

Kamenka, Eugene: The Portable Karl Marx. New York 1983

Kapp, Yvonne: Eleanor Marx. Bd. I: Family Life 1855–1883. London 1972. Bd. II: The Crowded Years 1883–1898. London 1976

Kautsky-Freyberger, Louise: Brief an August Bebel vom 2./4.9. 1898, Dokument B 114/6 ff, Nachlaß Bebel im Internationaal Instituut Voor Sociale Geschiedenis, Amsterdam

Krüll, Marianne: Die Väter der Großen im Spiegel des Werkes ihrer Söhne: Karl Marx und Sigmund Freud im Vergleich. In: *Familiendynamik* 7, 1982, S. 331 ff

Künzli, Arnold: Karl Marx. Eine Psychographie. Wien 1966/1981

Lafargue, Paul: Persönliche Erinnerungen an Karl Marx. In: Mohr und General, S. 286 ff

Lewin, Louis: Die Fruchtabtreibung durch Gifte und andere Mittel. Ein Handbuch für Ärzte, Juristen, Politiker, Nationalökonomen. Berlin 1925

Liebknecht, Wilhelm: Karl Marx zum Gedächtnis. In: Mohr und General, S. 5 ff

Mänchen-Helfen, Otto, und Boris Nikolajewski: Karl und Jenny Marx. Ein Lebensweg. Berlin 1933

Marx, Jenny: Ein bewegtes Leben. Hrsg. v. Renate Schack. Berlin 1989

Marx/Liebknecht – Marx, Jenny: Sie können sich denken, wie mir oft zu Muthe war. Jenny Marx in Briefen an eine vertraute Freundin. Hrsg. v. Wolfgang Schröder. Leipzig 1989

MEGA – Karl Marx Friedrich Engels Gesamtausgabe. Hrsg. v. Institut für Marxismus-Leninismus beim Zentralkomitee der Kommunistischen Partei der Sowjetunion und vom Institut für Marxismus-Leninismus beim Zentralkomitee der Sozialistischen Einheitspartei Deutschlands. Berlin 1975 ff

MEGA reprint – Marx-Engels-Gesamtausgabe. Hrsg. v. D. Rjazanov, Dritte Abteilung, Berlin 1929. Fotomechanischer Nachdruck München 1983

MEW – Karl Marx Friedrich Engels Werke. Hrsg. v. Institut für Marxismus-Leninismus beim ZK der SED, Berlin 1950 ff

Miller, Alice: Du sollst nicht merken. Variationen über ein Paradiesthema. Frankfurt 1983

Miller, Alice: Das Drama des begabten Kindes und die Suche nach dem wahren Selbst. Frankfurt 1979

Mohr und General – Erinnerungen an Marx und Engels. Hrsg. v. Institut für Marxismus-Leninismus beim ZK der SED. Berlin 1983

Monz, Heinz: Helena Demuth aus St. Wendel. In: *Heimatbuch des Landkreises St. Wendel* 1969/70 XIII. Ausgabe. St. Wendel 1970

Monz (Grundlagen) – Monz, Heinz: Karl Marx. Grundlagen der Entwicklung zu Leben und Werk, Trier 1973

Müller-Staats, Dagmar: Klagen über Dienstboten. Frankfurt 1987
Payne, Robert: The unknown Karl Marx. Documents concerning Karl Marx edited with an introduction by Robert Payne. New York 1971
Payne (Marx) – Payne, Robert: Marx. A Biography. New York 1968
Peters, Heinz Frederick: Die rote Jenny. Ein Leben mit Karl Marx. München 1984
Petschernikowa, Irina Aleksejewna: Erziehung in der Familie Marx. Berlin 1983
Pilgrim, Volker Elis: Dressur zum Bösen. Reinbek 1988
Pusch, Luise F. (Hrsg.): Töchter berühmter Männer. Neun biographische Portraits. Frankfurt 1988
Raddatz, Fritz J.: Karl Marx. Der Mensch und seine Lehre. Reinbek 1987
Rudjak, Boris: Ein Fehler muß korrigiert werden. In: *Nauka i Schizn*, 12/1988, S. 26 ff
Rudjak (Photographien) – Rudjak, Boris: Die Photographien von Karl Marx im Zentralen Parteiarchiv des Instituts für Marxismus-Leninismus beim ZK der KPdSU. In: Marx-Engels Jahrbuch 6. Berlin 1983, S. 293 ff
Schwerin von Krosigk, Lutz Graf: Jenny Marx. Liebe und Leid im Schatten von Karl Marx. Eine Biographie nach Briefen, Tagebüchern und anderen Dokumenten. Wuppertal 1975
Sokolow, Maurice, und Malcolm B. McIlroy: Kardiologie. Berlin 1985
Umrisse – Marx, Jenny: Kurze Umrisse eines bewegten Lebens. In: Marx, Jenny, S. 25 ff
Walser, Karin: Dienstmädchen. Frauenarbeit und Weiblichkeitsbilder um 1900. Frankfurt 1985
Wessel, Harald: Familienchronik. In: Petschernikowa, S. 168 ff
Wolfram von Eschenbach: Parzival. Nach der Ausgabe von Karl Lachmann. Übersetzung und Nachwort von Wolfgang Spiewok. Stuttgart 1981
Worobjowa, Olga, und Irma Sinelnikowa: Die Töchter von Marx. Berlin 1988
Zimmermann, Ruth: Jenny Marx und ihre Töchter. Frauen im Schatten des Revolutionärs. Freiburg im Breisgau 1984

Bildnachweis

Feller & Gecks

Wissenschaftliche Buchhandlung
Wiesbaden, Friedrichstraße 31
Telefon 0611 / 30 49 11

Herrn/Frau/Frl./Fa. . . . .

Anzahl	Datum 22, 10, 92	DM	Pf.
1.	Pilgrim, Adler Marx!		
		28,-	
	TABUCH.	28.00	
	92-10-23 0010A B A R	28.00	

Im Rechnungsbetrag sind .... % Mehrwertsteuer enthalten

Verk.	MwSt .... DM	Betrag dankend erhalten **Feller & Gecks**

Bei Irrtum oder Umtausch bitte diese Quittung vorlegen